U0513966

义 宁 陈 氏 文 献 史 料 丛 书

刘经富　著

（增订本）

上海古籍出版社

本书为南昌大学江右哲学研究中心经费资助项目

陈宝箴（1831—1900）

陈三立（1853—1937）

1932年旧历九月八十寿诞时摄于庐山万松林

陈衡恪（师曾）（1876—1923）
1922年 摄

陈隆恪（1888—1956）
摄于中年时期

陈寅恪（1890—1969）
1940年摄于香港，
赴英伦就牛津大学教席之前

陈封怀（1900—1993）
1990年摄于广州华南植物园寓所（汪国权 摄）

陈小从（1923—2017）
摄于青年时期

1922年11月9日（旧历九月二十一日）
散原老人陈三立七十大寿时在南京散原精舍所摄的“全家福”

前排左起：陈封雄、陈封邦（陈衡恪三子、五子）
二排左起：陈三立夫人俞明诗、陈封举（陈衡恪四子）、
陈封政（陈覃恪四子）、陈三立
三排左起：陈隆恪夫人喻徽、陈康晦、陈新午、陈覃恪夫人黄氏、
陈衡恪夫人黄国巽、陈安醴
四排左起：陈封可、陈隆恪、陈封修（陈覃恪长子）、陈衡恪、
陈方恪、陈封怀、陈敬一（陈覃恪之女）

时陈寅恪、陈登恪在德国、法国留学未归

1946年摄于南京俞大维宅

前排左起：陈寅恪夫人唐筼、陈新午、陈寅恪三女美延、陈方恪养女任任
后排左起：陈方恪、陈登恪、陈方恪夫人孔紫萸、陈隆恪、陈寅恪、陈康晦

1931年陈三立七十九岁寿辰时，
长住山上的邻居与上山贺寿的亲属摄于松门别墅前

前排左起：劳用宏女儿、隆恪夫人、岳老中医（小孩从略）
后排左起：颜介甫夫人、杨德洵夫人、熊夫人、陈静娴、劳用宏、陈隆恪、陈三立（前为陈小从）、岳由峰、陈覃恪、陈玄秋（小孩从略）

松门别墅（罗克恒 摄）

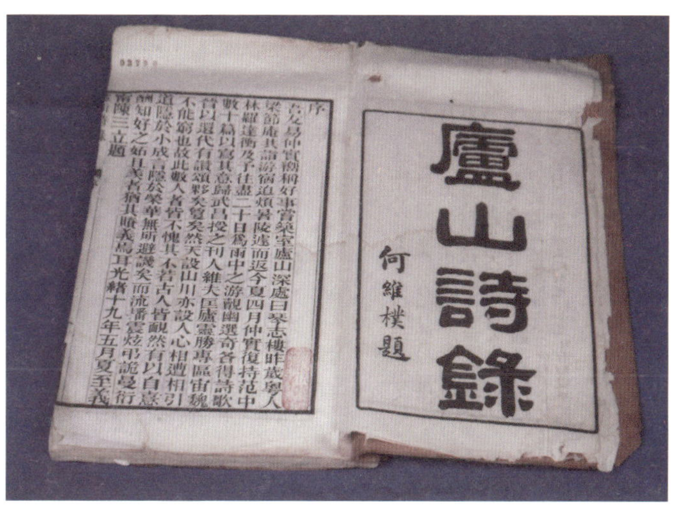

序

吾友易仲實[illegible]稱好事嘗築室廬山深處曰琴志樓昨歲學人梁節庵共詣游窮追煩暑陵遽而返今夏四月仲實復持范中林縉達衡及予往盡二十日爲雨中之游覩幽選奇各得詩歌數十篇以寫其意歸武昌授之刊人維[illegible]匡廬靈勝專區宙魏皆以還代有讚頌夥矣[illegible]矣然天設山川亦設人心相遭相引不能窮也故此數人者皆不愧其不若古人皆靦然有以自慰道隱於小成言隱於榮華無所避譏矣而流播震炫弔詭曼衍[illegible]知好之[illegible]且美者猶其[illegible]義爲耳光緒十九年五月夏至義甯陳三立題

廬山詩錄

何維樸題

光绪十九年（1893）陈三立在武汉刊刻的《庐山诗录》

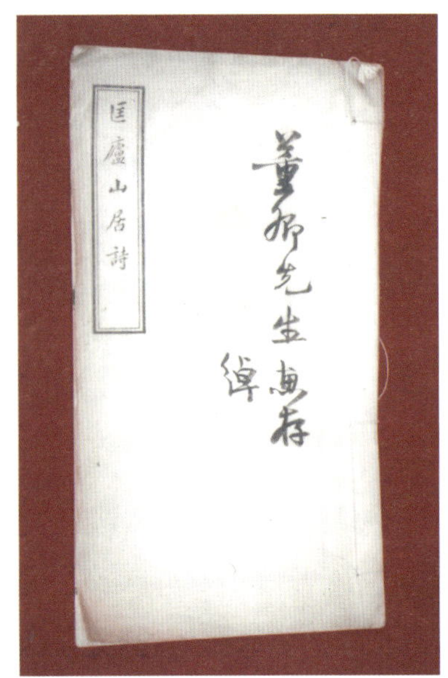

吴用威（董卿）收藏的陈三立《匡庐山居诗》叶恭绰赠本

庐山植物园三老墓侧陈寅恪夫妇墓（汪国权 摄）

序

卞僧慧

庐山风景天下奇。鲰生生长于北鄙，足履鲜越京津间，怅望南天，每诵李白“日照香炉生紫烟，遥看瀑布挂前川。飞流直下三千尺，疑是银河落九天”之句，未尝不惊叹天下有此奇观。近岁闻杨叔子先生之言，略谓：

> 后来有人批评李白的诗，“日照香炉生紫烟”不是客观现实，这个瀑布不可能是紫颜色。但是，根据物理学的研究，很有可能是紫颜色。有的光在行进中碰到阻碍，会发生各种物理现象，有散射、有反射、有折射等。
>
> 大家都知道，日光中以紫光的波长最短，在一定条件下最容易发生散射，当然就有“紫烟”的感觉了，很可能李白在这个时候观看瀑布，自然就看到紫光。这不是奇怪的事情。所以李白写的诗是正确的，他真实地反映了客观，是一位了不起的文学家。诗中所谓的“飞流直下三千尺”，不过是夸大而已，并没有掩盖现实生活中的现象。

益感庐山奇异变化的景观，苟非阅寒暑，历昼夜，经风雨阴晴，实难窥见其真貌，绝非走马观花，一日游、三日游、十日游，乃至百日游所能尽其妙境。

昔有陈伯宣者，游庐山，因定居德安，实闻名天下后世江州义门陈氏之初祖也。散原老人乃其苗裔。1929 年至 1933 年，隆恪先生侍奉老人栖息山中。老人每携孙女小从躬问诸胜，赋诗写怀，时与诸诗友唱和。复倡导重修《庐山志》，发凡起例，兼采中西之长，委吴宗慈先生完成之，世人叹为空前伟制。

1932 年阴历九月，散原老人寿晋八秩，子孙亲友群集山上祝寿。座师陈弢庵先生寄诗为寿云：

平生相许后凋松，投老匡山第几峰。
见早至今思曲突，梦清特地省闻钟，
真源忠孝吾犹敬，馀事诗文世所宗。
五十年来彭蠡月，可能重照两龙钟。

情真语挚，寄慨遥深。

1933 年秋，散原老人下山至南京。九九重阳日（10 月 27 日），参加扫叶楼之会。先师寅恪先生因在校授课，遣师母率流求奉迎北上，寓居北平城内姚家胡同。平日师曾夫人黄夫人奉侍老人，每周先师全家自清华园进城省候，老人顾而乐之。厥后鲰生获交衡山陈少梅，少梅尝客北都，素稔陈门弟子袁伯夔、李木公、陈病树三先生。因从少梅处借得病树先生《北游日录》等，借知散原老人此时虽有宿疾，步履尚健，时与交游及弟子选胜散怀。

孰知“七七”难作，老人忧患国事，疾发。迨日军入城，老人愤而拒药、绝食，以八五高龄殉难，伤哉！

1945 年，先师客成都，有《忆故居》之作。序云：

寒家有先人之敝庐二：一曰崝庐，在南昌之西山，门悬先祖所撰联，曰“天恩与松菊，人境托蓬瀛”。一曰松门别墅，在庐山之牯岭，前有巨石，先君题“虎守松门”四大字。今卧病成都，慨然东望，暮境苍茫，因忆平生故居，赋此一诗，庶亲朋览之者，得知予此时之情绪也。

渺渺钟声出远方，依依林影万鸦藏。
一生负气成今日，四海无人对夕阳。
破碎山河迎胜利，残馀岁月送凄凉。
松门松菊何年梦，且认他乡作故乡。

感慨系之矣。

及中华人民共和国成立之初，李一平先生尝建议先师居庐山，自由研究讲学，从先师志也。政府允行。先师终以中山大学生活、图书便利，未果行。

散原老人北上之明年，其文孙封怀，即来山经营植物园。旋赴英留学。后任庐山植物园主任，渐推广其经验于各地。吾国植物园事业，庐山实其发轫之地。老人一家，上溯伯宣，下逮封怀、小从，与庐山因缘，可谓源远流长矣。

1995年1月30日，《光明日报》报道《庐山修建陈三立陈列馆》讯云：

庐山风景名胜区管理局日前决定，对松门别墅进行修复改造，建立陈三立陈列馆。陈三立是戊戌变法运动的活跃分子，又是清末民初诗文宗伯，与谭嗣同、徐仁铸、陶菊存享誉“四公子”，与湖北浠水陈曾寿、福建闽侯陈衍并称“海内三陈”；还被印度著名诗人泰戈尔赞誉为“中国诗人的代表”。他曾居住庐山松门别墅达四年之久，创作了大量讴歌庐山的诗词。陈三立还兴办实业，具有强烈的爱国思想、民族气节和实业救国精神。

陈三立陈列馆内陈列陈三立生平事迹。此外，还适当引进文化层次较高的短期展览，联系海内外诗人、文学家来此进行文化交流创作活动，使之成为具有文化特色的名人陈列馆，丰富庐山风景名胜区的文化内涵。

近闻先师伉俪骨灰即将葬松门别墅侧，而“陈三立故居纪念馆”亦有望兴建。深为师门庆，为庐山庆，亦为祖国文化庆。

适先师故里刘经富先生《陈三立一家与庐山》书成。以鲰生有幸侍教先师，且获读经富先生所撰初稿，不以吾不学无文为嫌，驰书命序。自愧尝侧席大师门庭，而沉湎世俗，学无实得，深负师教。辞不获已，竭蹶写出，两眼昏花，直不知所云。尚望大方之家悯而宥之。若承匡正，固所愿地。

2001 年 3 月，谨序于天津，时年九十

序

汪国权

"压低吴楚殽函水，约破云霞独倚天"的庐山，与蜿蜒万里、惊涛裂岸的长江和绿波凝净、浮光耀金的鄱阳湖刚柔相济，浑然一体，雄、奇、险、秀，闻名于世。

庐山的一草一木都具有审美情趣，一石一水都富有生命意义。面对庐山峻秀的高峰，人们萧然忘羁，山水恍然融入心中；面对庐山积雾的深谷，人们遣怀散心，忘情地把自己呈现给山水。

人们在庐山具有极高价值的自然美之中，在各自的领域里，洋洋洒洒，创造出了独具特色的文化，使庐山在文化的殿堂里，获得了崇高的地位。胡适早在1928年便指出：

> 庐山有三处史迹代表三大趋势：(一) 慧远的东林，代表中国"佛教化"与佛教·"中国化"的大趋势；(二) 白鹿洞，代表中国近世七百年的宋学大趋势；(三) 牯岭，代表西方文化侵入中国的大趋势。

文化，是庐山的基石；文化，是庐山的根本。文化，铸就了庐山的灵魂！

联合国教科文组织“世界遗产委员会”于 1996 年 12 月 6 日在墨西哥梅里达市召开的第二十届委员会上，批准庐山为“世界文化景观”。庐山文化在新世纪到来之际，昂首走向世界。

名山与名人，踪迹恒相依。两千一百多年前，司马迁便登上庐山，并将“庐山”二字第一次载入史册。庐山文化这朵奇葩，是历朝历代人们培育的结果，其中也有义宁（江西修水县古称义宁州）陈氏一门四代（第一代陈宝箴，第二代陈三立，第三代陈隆恪、陈寅恪兄弟，第四代陈封怀、陈小从）的百年耕耘。著名学者吴宓曾这样说：“义宁陈氏一门，实握世运之枢轴，含时代之消息，而为中国文化与学术德教所托命者也。”陈氏一门四代对庐山文化的建设与影响，也是历史上其他家族少有的。

陈宝箴壮年仕途顺畅，意气风发登上庐山，“左挹香炉峰，右把金芙蓉”，产生的却是“高世之想”，为什么？晚年革职，幽居南昌西山崝庐，已是事业的尽头，也是生命的尽头，却一再怀念庐山，渴望“芒鞋素筷青峰下，始是波澜不起时”，这又为什么？

陈三立，维新“四公子”之一，爱国诗人。为什么中进士不久便往游庐山，并与好友相约卜筑偕隐？此后，“乖离飘泊，复屡逢变乱，无由再至（庐山）者垂三十年”，然而当他再登上庐山时，已是耄耋之年，本该澄明、宁静，以诗自隐，他却忙于《庐山志》的重修，忙于为花径景白亭写记，忙于被称为山北绝胜的王家坡双瀑的考察与开发，这又是为什么？

义宁陈氏的第三代陈衡恪、陈隆恪、陈寅恪、陈方恪、陈登恪均在湖南出生，但根在江西、根出义宁的意识却浃肌沦髓。抗战初期，陈隆恪在亲日分子引诱之时，连夜自沪潜回庐山，视庐山为最安全的家。1946 年，寅恪先生在成都写了《忆故居》一诗，表达了对庐山故居、南昌故居强烈的思念之情。陈寅恪的芳裔，又为什么拟葬其父于庐山？

陈封怀在庐山居留极长，曾参与中国有史以来由中国学者最早建立的一座正规的、供科学研究的庐山森林植物园（今称庐山植物园），填补了中国的空白。陈封怀为了这座植物园，曾远赴英伦留学，深情执着；为了这座植物园，曾步行上下庐山去南昌的大学教书，以其所得辅助植物园的支出，无怨无悔；为了这座植物园，曾严拒国民党权贵的威逼与利诱，威武不屈；为了这座植物园，曾遭受匪徒绑架，视死如归。……陈封怀把青春与智慧都献给了庐山，难道是为了隐逸？为了乐享天年？

义宁陈氏一家四代，与庐山有着深厚的情缘。随着世纪老人陈封怀先生的去世，庐山与义宁陈氏的联系，难道仅仅只剩下松树林内的松门别墅，年年岁岁伴着庐山的春花、伴着庐山的秋月？难道仅仅剩下南北松杉竞秀，东西柏桧争荣的庐山植物园，岁岁年年伴着庐山的薄雾、伴着庐山的清风？

我生晚矣，但承陈封老厚爱，视为忘年交，时而赐画，时而赐诗，书信不断，指点迷津。春节羊城花市，驰函相邀，扫榻以待；我出版第一本小册子《芳菲世界》时，为了鼓励后学，先生不惜如椽巨笔，还为拙作写序；当年内地缺少白糖，师母张梦庄念念于怀，总不忘馈赠……每忆及此，思绪难平，总想系统写点文字，表示对长者的敬仰。几年来，断断续续也写了点在报刊发表，然篇短词涩，未能尽意。

今有义宁陈氏同乡刘经富先生写成《陈三立一家与庐山》一书，详述陈宝箴、陈三立、陈隆恪兄弟、陈封怀、陈小从四代与庐山的情缘，对庐山文化的贡献字数虽不多，但涉及较深、较广，是庐山文化专项研究成果，也为赣文化添了一笔重彩，值得称道。

我于1997年夏始与刘经富先生相交。一日，他在友人的陪同下深夜驰车芦林，来到我的“无为斋”，畅谈义宁陈氏一家的方方面面。我在庐山工作近四十年，因与陈封老之情谊，又因庐山之地缘，对陈三立其父、其子多少也有所了解，但当听到来自陈氏故乡的刘经富先生对陈三立一家神采飞扬的介绍，深为钦佩。刘经富先生虽任修水县文化局副局长之职，醉心的却是乡土文化的调查、研究；他又是位淘书迷，广博地收藏、阅读，学术根底深厚。

此后，我们长信往返，探讨义宁陈氏百年庐山情结，并互赠有关书籍。《陈三立一家与庐山》是对庐山文化的挖掘与补充，无疑也帮我了却了夙愿。经富先生邀我为之写序，不揣浅陋，特写以上文字，并以此为谢！

2000年3月于庐山

世家名山结宿缘（代自序）

刘经富

1990 年代初赣文化树帜，庐山文化自然成为当下话题。论者谓以朱熹、慧远、陆修静为代表的儒、释、道三家融会互补为庐山文化主体；庐山接纳、兼容了以别墅为主体的西方文化。西式教育、西式风俗、西方宗教、西方服务设施、西方语言为庐山文化注入了新的内容，使庐山成为西方文明影响中国腹地的代表；庐山文化具有多样性、融合性、开放性，它不只是中国传统文化的一脉相承，更是中西文化合璧的典范。这是其他名山不能比拟的，是庐山文化的内在特征和独特魅力之所在。议论不可谓不新颖，归纳亦觉准确。然溯河探源，终不免“旧瓶装新酒”之喻。盖胡适昔年有言：

> 庐山有三处史迹代表三大趋势：（一）慧远的东林，代表中国“佛教化”与佛教“中国化”的大趋势；（二）白鹿洞，代表中国近世七百年的宋学大趋势；（三）牯岭，代表西方文化侵入中国的大趋势。

胡氏此论，可谓精准严实。陈义之高，后来者难以超越。

窃惟胡氏此论，最警策者为“牯岭，代表西方文化侵入中国大趋势”一句，须真赏冥探。考清咸丰十一年（1861）九江辟为通商口岸、设立租界后，光绪十一年（1885）俄国商人购庐山山北九峰寺僧房、隙地建别墅避暑，此为西方文化深入庐山之起点。光绪二十一年（1895）英人李德立租借牯岭长冲，规模渐趋宏大。光绪三十年（1904），李德立又租借与长冲相邻接壤之草地坡、下冲、猴子岭、大林冲之地，环以道路，与长冲联成一片，教堂、学堂、医院、服务设施、游乐场所次第举办。李德立等凭借西方近代城市建设经验及人文社科理念，将牯岭长冲建成一座现代文明避暑山城。其开发、规划、社区管理，多有可取资借鉴者。当李德立租借长冲成功后，即以商业运作方式，创办牯岭公司，将土地划分成若干号地皮在汉、宁、沪等地登广告出售。1896 年初成立租界大英执事会，由七名英国传教士与两名美国传教士组成，李德立任主席。执事会主要管理地权，直接向各号地皮买主负责，并规定若时机成熟，当成立市政议会。执事会成立数年后，土地已按号售罄，建筑迅速，道路开通，于是地主自动选派代表，于 1899 年成立牯岭市政议会。执事会将关于道路桥梁之修理，公共建筑之保管，及关于市政改良一切事权，尽数移交市政议会。同时成立牯岭公事房，负责土地管理、雇工守屋、树木保护、卫生管理、款项经收、契约保管及一切公益公用事务。市政议会略似最高决议机关，公事房则为执行机关。市政议会每年八月定期开会，公事房即将一年度所执行之事，详细报告于大会，次年应执行之事，亦同时议决。市政议会系公举十二人为董事，故亦名董事会。每年改选三分之一，当选者无性别限制，为名誉职务，有主席、副主席、会计员、书记等名义。牯岭租界遂以一套完整有效之社会自治组织，实行西式民主自治管理。

其开发、规划亦臻极高审美境界及富于人文气息，深得英国近代社会活动家霍华德田园城市理论及美国近代园林学先驱奥姆斯特德风景建筑学之要义。霍华德田园城市理论要点为：城市与乡村风景相结合；土地规划完整；中心有带状绿地花园；较低之建筑密度；采取公司、托管、市政议会等形式，实行高效有序之现代管理。1868 年，奥姆斯特德规划美国芝加哥濒海郊区住宅村，把住宅与风景融为一体，村舍以公共活动建筑为中心，沿河岸设有带状公园。其乡村生活与城市文明相结合之浪漫主义情怀在此规划中得以体现。为实践霍华德、奥姆斯特德的建筑思想，李德立不允许紧挨长冲河两岸建别墅，不允许别墅一栋挨着一栋，避免两排房子一条街之低档开发。规定每号地皮建筑面积不准超过 15%，且房子尽量往后靠，留出宽敞庭院广种乔木，制造芝加哥濒海郊区住宅村那种住宅隐蔽于树林中之宁静、安逸情调。公共活动建筑——协和教堂、医学会堂、大英执事会、市政议会厅、牯岭图书馆、英美学校、圣经医院，则布置在租界中心，长冲河中段两岸平缓地带。同时在长冲河中段设计带状公园——林德赛公园。公园为英国自然式园林，沿长冲河轴线展开。山坡上三三两两别墅起伏错落，自然山峰、岩石、溪水、疏林、草地成为组景要素。……自然花园式避暑城市牯岭，乃运用西方先进开发、规划、建筑理论之杰作。

张文襄公曾言，西艺非要，西政最要。李德立氏开发建设牯岭及社区自治管理模式，并非其独创，实为英美近代经济、政治制度与人文理念之移植。盖规划、法治、人权、议会、选举，乃与公民相对应之概念，在吾国民间为新鲜事物，在彼辈则为日常社会生活习惯，实行起来驾轻就熟。考大英执事会、牯岭市政议会组成成员之身份，或为大学校长，或为报社社长，或为高级管理人员，能力极强。是故 1932 年文南斗氏译李德立《牯岭开辟记》时，一面愤懑西人威风自得，一面感叹外国国民外交知识何等充足，自治能力意识何等强旺。国人方面，除来山享受现成福气外，无贡献可言。革命以还，国人来山购地筑屋日多，这自然是一种进步，然团体生活是否讲求？公共利益有无计议？将来发展曾否顾及？读者当不无感想。语虽峻切，却可劝世。1917 年有杨恭甫氏上山避暑，撰《匡庐避暑日记》，亦言国人在山已购置别墅百余栋，然互不连属，素不往来，与西人别墅区规划有序、管理井然相比不可同日而语。证之香港，知文氏、杨氏所言有据。虽然就纯文化而言，英人并未将其本土母文化带入香港，但英人运用其市政规划、城市管理之丰富经验，使香港之市政、环卫、交通各方面都与本土无异，市民公共道德意识之强、教养程度之高俱有目共睹。昔年吴宗慈氏纂《庐山志》，沿袭旧志体例外，特创《山政》一纲，于庐山租界内别墅群并无专文述及，惟详列西人租借山林各案档案材料及开发管理过程。提醒国人勿忘痛史之余，亦寓内省圆照之义。是以吾辈喜谈庐山文化者，若眩于有形之用即精美别墅群，而昧于无形之体即社会政治人文整体制度，无异于遗神取貌，买椟还珠，未参透胡适所论义谛。论赣文化，亦宜高着眼孔，胸襟开阔，综览百余年来东西、新旧文化摩荡之结局，明察当今世界文明之主流、走向，庐山在赣文化中之重要地位便可凸显，而不惑于近岁某座大山之炒作。

余七年前始阅庐山山志文献，借悉山中一度流行英语，老辈人中经商者、与西人习者亦擅之。久居山之西人亦能操九江方音与山人接谈。路名则有牛津、剑桥、普林、柏林之类。又闻向年山中称呼亦受山外人影响，称男曰先生，称妇曰师母，称未出嫁女子曰小姐。虽时过境迁，但对照己身所处之人文环境，于山志所载当日彬彬然儒雅之情状未尝不心往之。今岁重读山志文献，益悟庐山文化遗产中最有学术价值者乃两点：一为西方文明在庐山之进退，可视为吾国“三千年未有之大变局”转型期之缩影；一为近世名流与庐山接缘亲和，传统士大夫文化或曰雅文化在庐山之进退，亦为吾国百年来新旧文化进退消长之折射。是故西人导夫于前与国人继之于后之开埠、避暑实乃庐山历史一大关捩。散原老人曾言：

> 牯牛岭一隅，为海客赁为避暑地，屋宇骈列，万众辐辏，寖成一都会，尤庐山系世变沿革之大者。

已发史识之先声。若无西人、国人避暑，则牯岭至今或仍为寻常山林也。盖避暑须长住，至有转为定居者。查各国来山人数，1917 年日本某杂志载：英 678、美 672、德 153、瑞典 56、俄 42、芬兰 32（其他法、奥、挪威、丹麦、葡萄牙、意大利、日本计 113），共计 1 746，服务工人 1 126。1931 年，庐山管理局统计：西人 1 663，本国 8 878；牯岭西人董事会统计：西人 1 597，中国 1 243，服务工人 1 138。管理局与董事会统计数于国人悬殊较大，或统计口径不同。董事会只统计避暑人数，管理局则将来山旅游人数一并统计在内。中外别墅则据庐山警署统计，1933 年为八百余栋。1938 年 7 月，庐山陷于日人之手，名山胜地寂寞萧瑟八载。1946 年夏季虽有短暂繁荣，但庐山避暑已盛况难再。沈刚伯氏曾慨言，八年抗战，拖垮中国中产阶级。近岁庐山游人如织，逾当年人数何止十倍，然来如风雨，去若飘鸿，且纳入商品经济范畴，与曩时中外人士林泉游卧、避暑长住质性不同。若从文化人类学学理而言，西人及国人来山避暑均为庐山输入外来文化或曰异质文化因子，不同个性文化习俗交融磨合，因革损益，于庐山文化形成其功甚伟。考中西外来文化浸染熏习庐山约半个世纪即戛然而止，岂其中有风会运数存焉？鉴往忧来，念及九垓，又岂限于匡庐一隅哉！山灵有知，当助余之叹息。

余生长于义宁，境与庐山山川相缭，道里相接。暇日咏哦“庐山东南五老峰，青天削出金芙蓉。九江秀色可揽结，吾将此地巢云松”，不觉心驰神系。因思乡贤散原老人陈三立晚年缘何卜居牯岭？寅恪先生缘何欲归庐山独守故居、自由讲学？后治陈氏家史，渐知义宁陈氏文化世家乃出自一传统耕读书香门第。同治末年，陈宝箴以知府就官湖南，遂挈眷定居长沙。此后数十年间，其子陈三立辗转迁徙于武汉、长沙、南昌、金陵、上海、庐山、北平，融入近世城市文明潮流中。然系念乡梓、追思祖德之传统未曾失落。延及第三代恪字辈，无根之痛尤甚。隆恪先生有“不识家乡各散飞”之别愁；寅恪先生有“且认他乡作故乡”之沉痛。是以散原老人晚年卜居牯岭实欲寄迹乡关、终老天年，以弭早年欲于栗里山阿筑屋归隐未果之憾恨。寅恪先生 1948 年岁杪挈家南下广州，栖迟岭表。彼时岭南尚未流行普通话，不擅粤语，寸步难移。寅恪先生社会根在清华，自然根在江西，但清华已无归路。纷乱扰攘之际，欲回故里抱道守志殆有可能。此即陈家至交李一平氏向中央高层建议请迎著名学者陈寅恪先生上庐山自由讲学之背景，谓之“今典”可矣。“自由讲学”云云，即寅恪先生平生表彰向往之易堂讲学、河汾著书故事。1950 年初，寅恪先生作《叶遐庵自香港寄诗询近状赋此答之》一诗，中有“招魂楚泽心虽在，续命河汾梦亦休”之句。1964 年，寅恪先生撰《（广州）赠蒋秉南序》。论者谓此序有如陶渊明自祭文，乃寅恪先生一生志业著述之最后总结，寄托深微曲折。序中自叙“清光绪之季年，寅恪家居白下，一日偶检架上旧书，见有易堂九子集，取而读之，不甚喜其文，唯深羡其事。以为魏、丘诸子值明清嬗蜕之际，犹能兄弟戚友保聚一地，相与从容讲文论学于乾撼坤岌之际，不谓为天下之至乐大幸，不可也。……默念平生固未尝侮食自矜，曲学阿世，似可告慰友朋。至若追踪昔贤，幽居疏属之南，汾水之曲，守先哲之遗范，托末契于后生者，则有如方丈蓬莱，渺不可即，徒寄之梦寐，存乎遐想而已”。隋末大儒王通（文中子）隐居汾水讲学，杨素谴使劝仕，王曰：“疏属之南，汾水之曲，有先人之弊庐在，可以避风雨，有田可以具饘粥，弹琴著书，讲道劝义，自乐也。”追踪易堂，续命河汾，文化理想超脱政治权力，乃中国近世学人之亘古怀想。此即寅恪先生1945年赋《忆故居》诗（诗前小序云“寒家有先人之弊庐二：一曰峭庐，在南昌之西山……一曰松门别墅，在庐山之牯岭……”），数年后又拟归庐山自由讲学之“古典”欤？“先人之弊庐”，寥寥数字，言近旨远，非故居字面意义所能括尽。其背后之深广意蕴，尚待发覆。

1933年7月，某日，在庐山避暑之名流巨公群集于原李德立别墅，作文酒之会，分韵赋诗。会次，商议恢复白鹿洞书院，咸推散原老人陈三立主持其事，因老人未几即下山，事遂寝，至今引以为憾。而寅恪先生卒未上山流连故居、下帷讲经，更为深爱庐山文化者扼腕。虽然，今寅恪先生遗灰归葬庐山，与名山永寿，松柏同春，亦兹山之幸也。其“先人之弊庐”——松门别墅仍屹立峰巅。当散原老人1929年到1933年居山时，松门别墅盛极一时。凡缙绅、轩盖登山者，莫不以造松门别墅为欢。有介挈登堂者，有排闼径入者。悉奉山斗，愿闻玄秘。国老儒宗，为吾赣人文增光，无逾此也。查《庐山志·艺文》选入古今人诗文数百家，于名下缀按语者仅陈三立一例。按语有云：

> 际兹世风板荡，俗学浇漓，幸硕果仅存，皤然一老，为群流仰止，不独为吾乡耆献之光，其高躅灵襟，亦镇自与名山同垂不朽也。

散原老人之后，允膺“大儒”殊荣者，其唯寅恪先生乎？先生“独立之精神，自由之思想”，举世钦仰，无庸词费。惟先生负笈东西洋凡十三载，归国后秉铎国之上庠清华学校国学研究院，清华大学历史系、中文系，西南联大，成都燕大，中山大学历史系。学贯中西，兼揽今古。教泽宏施，弟子广众，为一代宗师。故义宁陈氏一门，实为吾国近世人文学术重要一源，亦为吾赣近世道德文章之根基与旗帜。其公孙四代，贻庐山丰厚之文化遗产，与庐山开埠、避暑之史事，均有挖掘、研究价值。今拙著《陈三立一家与庐山》成书，其义理、学术卑之无甚高论，然钩稽征引义宁陈氏与庐山之前尘往事，则仰承傅孟真氏“史学即史料学”之遗训，未敢向壁虚造。

属稿甫竟，心飞匡庐。待书中所叙松门别墅创建“陈三立故居纪念馆”事成，散原夫子铜像立，与陈寅恪墓表里相映，当与天下士向风慕义者同趋庐阜。生刍絮酒，捧瓣香于国士；登高作赋，颂盛德于名山。愿与海内诸贤共期之。

2004 年 7 月于南昌大学

目　　录

第一章　我昔支筇向庐岳

——陈三立早年三次游庐山

1 秀出东南的庐山，襟江带湖，林壑幽美。优越的地理环境和中国传统士大夫借山水以明道见性的风习，使庐山成为历代才人高士的聚散地。近代“开发”以来，庐山与社会各界人士的联系更加紧密频仍。

这里拈出“开发”一词，乃是着眼于庐山百余年前山水名胜避暑资源被重新审视、认识、发掘的历史现象。若以庐山的文明进程而言，它的起步可以追溯到司马迁的时代，这是庐山人文历史的源头。两千多年前，当司马迁南登庐山，将庐山载入史学巨著《史记》中时，这座独峙于鄱阳湖之滨的名山，便掀开了有文字记载的辉煌篇章。从此，庐山敞开了它博大的胸怀，以海纳百川的气势，接纳了历朝历代的名人胜流。

一千五百多位文学家、史学家、艺术家、政治家、科学家，在庐山留下了他们的痕迹。四千多首赞美庐山的诗词歌赋以及大量的散文、专著形成了庐山特殊的文化现象，它同庐山优美的自然风光和谐统一，渗透融汇，浑然一体。①

深厚的人文积淀，是庐山得以从国内众多名山中脱颖而出的最活跃、最动人的因素。人与大自然的交流、对话、融合，在这座文化名山上得到了深刻的体现。

但历代名人与庐山的结缘，在 19 世纪末叶之前，都是传统模式里的循环往复。

中国的士大夫与山水园林有着源远流长的联系。从先秦儒家的“山水比德”说和道家的“法自然、去机心”说，到六朝的“老庄告退，山水方滋”；从“登高能赋，可以为大夫”的名士风流，到“我见青山多妩媚，料青山见我应如是。情与貌，略相似”的心灵感应，我们可以确切感受到山水景物在传统文人日常生活及精神世界中的重要位置。山水日益成为文人士大夫精神的载体，抒情的对象。追求清雅自然之美，向往一种节奏舒缓、超凡脱俗的田园生活，始终是中国文人的积习和根性。如过江之鲫一样来往于庐山的名人，对庐山的体认寄托，自然难脱山水比德、亲和林泉的藩篱。在漫长的历史长河中，庐山接纳的各路人物，从身份上分类，多是文人、士子、僧道。“庐山以它的雄奇俊秀，陶冶了一代代诗文巨擘和高僧名士，蔚为壮观的诗词书画、铭文石刻、遗闻轶事和书院、佛寺、道观集于一山，闪耀着我国古代文化的灿烂光辉。直到 1880 年代之前与我国其他名山并论，尽管在许多方面千差万别，但就总体文化背景而言，庐山并无二致，基本属中华传统文化模式。然而到了 1880 年代中期，这种统一性在欧风美雨的震动下被打破，庐山由此显示出与其他

---

① 见张启元《世界自然和文化遗产——庐山》，载《文史知识》1998 年第 1 期（赣文化专号）115 页，北京，中华书局，1998。

名山迥然不同的面貌。”庐山文化开始注入新的内容和要素。西方人享乐型的旅游避暑方式，使中国仅仅满足于寄情山水的迁客骚人们大开眼界，于是庐山“自光绪季年西人避暑之风开，本国人接踵步武”，“游屐错至”。①

陈三立（字伯严，雅号散原）就是在这样的历史背景下，走进了庐山。作为诗人，他的游山，仍然是传统士大夫“性本爱丘山”的惯性推动；作为士大夫中的先进代表人物，他又是庐山中西文化交融汇合初始阶段的见证人和最早受益者之一。因此，陈三立早年的游山，既不同于上代文人的漫游济胜，也不同于后人的休闲旅游。他经历了庐山中西、古今交叉渗透的一个特定的历史阶段。

2

据陈三立1919年“余三游庐山”的自述②和三次游山时所留下的题刻、诗文，知陈三立三次游庐山的时间分别是光绪十八年壬辰（1892）、十九年癸巳（1893）、二十年甲午（1894）。

限于资料，我们目前对陈三立为什么连续三年上庐山的原因还不是十分清楚。但如果我们将陈三立游山时期的人事交游和庐山避暑、旅游资源的早期开发在朝野所产生的影响等要素综合起来分析，或许能开启通向真实的大门。

陈三立三次游山正值“凭栏一片风云气”的中年。从光绪十二年（1886）、十五年（1889）两次进京会试（后一次中式成进士），到光绪二十一年（1895）秋的十年间，陈三立广事交

① 见罗龙炎《山水胜地，文化名都——话说九江四题》，载《文史知识》1992年第9期“九江历史文化专栏”，北京，中华书局，1992。

② 见陈三立《〈庐山纪游图咏册〉跋》，载陈三立著，李开军校点《散原精舍诗文集》下册975页，上海，上海古籍出版社，2003。

游，诗酒会友，评论时政，讽议公卿，等待着一试身手的机会。光绪十六年（1890）到二十年（1894）冬，其父陈宝箴（号右铭）先后任湖北按察使和布政使，陈三立随侍武昌任所。时张之洞任湖广总督，他于光绪十五年（1889）十一月抵鄂，次年办两湖书院，提倡新学，广储人才，一时文士聚集武昌。“选录湖南北高才数百人，设科造士，海内通儒名哲就所专长延为列科都讲”，[①] 如梁鼎芬、杨守敬、汪康年、杨锐、蒯光典、陈三立等，均被聘为教席，“岁时佳日，辄倚君要遮群彦，联文酒之会，考道评艺，续以歌吟，文襄（张之洞）亦常率宾僚临宴杂坐，至午夜乃罢，最称一时之盛”。[②]张之洞的总督衙门里亦多俊彦，如易顺鼎、陈衍、程颂万、缪荃孙、黄遵宪、郑孝胥等皆名噪一时。[③] 陈三立虽未入张幕，但常为张之洞座上宾。光绪二十一年（1895）八月，陈宝箴诏授湖南巡抚，陈三立终于获得一次参与新政、施展抱负的机会，赞襄、辅佐父亲，“其父固信之坚也”，[④] 陈三立遂由“义宁公子”升格为“清末维新公子”，从此名满天下。

陈三立与庐山的结缘与他的挚友易顺鼎（字实甫，又字中实，号哭庵）有极大关系。光绪十六年（1890）六月，易顺鼎上庐山，筑草堂于三峡涧，奉亲往来江湘间。不久，就张之洞之

①② 见陈三立《〈余尧衢诗集〉序》，载陈三立著，李开军校点《散原精舍诗文集》下册956页。

③ 见刘成禺《洪宪纪事诗本事簿注》119页第42首《汪荃台》诗后注释，太原，山西古籍出版社，1997。

④ 见陈灨一《睇向斋谈往》145页“陈三立”条，上海，上海书店出版社，1998。

聘，到武昌两湖书院教经史文课。①

易顺鼎的草堂取名“匡山草堂”，他在大门榜书一联：“纳于大麓；藏诸名山”，② 又请陈三立长子陈衡恪绘《匡山草堂图》，③“草堂”位于庐山山南栖贤桥西南。栖贤桥俗称观音桥，是庐山人工建筑的杰作，已列为全国重点文物保护单位。附近到处是风景名胜，其中栖贤寺、慈航寺、第六泉最为著名。易顺鼎《重游匡庐卜居纪游杂诗二十七首》第 15 首自注：“第六泉在桥南十步外，即陆羽所品。左五老峰，右七贤峰，北为栖贤寺，西为万杉、开先、归宗三寺，即所谓四大禅林也。盖三峡桥（即栖贤桥）居匡庐南面之中，游山南者，此为四达，即由含鄱岭度山北至黄龙、天池，亦一日可尽历。余既乐三峡涧之胜，又喜其便于游也。涧上有隙地，将卜居焉。”④ 易顺鼎建草堂后，更提高了这一处风景区的知名度。

匡山草堂是一个私家园林建筑群，有十八个景点，分别命名为兰若草堂、琴志楼、畹岩、鼻功德圃、听湍轩、茶烟廊、粥饭寮、云锦亭、鳌矶、龙溜、小绿水洋、藏舟壑、縋仙梯、飞虹梁、三峡船、松社、十二阑、玉井。⑤ 大约十八景之二的琴志楼

① 见陈松青《易佩绅易顺鼎父子年谱合编》上册 335 页，长沙，湖南师范大学出版社，2018。

② 见陈玟《艺苑丛话》，载易顺鼎著，王飙校点《琴志楼诗集》下册 1539 页，上海，上海古籍出版社，2004。

③ 见陈三立《易仲实属儿子衡恪作匡山草堂图为题长句》诗，载陈三立著，刘经富主编，潘益民、李开军辑注《散原精舍诗文集补编》63 页，南昌，江西人民出版社，2007。

④ 见易顺鼎著，王飙校点《琴志楼诗集》上册 396 页。

⑤ 见易顺鼎《匡山草堂记》，载吴宗慈编撰，胡迎建等校注《庐山志·艺文》下册 12 页，南昌，江西人民出版社，1996。

从建筑、景致、地貌上都优于他处，易顺鼎便以它作为自己的斋室名，曾自题两联：“筑楼三楹，筑屋五楹，漱石枕泉聊永日；种兰千本，种梅百本，弹琴读《易》可终身”；“三闾大夫胡为至于此？五柳先生不知何许人”。刻《琴志楼编年诗集》，后又将平生著述编成《琴志楼全书》。琴志楼遂声名远播，匡山草堂反而湮没无闻了。匡山草堂倾圮于1930年前后。

易顺鼎在营建匡山草堂的同时，又在九江城东筑琴心楼，奉养其老父易佩绅（易佩绅亦有《匡庐诗》一卷）。有趣的是，易家的斋室名均以“琴”作为徽帜。易顺鼎之弟易顺豫室名“琴思楼”，子易君左室名“琴意楼”，反映出书香门第的雅怀逸趣和家族文化传承的韧性。

匡山草堂的经始落成，是以张之洞为核心的文人士大夫圈子中的一件盛事。在草堂落成后的七八年里，易顺鼎往来于庐山、武昌间，曾送庐山的云雾茶给张之洞，又送第六泉的泉水给张之洞和陈宝箴，张、陈两人均有答谢诗。易顺鼎又常将自己山居时的诗作寄赠武昌的知交。他是清末一位著名的诗人，山居期间，写有大量诗作，汇成《庐山集》。他的“庐山诗”是近代山水游记诗的代表作，享有很高的声誉，陈三立认为能独开一派。后来陈衍在《石遗室诗话》中谈时人诗作，认为易实甫的少作，工者至多，山水游为第一，咏物次之。当代诗评家陈声聪在他的《兼于阁诗话》中，将“（易）实甫庐山诗”单列一条目。这一切，自然都会给武昌的朋友们带来庐山的信息，引发周围人物对庐山的好奇与兴趣。此外，草堂的落成，也为易顺鼎在庐山迎来送往创造了物质条件。

易顺鼎筑匡山草堂的举措，使他一脚踏进了庐山刚刚步入现代文明的门槛。清末的庐山，种莲采菊、植梅养鹤已成陈迹，书院寺观也已式微多年。在“三千年未有之大变局”的影响下，庐山的山林隐逸盛况日趋衰落。易顺鼎投资建草堂，既接前人之芳尘，又得风气之先导。从草堂十八景的格局名号来看，易顺鼎钟情庐山仍然是中国士大夫山水园林情趣的遗存；从筑草堂的时间上看，又是西人入山避暑生活方式影响的产物。它比1884年俄国传教士租借山地40亩兴建别墅滞后了五六年，但比20世纪二三十年代名公巨卿纷纷买山置业提前了三四十年。

马克思说过："人们自己创造历史，但并不是随心所欲地创造，并不是在自己选定的历史条件下创造，而是从既定的，从过去承继下来的条件下创造。"① 19世纪末叶的庐山，若没有汉口、九江、南京、上海的繁华，从而带动长江黄金水道的地理优势，也不可能迅速出现避暑旅游胜地的辉煌。

第一次鸦片战争后，英国迫使清政府开放上海等沿海的五个通商口岸。第二次鸦片战争，清政府被迫签订了《天津条约》，在长江沿岸首开汉口、九江、南京三个通商口岸。这样，西方文明凭借其强权与实力，从沿海通过中国的内河渗透到沿江各城市，长江黄金水道的客运日益发达兴隆，"一山飞峙大江边"的庐山，不可能不给熙来攘往的乘客留下深刻的印象。这里选录几则《郑孝胥日记》予以说明。郑孝胥于光绪二十年（1894）入张之洞幕，至光绪二十四年（1898），期间多次往返于汉口、上海。光绪三十一年（1905）后，郑孝胥在上海做寓公，也经常赴汉口。《日记》多次记录他乘客轮路过九江的观感和庐山的情状。

光绪二十二年（1896）3月10日："过九江，望庐山在云际。"

---

① 见《路易·波拿巴的雾月十八日》，载中共中央马克思、恩格斯、列宁、斯大林著作编译局编译《马克思恩格斯全集》第11卷131页，北京，人民出版社，1995。

光绪二十四年（1898）8月9日："日斜，过九江，望匡庐如巨屏，苍翠万状。"8月10日："作诗一首：'放怀经世竟何如？幕府休腾北阙书。惆怅浔阳泊舟处，江风虀面对匡庐。'"

宣统二年（1910）12月12日："至九江，微雪，庐山全翳云际……雪稍止，巨峰临江，半埋云中。"

然而郑孝胥来来去去那么多次，竟没有一次下船上庐山。他本来有两次游山的机会。光绪二十二年（1896）元月，张之洞约他上庐山。一行人从上海出发，途中上岸游采石矶、石钟山，却不知何故未如约入庐山，而径直回到武昌。光绪二十五年（1899）十月，好友顾子朋约共游匡庐，时在武昌，也未成行。张、郑两人面对巍峨雄峻的庐山，只能学唐人钱起发"咫尺愁风雨，匡庐不可登"的慨叹。所幸张之洞尽管未上山，却留下了一首《江行望庐山先约陈伯潜同游陈不到游亦辍》的长诗。据诗前原注，知张之洞曾约陈宝琛游庐山，因陈不应约未果。① 张之洞长诗中有这样的句子："寻幽有约近十年，疗渴须酌康王泉。"张之洞渴望游庐山的心情可以想见，代表了那时代人的共同心声。

与郑孝胥相比，陈三立乘江轮从汉口到上海的时间要早些，路过九江次数也更多一些。他曾于1885年、1886年、1889年三次乘轮船往返汉口、上海。对于登山临水，陈三立兴亦不浅。由此推断陈三立连续三年游庐山的原因：其一是挚友易顺鼎的助缘之功；其二是庐山避暑旅游胜地的崛起，以张之洞为中心的江汉

---

① 1903年，陈宝琛闻张佩纶去世，从福建千里赴金陵吊丧。张之洞闻陈至，邀其游庐山，陈说，"吾为吊丧来，非来游山也"，谢不往。见黄濬《花随人圣庵摭忆》63页，上海，上海古籍书店，1983；又见王逸塘《今传是楼诗话》，载张寅彭主编《民国诗话丛编》第3册471页，上海，上海书店出版社，2002。

士人流风相扇所起的作用；其三是陈三立中年性情踔厉风发的内在推动。

3 光绪十八年（1892），易顺鼎奉母入琴志楼消夏，作《琴志楼对月吟寄陈吏部杨舍人》一诗，结尾六句写道："寂寥处岩穴，迢递望关梁。美人隔千里，宿昔同清光。何时共携手，招隐有遗章。"这是易顺鼎向武昌的友人发出的"请柬"。于是陈三立与好友梁鼎芬结伴上庐山。第一次游山，陈三立没有留下诗作，仅在开先寺旁的石壁上镌刻了一条22字的题识："光绪十八年闰六月朔，陈三立、易顺鼎、顺豫、梁节庵同游。"陈三立对这条石刻印象很深。光绪三十三年（1907）六月，他到南昌西山扫墓，在鄱阳湖中作七绝三首。第三首提到这条石刻：

为语吟人黄墨园，玉龙峡是洗头盆。
旧偕梁易题名石，可被蛟涎蚀字痕。

陈三立这次游山还与易顺鼎前往莲花峰欣赏外国女士弹琴。易顺鼎为此写了《庐山听泰西妇弹琴》长诗，诗前有一篇小序：

前年余独游庐山，入莲花峰，杳焉无人。忽闻琴声泠泠，出松风涧水间。度一朱桥，琼宫璇室金银台，非世所有。琪花瑶草，遍种篱落，无男子，独两妇，吴装粤音，客至，起相问。余惘然不知何境也。徐乃知主人泰西人，游未归，此其外室。别有彼国教士避夏于此，弹琴者教士之妇，尤昳丽云。今年陈君伯严闻之，欣然规往，余恃熟客，请为导师。至则青衣应门，仿佛识余，重闻弦声，不异昨日，与陈君流连感叹，不知哀乐之何从而生。爰作诗一篇，以记其事焉。[①]

陈三立、易顺鼎听琴处为“波黎公馆”，系法国人波氏光绪十七年（1891）建，为庐山现存第一幢外国风味的近代建筑。波氏曾任事九江海关和姑塘分关有年，娶彭泽县妇女黎氏为妻。[②]

这篇诗序写得生动雅隽，是不可多得的外来文化在庐山落脚传播的记实资料。十年后，易、陈的旧交王梦湘也写有《黄莺砦遇西人探矿苗携有两妇》一诗，可见当时来山长住的西方女子不多。

光绪十九年（1893）四月，易顺鼎在武昌又邀约陈三立、范仲林、罗运崃共游庐山。这是陈三立三次游庐山中留下文字材料最多的一次。在这次壮游中，陈三立得诗55首；罗运崃得诗30首；范仲林得诗50首；易顺鼎得诗47首。四人下山后，陈三立将四人的诗作编为四卷汇刻成《庐山诗录》，并作序以纪其盛：

> 吾友易仲实向称好事，尝筑室庐山深处，曰琴志楼。昨岁粤人梁节庵共诣游宿，迫烦暑陵遽而返。今夏四月，仲实复持范中（仲）林、罗达衡及予往，尽二十日，为雨中之游，觌幽选奇，各得诗歌数十篇以写其意。归武昌，授之刊人。……

---

① 载易顺鼎著，王飙校点《琴志楼诗集》上册413页。

② 见吴宗慈《庐山小乘》72页，上海，均益利国联合印刷公司，1933；欧阳怀龙主编《从桃花源到夏都——庐山近代建筑文化景观》28页，上海，同济大学出版社，2012。

陈、罗、范、易《庐山诗录》印成后，曾经在亲友中流传。《郑孝胥日记》光绪二十一年（1895）1月3日记："梁星海示七古数首及陈伯严、易实甫等所作《庐山诗录》。"陈衍《石遗室诗话》卷一云："同年陈伯严，弢庵典试江西所得士。丙戌余在都门，己丑在长沙，闻张铁君（亨嘉）屡称其能文，见其《游庐山诗》一卷，学韩，与实甫诸人同作者。"卷四又云："实甫与伯严诸人游庐山诗，旧有合刻本，实甫又别录其最得意者若干首，名《庐山诗录》，请广雅相国评定。"世传此集为《张文襄公评点易盦先生庐山诗录》。可见陈、罗、范、易当年联袂游庐山和《庐山诗录》在江淮士林中的影响颇大。《庐山诗录》的印行，使我们得以综合、排比四人的同题诗作，勾勒出他们当年游山的路线、日程、景点和豪放身姿。

光绪十九年（1893）四月十二日晚，四人乘外轮从武昌启程。十三日在九江夜宿。十四日游九江名胜烟水亭，然后取道横铺向庐山进发。途中谒周濂溪墓、周公祠，当晚抵达东林寺，在寺内夜宿。十五日从东林寺出发，雨中行至通远驿，在通远驿夜宿。十六日沿隘口上山，夜宿归宗寺赏月。十七日从金轮峰、青玉峡、万杉寺到易顺鼎的琴志楼。此后四人白天观赏琴志楼的十八景及周围风景点，晚上回到琴志楼煮茗夜话，整理诗作。离开琴志楼的时间，因四人的诗作均没有明确言及，因此难以推断他们在琴志楼憩停淹留的天数。离开琴志楼后，一行人游览了白鹿洞，登五老峰，观三迭泉，到海会寺观赏血书《华严经》。最后经吴章岭到相辞涧，在相思桥上依依话别。罗运崃前往南昌，易顺鼎留山，陈三立回武汉，范仲林不详。

根据吴宗慈纂修的《庐山志·山川胜迹》，庐山的山川形胜景点分为山北四路、山南七路。从陈、罗、范、易四人进山与出山的路线来看，他们从九江到山脚下走的是山北第一路，然后插到山北第二路，正式上山走的是山南第五路，停留琴志楼期间游览的景点集中在山南第四路，离山是山南第二路。对照庐山地图，他们上山之前，从北往南绕庐山兜了一个大圈子，才到达栖贤寺南道。当时上庐山的山径小道有四条：一自云峰寺上山，称西道；一自栖贤寺上山，称南道；一自净慧寺上山，称东道；一自纪成寺上山，称北道。① 后来李德立从出售庐山牯岭长冲地皮的暴利中，拿出一部分资金开辟山北新道。从莲花洞方向沿剪刀峡凿通好汉坡一线。这一段山势陡峭，石级千余，高入云端，最为险峻。上述山径石道都只能步行或坐轿。1952 年，庐山修通了山北盘山公路，以后又修通了环山公路，大大方便了游客，缩短了各景点之间的距离。如果乘车游庐山，两三天之内，就可以从容遍览庐山的主要景点。但在陈三立游山的年代，人们上庐山十分辛苦，只能靠两条腿，跋山涉水，攀藤跳涧。清人潘耒说他“环山一周，可二百余里，盖半月而游事毕”。② 古人的脚力与耐力后人真不可望其项背。

陈、罗、范、易之所以花四天的时间，绕道到山南栖贤寺，除了当时山北没有上山的路外，另一个主要原因是易顺鼎的琴志楼在栖贤寺附近。四人远道而来，既是为了游山，也是慕琴志楼主之风雅，与之畅叙友情。对照《庐山名胜示意图》，四人游山的景点或在到琴志楼的路途附近，或在琴志楼的附近与周围，使人醒悟到易顺鼎作为东道主对这次游山所作的安排。

光绪二十年（1894）二月，陈三立第三次游庐山。这次游山没有留下诗文，只在光绪二十七年（1901）年所作的《陈次

① 见周銮书《庐山史话》125 页，南昌，江西人民出版社，1996。

② 见潘耒《游庐山记》，载周銮书、赵明选注《庐山游记选》178 页，南昌，江西人民出版社，1996。

亮户部以去岁五月卒于京师追哭一首》“下榻琴樽来旧梦，买山徒侣泣先几”一联的注中提到游山：“甲午二月，与君游匡山，约卜筑偕隐事。”陈次亮（陈炽）是江西瑞金人，光绪八年（1882）与陈三立同为壬午科乡试举人，光绪十五年（1889）擢户部主事，光绪十七年（1891）丁父忧回瑞金，光绪二十年（1894）返回京师时与陈三立同游庐山，光绪二十六年（1900）九月病卒。

此外，光绪二十一年（1895）二月，陈宝箴、陈三立父子的好友廖树蘅（荪畡）从长沙到武昌，陈三立曾邀约廖树蘅游庐山，不知何故这次游山计划没有成行。①

4 陈、罗、范、易结伴游山，为研究义宁陈氏的姻亲世交关系和陈三立早年的诗歌创作提供了宝贵的资料。

旧时代的世家显族，往往有一个盘根错节的姻亲世交网络，通过权力阶层、上流社会的互相联姻，来稳固自己家族的社会地位，这是旧时代的一种社会现象。义宁陈氏的姻亲世交，阵容逊于曾国藩、李鸿章、周馥等强宗大族，但在清末民初的政治集团人事关系的大网中，尚占有一定实力。

陈家的早期人事关系，以罗家、易家最为久远。

早在陈宝箴走出义宁大山之前，咸丰初年，太平军转战赣西北一带时，义宁州（今江西修水、铜鼓县）邻县武宁的士人纷纷到义宁来避乱。陈宝箴的家乡眉毛山区深山大岭，武宁举人、陈宝箴的乡试同年罗亨奎（惺四）来到眉毛山，与这里的杰出人物陈宝箴、涂家杰、徐家干结下了深厚的友谊。咸丰八年

① 见李葆恂《荪畡招饮新楼兼示约伯严偕游庐山之作谨和原韵作诗一首》：“……南州陈大今豪俊，议隐匡庐亦健哉。”载廖树蘅著，廖志敏整理《珠泉草庐师友录》28 页，南京，凤凰出版社，2016。

(1858)，陈宝箴与罗亨奎、涂家杰结伴同赴京师参加咸丰十年庚申科会试未中，在京师居留二年多。罗亨奎咸丰十年授隆川知县，与易佩绅建立“果健营”。未几陈宝箴亦加入“果健营”，与太平军作战。

罗亨奎有一女二子。陈三立前妻罗孺人即罗亨奎长女，同治十二年（1873）与陈三立成婚，时罗亨奎任四川酉阳知州。长子罗运陟，字郃岘，曾官部郎，陈氏父子主政湖南时，任湖南矿务局汉口分局主事；次子罗运崃，字达衡，举人，曾官湖北知县。1912 年入民国后，寓居上海，以医术自给。

易佩绅官至江苏布政使，有二子一女：易顺鼎、易顺豫、易瑜。陈三立与易顺鼎兄弟相识很早。1920 年，易顺鼎去世，陈三立撰《祭易实甫文》，文中说：“忆始浮湘，分屋东西。谊敦二父，提挈谐嬉。交子总角，慧业夙置。”①

范仲林是陈家另一位姻亲范当世的弟弟。范当世（初名铸，号伯子，又号肯堂）与弟范钟（字仲林）、范铠（字秋门）称“通州三范”。陈三立长子陈衡恪（字师曾）光绪二十年（1894）冬娶范当世的女儿范孝嫦。“通州三范”中，陈三立与老二范仲林最相契，自谓：“余最夙交仲林，附以婚姻，然后与君（指范当世）习。”② 从这几句话可知，陈衡恪与范孝嫦的婚事是范仲林玉成的。范仲林游山诗作中有一首怀念陈衡恪的五律。

当我们明白了陈、罗、范、易之间这种世交关系之后，对他们的结伴壮游便会有更深的解悟。由于不是一般的诗朋酒侣，相互之间的了解超过常人一层，所以在 20 天的游山中，始终充满

① 见陈三立著，李开军校点《散原精舍诗文集》下册 985 页。

② 见陈三立《〈范伯子文集〉跋》，载陈三立著，李开军校点《散原精舍诗文集》下册 1011 页。

着浓浓的高情厚谊。家世的感情纽带，把他们联结在一起。这既是一次山水壮游，也是一次亲友联谊。在以后漫长的岁月里，陈三立始终没有忘怀这次难得的壮游经历，怀念、追思屡见于诗文，如《祭易实甫文》追叙这一节：

> 中间奉母，插庐匡山。余系于鄂，从子登攀。穿霓握瀑，五峰堆颜。虎气猿声，肉破榛菅。出子吟篇，真灵拱环。

陈、罗、范、易的结伴游山，也为四位诗人的诗才喷涌勃发创造了一个契机。四人游山时，正值初夏江南地区的梅雨季节，给跋山涉水增加了困难。若没有共同的志趣、友情的激发，不可能观览这么多的文物、景点，写出这么多的诗篇。那一年陈三立 41 岁，易顺鼎 36 岁，罗运崃 28 岁，范仲林 36 岁。37 年后，已经移居庐山，时年 78 岁的陈三立犹动情追忆游山时的情景：

> 峡旁琴志楼，哭庵所卜筑。往挈二三子，弥月淹餐宿。
> 颇着谢公屐，几簪陶令菊。朝游山染颜，暮返吟成幅。
> 挑灯斗奇句，绝叫声满屋。……①

绘情绘声，如在目前。在这样的特定氛围中，四人的诗作都成为自己一生的佳作。徐世昌所编的《晚晴簃诗汇》选录罗运崃游

① 1930 年《七月十三日携隆恪登恪逾含鄱岭至栖贤寺过玉渊憩三峡桥遂寻琴志楼废宅三首》之三，载陈三立著，李开军校点《散原精舍诗文集》下册 710 页。

山诗22首，认为：

> 其诗思致清敻，时有奇句。癸巳夏，曾与陈伯严、易中实、范仲林尽二十日，同为庐山雨中之游，极幽选胜，各得诗歌数十篇。盖达衡平生适意事，无逾此者。

与罗、范、易不同，陈三立早年的诗作均未编入自己的诗集《散原精舍诗》中。因此，陈三立这55首诗作，从文献资料的角度来看，就不限于纪胜游、描山水了，值得专家学者研究。对于陈三立这样一位开宗立派的大诗人，漏掉了早年的作品，就难以把握其作品的全貌，无法梳理其诗风嬗变的轨迹。这55首游山诗，恰好补上这一残缺的环节。

5 陈三立早年三次游山，为时虽然不长，但给陈三立未来的诗歌创作，注入了一个长久不衰的主题，犹如繁弦急管后的清钟余响，绕梁不绝。

光绪二十六年（1900）四月，陈三立携家移居金陵。本拟当年秋季迎父亲到金陵颐养，陈宝箴本人也有此意，不料陈宝箴于六月二十六日猝卒。陈三立哀痛至骨，葬老父于母亲黄夫人墓侧。从此，每年或清明或冬至，陈三立都要从金陵赶回南昌西山扫墓，一直到1919年（中间1912年、1913年间因战乱寓沪未成行）。往返路线，均以九江为中转地。1915年南浔铁路未修通之前，到九江换船渡鄱阳湖到南昌；南浔铁路修通后，间或乘火车。无论是水路还是旱路，都要经过庐山脚下。因此，我们在《散原精舍诗》中，便可以读到不少《宿九江夜作》《泊鄱阳湖望匡山》《过匡山赋别》之类的诗作。这些诗作主要包括两方面：对昔年游山诸友的怀念和对庐山的颂赞。不妨胪列如下：

光绪二十七年（1901）清明，《江上三首》之三：

棱棱千峰电掷眼，还我匡庐心所亲。
悬瀑之岩猿叫处，僧床冷月汝何人。

同年冬至，《江行杂感五首》之五：

入湖对匡山，巉岩界江壁。松萝垂蛟蛇，吼浪气上击。
结辈四五人，攀游尚历历。歌吟以飘残，光景不可觅。……

光绪二十九年（1904）冬至，《于吴城下三十里曰朱溪乘汽船渡湖》：

风静云晴五老峰，氤氲贪看旧时容。
褊心又恨舟如箭，枉想松萝暗万重。

同年《泊九江怀烟水亭旧游》：

故人颇与纵游处往岁屡与易实甫同游，野饭僧床忘岁年。……
巉巉庐峰插双眼，伴取鸬鹚照桨眠。

光绪三十一年（1905）冬至，《渡湖晴望庐山》：

夜来风恶怒涛旋，晓起晴湖落鬓边。
贪近鱼身浮镜面，任移鸥翅拍吟肩。
披霄彩翠灵山气，中酒光阴归客船。
莫更作痴乞如愿，大姑迎我髻鬟妍。

光绪三十二年（1906）冬至，《湖楼晓坐》：

匡君下重帷，深严漱岩髓。
虎豹为之驯，鸾凰为之使。
想得五老过，天风韵棋子。……

光绪三十三年（1907）清明，《由南昌舟还金陵养疴湖上望庐山》：

席卷天霄插画屏，飞光散气满官亭。……

光绪三十四年（1908）冬至，《抵九江铁路局湖海楼》：

庐峰远影插湖台，梦寐重教举酒杯。……

宣统元年（1909）清明，《九江铁路局楼晚眺》：

湖上匡庐生紫烟，唾壶茗碗对年年。……

宣统三年（1911）清明，《入湖对庐山观落日》：

锦屏风侧霁红盂，供具何堪掷一隅。
只恐桑榆收未得，匡君能效鲁阳无。

同年《江行杂咏》五首之三：

石钟小儿拳，匡庐折臂翁。湛湛长江水，照影双惊鸿。

1914年清明，《江行遣兴》：

亭午发浔阳，日气散如霰。楼船纵东下，江波皎匹练。群山贡参差，欲掩匡庐面。窈窕入吴天，凄迷缅楚甸。……

1916年清明，《晨起望循江诸山旋抵九江易舟渡湖泊姑塘》：

际天明云岚，匡庐秀南纪。延辉献城堞，攒岸人如蚁。就跳犯湖舟，摇兀玄雾裹。五峰吐石气，鸥情澹千里。……

1918年清明，《发九江车行望庐山》：

车音呜咽大江前，缩地劳劳问岁年。
一片匡庐挥不去，来扶残梦卧云烟。

此外，陈三立在金陵家居时，也留下了一些有关庐山的诗作和文字。

光绪三十四年（1908），老友梁鼎芬50岁生日，陈三立写了贺诗，诗里仍念念不忘归隐庐阜的心愿：

成就拂衣去，偕隐幸践诺。江之水悠悠，匡山富灵药。平生互期许，痴念傥有托。吾言不子欺，对荷酤可酌。

宣统元年（1909），陈三立作《题王梦湘太守匡山戴笠图》

长诗。王梦湘是湖南武陵（今常德）人，年轻时即与陈三立、易顺鼎相识，约在光绪三十年（1904）左右任位于庐山脚下的星子县令。他曾集唐代诗人李贺的诗句完成多篇游庐山诗，在历代庐山诗作中，别具一格。陈三立的这首长诗是他全部庐山诗作中的一篇重要作品。诗的前一部分回忆了他三次游山的情景：

我昔支筇向庐岳，隔岁三登费腰脚。
探奇揽胜俯苍茫，结客招朋恣谈谑。
曾穿夏木辟火伞，更拂春花点云幕。
飞瀑声中了几生，草木微馨共咀嚼。
所历十不逮三四，便相怪诧形述作。
恨不裹粮弃万事，尽发奥秘归橐籥。……①

1919 年 7 月，老友凌鉴青、程颂万从武汉上庐山，在牯岭的剪刀峡结匡庐诗社。凌鉴青绘庐山风景画 12 幅，程颂万题诗五十余首，向同辈知交征求题识序跋。陈三立写了《〈庐山纪游图咏册〉跋》,② 文中说：

余三游庐山，独光绪癸巳春夏间稍久，留易实甫所筑琴志楼。与实甫竞越峰岭，饮瀑苏喘汗，然犹未尽探其胜。时偕游又有范仲林、罗达衡，尝就各所得诗汇刊为一卷。自后

---

① 1967 年，旅居香港的修水诗人、画家涂公遂，用这首诗的诗意画了一幅《青山飞瀑图》，题跋："散原老人题王梦湘太守匡山戴笠图，有句云'飞瀑声中了几生，草木微馨共咀嚼'，余激赏之，书以为题。丁未秋月于九龙何陋之有室。"见涂公遂遗作《涂公遂先生纪念画集》74 页，台北，天山出版社，1995。

② 载陈三立著，李开军校点《散原精舍诗文集》下册 975 页。

乖离飘泊，复屡逢变乱，无由再至者垂三十年。岁时还南昌，过其麓，但仰睇烟云杳霭，草树蔽亏，魂与神动，遥寄慕慨而已。

寥寥数语，言短情长，二十多年前的游山，给诗人陈三立留下了难以磨灭的印象。

大约就在这三次游山期间，陈三立萌发了倦鸟知还、托足庐山的想法。陈家的后人一直相传着一个说法，先祖早年曾在陶渊明的故居——栗里附近，买下一块地皮，作为将来家族休养生息之地。这个传说目前尽管没有直接的书证，却有不少旁证资料：

1. 陈三立光绪十九年（1893）第二次游山所作《雨霁发通远驿遂过陶靖节故里作》结尾两句“异时卜筑缘邻曲，往为躬耕下潩田”。

2. 光绪二十四年八月廿一日（1898 年 10 月 6 日），陈宝箴父子遭革职处分，二十九日，陈宝箴致电黄遵宪，电文中有“将住庐山，以后闲云野鹤，相见较易”数语。

3. 陈三立光绪二十七年（1901）所作《陈次亮户部以去岁五月卒于京师追哭一首》自注“谓甲午二月，与君游匡山，约卜筑偕隐事”。

4. 八指头陀《寄怀俞恪士观察江南并柬陈伯严吏部十二首》之八“断岩千尺一枝藤，终日凝然万虑澄。为我寄声陈吏部，匡山留待白头僧吏部与余有归老匡山之约”。栗里在庐山南麓，温泉北侧的虎爪岭下，相传为陶渊明的出生地，若从南干道上山，必从这里经过。

光绪二十四年（1898）冬，陈宝箴父子革职还乡时，陈宝箴夫人黄氏已在光绪二十三年（1897）十二月十八日去世，遂买舟扶柩浮江而下。岂料到九江后，事先托人在浔赁屋等准备工作均无头绪，① 只得改变计划去南昌，营葬黄夫人于南昌西山（古称散原山），并筑“峥庐”归隐，陈宝箴除自署“天恩与松菊，人境托蓬瀛”的门联外，还写七律一首：

西山高处白云飞，绝顶苍茫入翠微。
彭蠡连江烟漠漠，匡庐溅瀑雨霏霏。
乘鸾仙子今何在？跨鹤王乔去不归。
四望渺然人独立，天风为我洗尘衣。②

第二联从大处落墨，歌咏庐山大湖大山的雄伟壮丽。

对于庐山，陈宝箴虽然没有像儿孙那样壮游题咏，但也不陌生。他曾在壮年时期游览过庐山（关于陈宝箴此次游山的时间和因由，尚待考索），写有一首《陟庐山顶旷然有高世之想举酒作歌》的长诗：

秋风吹客庐山巅，山上白云垂玉涎。
坳堂杯水覆彭蠡，襟袖拂拂生云烟。
乾坤莽荡不可极，仰视苍苍非正色。
中有仙人来帝旁，驾鹤骖鸾似相识。
招我以翱游，期我奋羽翼。
鸿荒未辟岂有君，十二万年驰瞬息。

---

① 详情见刘经富《陈宝箴诗文笺注·年谱简编》511—513 页，北京，商务印书馆，2019。

② 见李肖聃《星庐笔记》，转引自钱仲联主编《清诗记事》第 16 册《咸丰朝卷》总 11104 页，南京，江苏古籍出版社，1989。

人与氓蝇同仆缘，荣悴何当置胸臆。
左挹香炉峰，右把金芙蓉，五老箕踞何龙钟？
此山仙灵所窟宅，不与七十二君问玉检金泥封。
俯仰感北极，歌呼动南溟。
鲲鹏鸠鸴皆吾群，尧舜事业如浮云。
下山大笑且沉醉，浇我胸中丘壑之嶙峋。

诗写得奔放开张，气格豪健，是现存四十多首陈宝箴遗诗中的佳作。

陈宝箴留给后人的庐山诗作，还不止于此。光绪十八年（1892），易顺鼎汲第六泉的泉水送给父执陈宝箴。陈宝箴写了《谢易实甫赠庐山泉》一诗：

廿年不践匡庐径，读画因君系梦思。
饷我新泉分瀑布，瀹将春茗助敲诗。
清流合让支筇客，辟地须寻面壁师。
安得草堂容设榻，一瓯睡足日高时。

易顺鼎收到答诗后，依韵和作了一首：

斟酌古今来活国，涪翁妙义可三思。
浇将无咎过秦论，赚得东坡试院诗。
块垒何多次山子，波澜莫二道林师。
请公一口西江吸，同订僧床野饭时。

陈宝箴讲到易顺鼎的和作后，又用前韵作了一首：

远载山泉千里外，胜流高致使人思。
罂瓶泻口冲寒色，垒块浇胸洗恶诗。
三峡游踪如昨梦，一瓢陋巷本吾师。
芒鞋素簑青峰下，始是波澜不起时。①

从前一首“廿年不践匡庐径”和后一首“三峡游踪如昨梦”两句诗来看，陈宝箴早年游庐山当在40岁左右，而且游踪到了三峡涧、栖贤寺景区一带。

光绪二十三年（1897）正月，陈宝箴的好友廖笙陔受托主持湖南矿务局事。次年三月，廖将掘得的五枚晶莹剔透的矿石送给陈宝箴，并附诗作一首。② 陈宝箴和作《酬笙陔贻山石》诗，首联写道：“匡庐五老绕乡思，真面何人写照来？”

陈家自同治十年（1871）离开家乡后，辗转湖南、浙江、湖北、河北、湖南各省。怀念故里桑梓，一直是陈家几代人剪不断的家族情结。所以陈宝箴接到易顺鼎送来的泉水，便企盼到匡山草堂做客，重游庐山；收到好友赠送的奇石，便触动乡愁乡思。因此，在庐山脚下的栗里购置地产，准备回乡归隐，很可能是父子二人的决策和心愿。尽管后来由于人事蹉跎，与先贤陶渊明结邻而居的愿望没有实现，但陈三立对庐山的眷恋始终不渝：“呜呼世变大，终侍五老侧。”（《江行杂感五首》，1901）“佯狂

① 这三首诗载刘经富编著《陈宝箴诗文笺注·年谱简编》18页，陈宝箴尚有《谢易实甫赠庐山泉》绝句二首：“骄阳如虎不从风，可奈衣冠束老翁。暮四朝三原自苦，莫将颠倒怨狙公。”“处士神通妙挈瓶，掌中甘露滴泠泠。蕲君洒作诸天瀑，万壑千声倚树听。”同上书21页。

② 见廖树蘅著，廖志敏整理《廖树蘅诗文集》上册95页，南京，凤凰出版社，2022。

如问匡庐隐，飞尽千岩瀑布音。”（《赠别小鲁还武昌》，1903）“欲掬寒光濯肝腑，乘风归去卧匡山。”（《车栈旁隙地步月》，1912）因此，36 年后（1929）重上庐山和卜居松门别墅，也称得上息影故乡，得赋遂初了。

第二章　暂拥斜阳话卜居

——陈三立晚年定居牯岭

1　1929年阴历十月，陈三立（以下视文意或称散原老人，或称陈三立）定居庐山牯岭，开始近四年之久的山居生涯。

牯岭是庐山的一块胜地，它三面环山，一面临谷，海拔1 164米，方圆46.6千米，是一座桃源仙境般的云中山城。它不仅空气清新、景色优美，还拥有近千栋风格各异的各国别墅。这里是庐山政治、文化、经济、疗养、旅游接待的中心，也是通往庐山各景点的交通枢纽。牯岭原名牯牛岭，因山形似一头牯牛而得名。这里气候清凉，李德立以英文cooling呼之，与牯牛岭同音。①

庐山的山形地势特点是外险而内秀。山体四周虽然高峰环列，但山顶却有几个宽大、平缓的山谷，如长冲、仰天坪、金竹坪、莲花台、牧马场、育种场、女儿城等。其中长冲是最大的一个山谷平畴，约有二十余里。一般来说，在山顶建造房屋要比平

---

① 见李德立《牯岭开辟记》，载吴宗慈编撰，胡迎建等校注《庐山志·山政》上册403页。

地困难，不仅取材不易，而且由于山顶风大雨急，容易被急流冲刷或被狂飙卷走。但牯岭一带的地形、地质却适宜于建筑和居住。对此，我国著名地质学家李四光曾进行过实地考察。他认为：

> 牯岭最大之利益，即在山顶有谷，且谷向西南倾斜。四周有较硬之岩层（即女儿城砂岩）以为屏障。……且能供给构造房屋之原料。这些都是人烟繁盛必需条件，而牯岭则兼而有之，宜乎其为山林城市也。

李四光还考察了牯牛岭南边的仰天坪一带，认为这一带“地势非不优美，四周亦有屏障，然其中规模甚小，且皆泥质之岩石，终年潮湿，决不适宜居住”。因此仰天坪地区建造山中城市的条件，就不如牯牛岭。①

牯牛岭地区适宜居住和避暑的另一个条件，是空气纯净，林木繁盛。这与明成祖朱棣的一道禁令有关。明永乐九年（1411），明成祖敕封天池寺时，规定了天池寺禁山的界址：东至五老峰，南至白云峰，西至马鞍山，北至讲经台。禁区内严禁放牧采樵，不准损毁森林。牯牛岭的长冲、芦林等地正在这个禁区之内。这道禁令，与官员们春秋两季必上天池寺祭祀一样，在明清两代基本上得到执行。所以直至清光绪年间，牯牛岭地区仍然树木葱茏，遮天蔽日，给建屋避暑提供了极好的条件。②

李四光论证牯岭地区适宜居住建市，是在1930年代初。此时牯岭山城业已形成。山城的现状、人们的日常生活为李四光的

---

① 见李四光《地质志略》，载吴宗慈编撰，胡迎建等校注《庐山志·地域》上册25页。

② 见周銮书《庐山史话》122页。

地质考察提供了线索和依据。而光绪十一年（1885）英国传教士租借牯岭长冲进行开发，却是凭着思维的直觉和平时的经验，带有很大的偶然性。

第二次鸦片战争失败后，清政府被迫签订了《天津条约》《北京条约》等一系列不平等条约，出让了一大批主权，其中九江与镇江、汉口一起被列为长江流域首先通商的口岸，外国商船可以自由进出航行。咸丰十一年（1861）3 月，英国强迫清朝政府签订了《九江租地约》，在九江设立英租界。随后，美国、法国、德国、俄国、日本等帝国主义国家纷纷效仿英国在九江派驻领事，设立洋行，建立教堂，大肆经商传教，在九江活动的外国人日益增多。

由于对九江夏季酷热天气无法适应，居住租界的西方人难以忍受酷暑，九江东南高耸清凉的庐山便进入洋人的视野。

光绪十一年（1885），为了躲避九江、汉口的酷暑炎夏，俄国商人最先租借庐山北麓龙门山山南九峰寺的僧舍改建洋房避暑。光绪十二年（1886），英国美以美会传教士李德立来九江传教，他步俄商后尘，准备在九峰寺附近的狮子庵购地，但没有成功。李德立在山下失败，遂转向山上。他多次到庐山考察觅地，足迹踏遍全山。曾由东林寺，经九十九盘路，到达庐山北部顶端，在天池寺、黄龙寺、女儿城、牯岭等处视察、踏勘。见牯牛岭长冲一带，北有崇山屏障，南向开阔，地势平坦，林木茂盛，气候凉爽，认为“地势极佳”，是天然避暑胜地，较之山下，更为优越，遂以贱价购买长冲 4 500 亩土地，遭到九江县士民的强烈反对。直到光绪二十一年（1895），由于清政府在甲午战争中失败，清廷谕令全国加意保护外人。江西巡抚衙门酌情退让，准予九江分巡道与美国驻九江领事签订条约。光绪二十一年（1895）11 月 29 日，由英国驻九江领事与广饶九南道道台签订了《牯牛岭案件解决协议条款》，规定长冲以年租12千文租给李德立建屋避暑，其余地块一概退还，李德立还获得了英洋4 150元的赔偿。根据这一协议，李德立租借长冲一带土地就有了合法性。

李德立在庐山的租借地，本来与英、美、俄、法、日等国在上海、天津、汉口、九江等地的租界是有区别的，庐山也不是根据不平等条约开放的城市或地区。但由于清政府外交上的昏聩和慑于列强威势，竟将庐山租借地与通商口岸的租界等同起来，把租借地和租界一样对待。这一点，当时的有识之士颇感愤懑。陈三立的好友、张之洞的幕僚陈锐曾在《忆庐山》长诗中写道：

去年游庐山，佳境梦犹悦。不辨何峰名，峰峰莲花发。

横空瀑布飞，吹雨向金阙。……缁流啖微利，舍地鬻夷羯。

夷狄复接踵，来去势兀兀。饮濯腥山泉，椎凿痛山骨。

遂令清净场，莽为羊犬穴。和约重租界，怀柔礼未阙。

兹山信奥区，事与江海别。胡为任淹留，包羞忍不说。……

庐山的山门一旦打开，洋人便接踵而至。美国传教士海格思在牯岭医生洼地面租借五万多平方米。俄国东正教牧师尼娑租借芦林山谷28万平方米。法国人樊体爱在狗头石地面租地77亩，加上李德立的135万平方米，逐渐形成了大规模的以英、美、俄为主的建筑区。李德立得到长冲（即牯岭东谷）这一大片土地后，采用了即使在今天房地产开发热中仍未过时的商业炒作手法。他成立了一个公司，从光绪二十二年至三十年（1896—1904），将租借地划分成250块地皮，在上海、汉口等地的英文报纸上刊登广告抛售，获得巨额利润。医生洼、芦林的得主也依法炮制，将所得地面划成小块抛售。于是英、美、芬兰、瑞典、瑞士、意、挪威、葡萄牙、爱尔兰、法、日、俄、捷克、加拿大、澳等国在上海、南京、镇江、武汉、安庆、荆州、济南、海州、广东、北京、浙江、福建、广西、江西、湖南、四川、辽宁、吉林、云南、贵州、陕西、河北、天津等地的传教士、外交官、商人，纷纷上山购地建别墅，拉开了牯岭大规模建设的序幕。政治、地理、交通、文化的综合力，给牯岭注入了“速生灵”。牯岭迅速繁荣、膨胀起来。至1917年，已建别墅516栋。1928年，计外国人房屋518栋，中国人房屋194栋。人口方面，从民国初年起，外国人来山避暑居住的，每年大约两千人，常住人口在一千人左右，分别来自20个国家。其中以英、美两国人数最多，其次为俄、德、日、法、瑞典、挪威、意大利等国。

与此同时，为中外游客和长住居民服务的各行各业也应运而生。除日杂食品等商业网点外，旅馆、药房、书店、照相馆等都很齐全。还有医院、学校、游泳池、电影院、网球场等社会公益设施。据1930年的统计，仅外国人办的旅馆就有8家，各种游乐场所36处，医院2所，图书馆1个。

“牯岭失却了山野的朴实，已经是国际化的都市。那繁荣的正街，都带有西洋的风味……街上有各色各样的中外人士和摩登的女人。正街以外，还有西街、下街、后街、新路等街道。”①于是牯岭——庐山山巅的小城便在地图上出现了。牯岭这个新鲜

① 见严品藻《炎夏时的庐山》，载吴宗慈编纂《庐山续志稿》538页，庐山山志办印，1992。

的地名，在中国、在世界喊开了，几乎成了庐山的代名词。①

回顾牯岭的开发、建设、迅速崛起的历史，我们不得不慨叹政治、人事对人类赖以生存的环境所起的巨大作用。牯岭在光绪十九年（1893）前，只不过是庐山众多山头中的一员，仅仅20年间，就以城市的面貌出现在中国文人笔下。光绪十九年（1893），一位跋涉天下的佛教旅行家高鹤年上庐山，对牯岭的印象是“多荆棘少人行”，但20年后，当他于1912年再上庐山时，牯岭已是：

> 沿山洋房百幢，华街亦有数百家。岭上为西人避暑之地，设有教堂布教，并设医院，利济贫民。此间夏令时，寒暑表较九江低二十度，故至地逭暑者甚众。昔日山林，今为廛市。

据此可以推断，庐山的形象是在20世纪初发生重大变化的。变化的契机是西人避暑，而结果是以西方文明为先导的热闹。操纵庐山兴衰的重要杠杆已不是昔日寺院的香火，而是牯岭的别墅、商市、街道。②

2 如果说光绪二十一年（1895）是庐山近代编年史上第一座里程碑的话，那么，1928年则是另一个具有重大意义的重要年份。1927年，在北伐战争胜利的影响下，汉口、九江

① 陈衍《石遗室诗话续编》卷四：“黄漪午有《春日游莫干山》：‘震旦今成第一山，杂居遍地尽夷蛮。可怜宝剑腾名处，变作消夏第一山。’余于庐山牯牛岭亦然。”载张寅彭主编《民国诗话丛编》第1册588页。

② 见余秋雨《庐山》，载《文化苦旅》60页，上海，知识出版社，1992。

的英租界被收回，牯岭的行政权也被国民政府收回，此后，牯岭发展的主导权重新回到中国政府的手中。

从 1895 年至 1925 年北伐战争以前的 30 年间，牯岭的开发、建设一直处于亢奋的状态。尤其是 1921 年后五六年间，正当第一次世界大战和九国签订《华盛顿公约》之后，各国来华经商、贸易、旅游的人数猛增。庐山的房屋基本上于 1928 年前基建就绪，1928 年后建房极少。这同那几年世界范围的经济危机和江西地区革命运动的高涨有关。① 这就是说牯岭山城的“大框架”是在 1928 年定位的。这一年的 4 月，著名学者胡适游山三日，写了一本《庐山游记》，当年 6 月由新月社出版，后由商务印书馆多次再版。《庐山游记》对庐山的历史文化形态做了高屋建瓴的概括：

> 庐山有三处史迹代表三大趋势：（一）慧远的东林寺，代表中国“佛教化”与佛教“中国化”的大趋势；（二）白鹿洞，代表中国近世七百年的宋学大趋势；（三）牯岭，代表西方文化侵入中国的大趋势。

最后一条是胡适对 1928 年庐山文化形态的敏锐感应，表现了一个史家的史识与眼力。

1929 年阴历五月，散原老人的次子陈隆恪因六岁的独生女小从患百日咳，久医不愈，时隆恪的三舅父俞寿臣已先在庐山购屋，供俞家几位子女上山养病。俞寿臣夫人曾广珊（心杏老人）写有两首送子女上庐山疗养的诗：

---

① 见周銮书《庐山史话》123 页。

送大絜儿赴牯岭

三年蓄艾难疗病，小别依依万种情。
五老峰前暂延伫，要从和缓乞长生。

陈小从注：俞大絜，行七，以肺病不治，英年早逝。

寄恒女牯岭

岂闻仙家炼九丹，匡庐缥缈有无间。
乘舟欲破千重浪，拾级重登万仞山。
藤蔓扪时应得句，松枝采就定加餐。
养疗暂住清凉界，切莫思家独倚栏。

陈小从注："恒"为俞大缜小名。

隆恪遂步三舅父后尘，于本年五月挈妻喻婉芬、女儿陈小从上山赁居。上山前，隆恪任汉口电讯局主任。

汉口与九江一样，是洋人进入庐山的门户。1928 年前与同在长江黄金水道上的南京、上海相比，汉口与庐山的关系要紧密得多。这一方面是由于汉口离庐山较近的地理因素；一方面也由于英国总领事馆驻在汉口和汉口教会组织较多。所以庐山牯岭在开发建设之初，就与汉口有着千丝万缕的联系。光绪二十一年（1895），李德立组织汉口的英国传教士五人上山规划。第一个在牯岭英租界购地的是汉口传教士兼记者计约翰。庐山英租界最早被开发的地方被汉口圣经会命名为"汉口峡"。李德立租借长冲后划定的 1 至 5 号地皮，均被汉口的教会或教士购买。1920 年，汉口的英国教会编写了《庐山的历史》一书，这是第一本由外国人编写的全面介绍庐山的书。汉口对庐山的影响直至 1927 年仍没有减弱。陈隆恪在汉口工作，对庐山的情况自然不会太隔膜。在 1929 年这个牯岭山城已经定局的年代，隆恪上庐山定居，可谓恰逢其时。

隆恪上山定居后，辞去了汉口的工作，在山上蛰居半年，始迎老父上山。此时散原老人移居上海已三年。《郑孝胥日记》1926 年 12 月 5 日记：“至塘山路视陈伯严，疾已愈。将移居上海，以售字为业。”此前陈家在金陵的散原精舍别墅已经售出，想来散原老人原来是打算终老上海的。移居上海期间，住在虹口塘山路俞寿臣宅第的对门，这就是世传“陈三立、王雪澄、朱彊村为虹口三老”的由来。①

散原老人在上海三年，生活还是比较安适的。以他当时的名望和润笔收入，在繁华的大上海尚不至于“长安米贵，居大不易”。但那个归隐庐山的梦是这样长久执着，就像四月里骀荡柔和的清风，托举着断线的风筝再上晴空。1927 年，知交宋蓉塘绘《匡山雅集图》，向沪上名流征题，散原老人题了一首五言诗。诗的前半段又一次回忆早年三次游山的情景，后半段倾诉相别庐山三十多年的想望：

> 绝迹越三纪，阅世已千变。游侣尽死去，有国亦受禅。
> 衰疾阻兵戈，空余猿鹤怨。栖海开兹图，恍觌匡庐面。
> 楼阁插岩峦，竹树藏厨传。伊人万物表，深杯隔酣战。
> 寻仙古谁俦，招隐今愈羡。缥缈江上峰，梦痕与回旋。

庐山这座缥缈幽深的云都雾窟，对已年逾古稀的散原老人来说，既遥远又亲近。如果说壮年时期的畅游，是由于好友易顺鼎的牵引之力，那么，次子隆恪定居牯岭，更为游子的归途做了坚实的铺垫。

---

① 见郑逸梅《艺林散叶荟编》1042 条，北京，中华书局，1995。

1929年阴历十月，隆恪下山到沪，二十一日，随侍父亲乘江轮溯江而上，到九江，上庐山，先在牯岭河东路一带的柏林路①赁屋居住。② 附近不远处便是俞寿臣的别墅——片叶庐。

片叶庐位于柏林路115号，属于英租界时期的31号地段。吴宗慈《庐山志·山政·地区域房屋业主详表》载录，31A俞寿臣（见《庐山志》上册462页）。它原是英国传教士班尼斯特主教的别墅。31号地段是东谷的黄金地带，土地平缓，水源充足，交通便利，长期由李德立亲自控制，闲置15年。由于班尼斯特是英国基督教在华传教士中的资深名人，宣统三年（1911），他在管辖湘桂两省教区时，购下了这块地皮。班尼斯特一上山，李德立就让给31号地皮，可见班尼斯特的名望之大。班尼斯特别墅建筑面积225平方米，是座豪华的洋人别墅。俞家能够购得，其实力亦可见一斑。以后俞大维上山，多住于此。庐山的别墅多有来头，只是世人不知俞寿臣与俞大维的父子关系，“片叶庐”的声名遂为班尼斯特别墅所掩。

河东路、柏林路一带，是长冲的黄金地段。牯岭有两条大路，一条叫河东路，一条叫河西路。中间是流水淙淙的长冲河。沿长冲河两岸一栋栋精致的别墅，掩映在翠绿色的树林中。这里有两座重要的建筑：一是英国医生伯利的医院，两层楼房，颇为显眼；一是李德立的别墅，是庐山别墅的精品之一，建于光绪二十四年（1898）。李德立在光绪二十二年（1896）为自己留下51

---

① 1949年，庐山管理局按照拟定的改路名原则的第二条《与轴心国有关之地名》，将柏林路改为柏树路。见吴宗慈编纂《庐山续志稿》279页。

② 陈三立离沪上山前夕，阴历十月初八日（见陈三立《三老图》题诗落款）与同住沪上的两位同庚余肇康、秦子质聚会合影留念，名为《三老图》，题诗题辞于像框边上，见陈小从《图说义宁陈氏》76页，济南，山东画报出版社，2004。

号地皮，地址在医生洼东口。它北靠牯牛岭，东濒长冲河，西贴松林路，南可遥看香山路与河西路交汇的山谷，北与东可观赏长冲河两岸的别墅群，环境得天独厚。别墅后面是一处高耸的岩壁，当年李德立做别墅时，用手镐凿开岩石，开辟了一条东西向宽约三米的小路，并手栽松树，取名松树林。① 吴宗慈《庐山志》里说，“医生洼以东为松树林，亦名万松林。英人李德立建屋于此，松树为其培植，风景至为幽静，风时松涛尤可听”；“其地风景优美，松涛騣騣，殊堪听味”。特别是严冬，松树上落下的松针，年复一年，路面上好像铺上一屋厚厚的地毯，散发出沉郁的松香味。松树林的西端，有两组裸露的天然山石，仿佛是供画家写生物图的静物。绕过巨石，踏着十几级石阶向上走去，是一栋木石结构的别墅，这便是后来名播遐迩的散原老人的故居——松门别墅。它巧占地势，依坡而建，前有奇石，背倚松林。

松树林海拔 1 184. 7 米，地势比散原老人原赁居的那栋房子所在地要高，可以俯瞰山下的田畴阡陌。尤其是夕阳西下时，晚霞满天，云涛如海，蔚为壮观。② 《邵元冲日记》1933 年 7 月 26 日记：“上午，曹纕蘅来，遂偕默君与其同至松树林松门别墅。其地在山巅，万松夹道，殊宜隐者之居。访陈散原，年八

① 李德立在庐山提倡栽树，他在《牯岭开辟记》中写道：“森林增多，水源自不竭绝，而且那些歌唱的小鸟，也会翔集于斯。”

② 1937 年夏，画家张善子上庐山，对松门别墅一带的风景形胜颇为动心，遂以松门别墅为蓝本，绘制了一幅山水中堂赠给陈隆恪。陈小从《松门别墅与大师名流》101 页，南昌，江西美术出版社，2006。按：此画嘉德拍卖公司 2004 年春季拍卖会曾拍卖，名为《松门访友图》。题识：彦和先生博教，丁丑六月初三日，虎痴弟张善子写于牯岭借居。

十一矣，丰神散朗。”①当年李德立选中这里作为自己的栖息之地，可谓得地利之先。李德立的别墅1928年转售给李煜堂（1933年李煜堂又转售给孔祥熙）。李煜堂（1851—1936），名文奎，又名祥卿，字煜堂，广东台山人。早年随兄出洋美洲谋生致富，后到香港经营药材。甲午战后，开办广州电力公司、河南机器磨面公司等企业。光绪二十八年（1902）后先后组织起联益、联泰、联保、羊城等保险公司，分号遍及国内各大城市及东南亚各国，人称保险大王。光绪三十一年（1905）加入同盟会。宣统三年（1911）任财政司司长，次年退出，仍致力于企事业，创办广东银行、新新百货公司、岭南大学等。曾为护国、护法、北伐及淞沪战争捐献巨款。1936年正月初一日去世，终年86岁。②

李煜堂何时定居庐山尚不清楚，他曾捐资建造庐山栖贤桥两侧的石栏杆。③得李德立宅后，又在园内广植杜鹃花。每当花开季节，深红、淡红、白的、紫的，一齐开放，游客都要前去赏花，成为牯岭的一处景致。

散原老人原赁居的房子离松树林约二三里远。他非常喜欢松树林的景色，经常带着小孙女到这里散步观景，写了不少诗作，如《雨霁步寻松树林还过山市》《雪霁携稚子取径松树林历西北诸岭骋望》。从这两首诗的诗题看，一为雨过天晴，一为雪后日出，见出老人对松树林的偏爱。半年后移居松树林，或许就是在多次散步游览时萌生的念头。（某次隆恪夫妇闲步游山时发现松

---

①见邵元冲著，王仰清等标注《邵元冲日记》1014页，上海，上海人民出版社，1990。

②见建华《李煜堂先生》11页，载《逸经》1936年6月5日第8期。

③见徐新杰选注《庐山金石考》579页，星子县政协印，1985。

树林有一栋房子的位置很好，遂先租后买。）

1930 年 2 月，散原老人写了一首《过医生洼胡幼腴新宅》诗：

雪尽峰峦出浴初，好风一径引衣裾。
云光窈窕含幽谷，松气吹嘘接隐庐。
形影对悬泉石罅，厨签空恋劫灰余。
真成远害从麋鹿，暂拥残阳话卜居。

最后一句，显示出散原老人对晚年颐龄尚能卜居庐山的欣悦之情。

3 庐山在 1920 年代，已有英、美、德、瑞典、意大利、挪威、奥地利、俄、芬兰、法、葡萄牙、加拿大、日本、澳大利亚、瑞士、捷克、丹麦、爱尔兰、中国等 20 个国家的建筑别墅七百余栋。1927 年大革命时期反帝运动空前高涨，大批外国传教士纷纷回国，出售给中国人的别墅已达两百余栋，尚有大批别墅待售。当时庐山有两个经纪房屋的外国人，一个叫甘约翰，一个叫李博德（德国人）。据传李博德的华语说得相当好，所以由他中介售出的别墅特别多。在这次外国人抛售别墅的高峰期里，陈隆恪通过李博德关系，于 1931 年三四月间，亦购置别墅一栋（据陈小从回忆，先祖在庐山先赁屋居住，约一年半后再购置）。这栋别墅是挪威人留下的，始建于何年，原房主的姓氏、身份、职业等情况已不可考。它在 1930 年代为河南路 1129 号，今为河南路 602 号，海拔 1 155 米。

这栋别墅的售价为 4 000 银元，屋内家具、厨房用具均在。这与张元济用 4 000 银元购下东谷一栋宽大的别墅，家具齐全很相似。[①] 大约当时庐山的房屋供过于求，故房价低廉。购屋时，隆恪的连襟贺鹏武（字逊飞，萍乡人，举人出身，能诗）由九江携家来庐山定居，陈家向贺家借一半购房款，两家遂同住了两年多。这就是吴宗慈《庐山志·山政·地区域房屋业主详表》载 1129 号产权户主为陈、贺两人名字的原因。[②]

隆恪经手购此屋后，对房屋进行了修整。将原有的凉台扩大改建，砌了坡塝，在坡塝上的台地上做了一个小花园。这栋别墅依山形而建，两层半的房子，均可从屋外进入。最底下的半层改成两间小房，装修标准较高，作为客房。二楼的一间大房三面都装上玻璃窗，便于眺望，取名"同照阁"，作为起坐室，即客厅。隆恪书写"同照阁"三字，制成匾额悬挂墙上。朝南的一半原为一层，有敞开式外廊、石柱。朝北为两层，经过修整后，朝南的一半也改成了两层，全为红色淋板封闭，形成了一栋造型格局颇有个性的别墅。1933 年冬，贺鹏武相中庐山湖北路一栋日式别墅，贺家搬出松门别墅。隆恪对松门别墅再次进行装修，

---

① 见张树年《我的父亲张元济》132 页，上海，东方出版中心，1997。

② 见吴宗慈编撰，胡迎建等校注《庐山志》上册，464 页。关于购置这栋别墅的经费来源，陈氏后裔有两种说法：1. 由隆恪先向连襟贺鹏武借一半款，两三年后还清，贺家搬出。陈三立孙媳张梦庄《松门别墅》一文中说"不幸家中一时竟拿不出许多钱，只得设法和一家亲戚合买"，可证借款购房之说不诬。2. 江西省教育厅偿还陈寅恪留德时欠寄的官费款购买，此说出自陈寅恪女儿，亦有其他亲属后裔传言此房是寅恪家的。但此说也有问题：江西省教育厅资助陈寅恪留欧是 1913—1914 年间，地点是法国。时隔十八九年，还会不会补发欠费？即使补发，数额多少？若能挖掘到江西省教育厅的原始档案，当可说明问题。笔者推测可能寅恪在隆恪购屋之后出了一部分钱。那时他薪津收入高，月薪高达五百多银元。留学官费购买说还须等待档案材料出现。

使松门别墅形貌大为改观。[①] 别墅建于1920年，占地面积170平方米，建筑面积454.4平方米，为德国式大坡屋面，两层砌石混合结构。毛石墙与雨淋板外墙面依次递进，朴实而有变化。[②] 别墅开初没有名称，后来散原老人在别墅前的巨石上题刻了“虎守松门”四个大字，遂以“松门”名别墅。[③] “松门别墅”从此跻身庐山名人别墅之列，成为一栋具有纪念意义的名人故居。

4 1930年阴历四月，散原老人与隆恪一家从原先柏林路所赁之屋移居松树林所赁之屋，赁住约近一年后再购置。徐悲鸿画了一幅中堂，图中绘一古装壮汉，右肩掮一罐绍酒，左手牵一头牛，牛后是一辆堆满杂什和书籍的大板车。题款：贺散原老人乔迁之喜。[④] 老人为此写了《首夏移居松树林新宅》一诗：

> 专壑涉冬春，雪屋冷梦寐。朱阳苏我魂，作计更辟地。
> 隔陂面势佳，取适数椽庇。仍存幼安榻，别据华胥世。
> 怪石瞰门间，远水漏氛翳。咫尺万松林，飞影散浓翠。
> 风起满涛声，笳管半天沸。憩彼木末台，千里纳凉吹。
> 白曳月东出，红敛日西坠。孤襟媚光景，悠悠送年岁。

---

① 详情见陈小从《松门别墅与大师名流》87页。

② 见欧阳怀龙主编《从桃花源到夏都——庐山近代建筑文化景观》194页；罗时叙《庐山别墅大观》318页，南昌，江西美术出版社，1995。

③ 1939年，陈隆恪在萍乡居，曾作《登后山松林》诗，结尾一联“吾庐同此境，劫烬忆松门”自注：“庐山牯岭松门别墅旁万松林，先君曾书‘虎守松门’四字，留题门前巨石上，因以松门名庐。”见《同照阁诗钞》102页，香港，里仁书局，1984。又，散原老人曾亲题“松门别墅”和“河南路1129号”于门前左右石柱上。

④ 见陈小从《松门别墅与大师名流》31页。

渊明移南村，同迹颇异趣。素心有珍禽，遗响寻吾契。

诗的结尾再一次提到陶渊明归隐庐山山脚下的往事，可见老人对早年欲在陶渊明故里栗里筑室归隐的经久怀念。“华胥”是古代寓言中的“理想国”。《列子·黄帝》篇里说：

（黄帝）昼寝而梦，游于华胥氏之国。……其国无帅长，自然而已；其民无嗜欲，自然而已；不知乐生，不知恶死，故无夭殇；不知亲己，不知疏物，故无爱憎；不知背逆，不知向顺，故无利害……

中国古人缅久遐想“华胥国”的境界。1930 年的庐山，相对于上海、南京的人烟稠密、车马喧阗，更接近于“自然之道”，更多古风的遗存，所以散原老人吟出“孤襟媚光景，悠悠送年岁”的心声。全诗抒写了购置松门别墅的心情、时间、松树林的景色，抒发了名山游卧的喜悦之情。

《首夏移居树林新宅》诗中提到的“怪石”即别墅前那个天然裸露的如巨兽蹲伏的山石，自散原老人镌刻了“虎守松门”四个大字后，这个巨石便有了一个“伏虎石”的名称，得到文人雅士的钟爱。1933 年东北抗日将领马占山上庐山，在“虎守松门”石刻的南面镌刻了《游匡庐有感》诗，其诗前四句为：“百战赋归来，言游匡山麓。爱此嵚崎石，状似於菟伏（古时楚人称小老虎为“於菟”，音乌图）。”抗日战争时期，庐山孤军坚守庐山，将领喻味斋在石上题刻了“山迭千重”四个大字以明志，并以小字叙述题字的缘由：“浔阳沦陷，随国军守是山，无以为志，聊书四字。”1938 年，一个叫冯祖树的人在“伏虎石”的南面题刻了“月照松林”四个大字。“月照松林”遂取代“松树林”成为庐山牯岭一处著名风景点的名称。

中国的山水文学表明，山水名胜与文人雅士有着相对应的关系。这在“伏虎石”的传播过程中也得到了鲜明的体现，那一时期散原老人的知交友朋在诗文中常把“伏虎石”作为题咏的对象。如王揖唐（什公）《访散原老人远送过伏虎石拍照纪念越日枉谈赋赠》：

老踞匡庐深复深，鬓丝不怕雪霜侵。
梦追怀葛至今在，诗尽苏黄何处寻。
伏虎居然识耆宿，潜龙倘亦慑群阴。
空山留影喜还愕，吾道艰哉多劫禁。①

熊式辉“新诗传读云侵屋，怪石争谈虎守口”（《癸酉夏集万松林得门字》）；刘成禺“抉魂僧隔世，守阙虎窥途”（《行芦林小径达万松岭散老寓楼》）；林长乐“散原常住山，松门石如虎”（《题花径景白亭》）；吴辑民“虎门石在今无恙，鹤鳖归来迄可休”（《送陈五彦和归牯岭虎门旧庐》）；左景清“兹山始开凿，有虎夜奔遁。一跃山之岑，化作石顽钝。亿载存神威，守此苍虬万”（《癸酉夏集万松林分韵得万字》）。庐山一块常见的岩石，因为有了名人的题刻，注入了人文的内涵，万古静默的自然物便活了起来。

散原老人随手题写的一条石刻，成就了一个景点。而他为松门别墅小花园里的“土枇杷花”取名“云锦花”，更为庐山的花卉增彩添色。

庐山不仅是湖山烟水窟，而且是植物的王国，其中不乏名葩

① 载《国闻周报》1933年第10卷第42期《采风录》。

异卉。庐山植物园首任主任胡先骕说："（庐山）卉木蓊郁，多琪花瑶草，春夏艳发，至为美观。"① 每当春深，庐山满眼青葱遍地绿意。此时，最引人注目的要属那放眼可见的杜鹃花。它笼罩在浓雾里，泛出团团润润的红花，把春天衬托得绚丽多彩。庐山的杜鹃，种类较多，有满山红、映山红、云锦杜鹃、马银花以及尖萼杜鹃等。云锦杜鹃则为常绿灌木，平滑鲜绿的叶片，飞翠流黛，闪着幽光；八至十一朵花瓣，簇生枝头，表面粉红、桃红，里面却又呈现黄绿，配搭和谐，灿若云霞，是极美丽的观赏植物。

"土枇杷"又称"山枇杷"，"枇杷"应为"琵琶"。唐代诗人李绅的《南梁行》自注："骆谷中有琵琶花与杜鹃相似，后人不知，改为枇杷。"清人宋长白的《柳亭诗话》指出："元微之诗'万里桥边女校书，琵琶花下闭门居'，谓薛涛也。骆谷中有琵琶花与杜鹃相似，后人不知，改为枇杷。"

与李绅、元微之同时代的白居易，写有三首《山枇杷》诗，其中以任江州司马时所作的一首较为著名，诗云：

深山老去惜年华，况对东溪野枇杷。
火树风来翻绛焰，琼枝日出晒红纱。
回看桃李都无色，映得芙蓉不是花。
争奈结根深石底，无因移得到人家。

从李绅、元微之、白居易都有诗吟咏山枇杷来看，"山枇杷"的得名，历史非常久远。

"土枇杷"亦称"天目杜鹃"，属杜鹃花科，在植物学上的学

① 见胡先骕《庐山之植物社会》，载吴宗慈编撰，胡迎建等校注《庐山志·植物》上册475页。

名是“羊踯躅”，我国华东、华中、华南各地都有分布。散原老人移居松门别墅后，隆恪在小花园内栽种了数棵土枇杷，散原老人见此花烂锦如霞，便取名“云锦花”。“云锦”的来历，庐山有学者认为散原老人是取黄山谷《了了庵颂》里的“又要涪翁作颂，且图锦上添花”一句词意。但也有人认为是受李白“屏风九迭云锦张”诗句，九迭屏因而又名“云锦峰”的启发。此外，易顺鼎的匡山草堂内曾建有“云锦亭”，散原老人早年游山与罗运崃、范仲林在亭子内流连赋诗，也许是土枇杷勾起了往日游山的回忆。由于散原老人在文坛上的崇高地位，“云锦花”的名目一出，立即得到了庐山文人胜流的认可。1932 年，胡先骕受吴宗慈之托撰《庐山志·植物》时，为“云锦杜鹃”立一条目，注曰：“牯岭附近溪涧常见此，陈散原老人名之曰‘云锦花’，取其形状美丽之意。”①

中国古代文人有不少为花取名、易名的典故，如苏东坡在山东东武任上时，在供佛的芍药花中发现一种白芍药姿格绝异，形状似盘盂，而当地人称此花甚鄙俚，便易名“玉盘盂”，作诗记其事。黄山谷在赴宜州贬所中，将一种名叫“郑花”的花易名“山樊”，写了两首诗和一段生动有趣的序，“山樊”遂由此传扬开来。塞外有一种叫土馝螺斯的花，康熙皇帝嫌其名俗，改名“晚香玉”。散原老人继先代文人的流风遗韵，以自己的清才藻思，将“土枇杷”易名“云锦花”，为庐山的掌故园地增添了一段佳话。② 云锦花从此名成义立，广泛流布。1961 年 5 月，叶圣陶先生上庐山疗养，第一次目睹云锦杜鹃的美丽，即兴填了一首

① 见吴宗慈编撰，胡迎建等校注《庐山志·植物》上册 515 页。

② 刘成禺《一杖》：“……行游君相偶，看打杜鹃围。”散老病不出门，予与彦和诸人游山得云锦杜鹃一丛，担负杖头，散老曰“尔辈打杜鹃围也”。见刘成禺《世载堂待删诗稿》。

《蝶恋花·云锦杜鹃》。词的上半阕写道：

> 五月庐山春未尽，浓绿丛中，时见红成阵。耀眼好花初识认，杜鹃佳品名云锦。

而最先以“云锦花”入诗的是陈隆恪。1938 年春，他写了《云锦花土人名枇杷即白香山所咏之山枇杷也先君锡以今名》一诗：

> 幽谷移根托我家，香山夸艳野枇杷。
> 婆娑宠荷嘉名后，今日重开溅泪花。

时日寇的铁蹄，践踏着祖国的大好河山，诗人的老父又因忧患国事在北平去世，故诗的最后一句结以沉痛之语，用了杜甫“感时花溅泪”的诗意。抗战期间，隆恪一家离开庐山八年，人去房空，而故居门前的云锦花一年一度，仍然烂漫开放。1946 年夏，隆恪携家返山所写的第二首诗即为《夏日还山居门前云锦花灿发不见此花八稔矣惊喜折供瓶中缀一绝》。1976 年，隆恪之女陈小从写诗追忆云锦花：

> 雾壑风岩岁月深，霞裳如锦态如云。
> 天生丽质宁长寂，两度诗人为问名。

庐山春天满山满坡的云锦杜鹃，寄寓着一家三代情感才思。比起古代文人为花易名的风雅往事来，多了一层家世、家史的内涵。

5　散原老人移居松门别墅后，在庐山度过了第一个夏天。庐山的夏季，十分凉爽。初夏时，犹如春季一般，唐代大诗人白居易在《游大林寺》诗序中说得很具体：

> 山高地深，时节绝晚，于时孟夏，如二月天。山桃始华，涧草犹短，人物风候，与平地聚落不同，初到恍然若别造一世界者。

庐山夏季最热是 7 月，平均气温约在 22 摄氏度，比山下九江市要低七至十摄氏度，这样的温差使庐山在炎热的夏季自成一个清凉世界。

关于庐山的季节，吴宗慈《庐山志·气候》里有一个比喻，将庐山的四季与人的昼夜起居做比照：

> 秋末冬初，人将睡也；冬春之交，睡已深也；春来则晨兴；夏初则晨兴后纷然治事；由夏徂秋，则熙来攘往，人事最繁，精神焕发。过此以往，渐入睡眠状态矣。

庐山在阴历九月也会偶有小雪，最冷为元月，平均气温在零下十摄氏度左右。这期间庐山铺琼砌玉，银装素裹，雪景非常壮丽，所以吴宗慈说“冬虽觉冷，然雪景奇丽，足偿寒冷之苦”，虽在隆冬季节，也仍然适宜居住或游憩。然而 1930 年秋冬之交，气候却有点反常，寒潮来得早。①《气候卷》附录的《庐山林场民国十九年气象推测表》载，1930 年 11 月 1 日庐山下了第一场雪。《气候卷》里又说：“牯岭最寒处，为大林路东胡金芳旅馆②

---

① 见吴镜予《与刘成禺兄约入庐山谒散原老人嗣得来书谓山中骤寒老人将下山赋此寄呈》诗；刘成禺《秋风起山居骤寒》诗，载吴宗慈编撰，胡迎建等校注《庐山志·艺文》下册 452、451 页。

② 见胡荣彬、殷荫元《庐山胡金芳旅社》，载九江市政协文史委员会编印《九江近代名商》105 页，2004。

东下窑洼一带，因剪刀峡之风，由此上也；次则小天池，因鄱阳湖风由此入也；再次为长冲山中，峰岭回旋，曲折遮蔽，视其当风处乃极寒，不必向北乃寒也。”松门别墅位于长冲山中海拔1 184.7米的松树林山巅上，是庐山少数几栋最高的别墅之一，自然高处不胜寒了。

1930年阴历九月，重阳节后，散原老人决定下山避寒，他在门前巨石上题刻了“虎守松门”四个大字，旁附小注：“庚午九月，将去山居，留题门前石。”（1986年4月批准为九江市文物保护单位）十月初一日，老人启程下山，赋《庚午十月朔别庐山》诗志怀：

> 栖迹云雾巅，岁序慨已周。谬希龙蛇蛰，终遗猿鹤羞。
> 隐乖五柳趣，放接三闾忧。息影松林径，洗梦涧瀑流。
> 岩禽扬好音，于汝结绸缪。近寻颇探秘，怪巧眩两眸。
> 白鹿不可逢，圣仙亦悠悠。肺腑贮哀乐，孤曳商声讴。
> 霜飙荡离襟，永绝扶筇游。挂木魂不灭，生瘿成赘疣。
> 雷电震薄之，旷代谁相收。过者或嗤点，形似秃翁不。
> 鸣筬苍烟根，石气泱漭浮。天梯插地轴，坠挟鹰鹝投。
> 灵峰万万古，挥手回白头。

从这些诗句中，不难看出老人对庐山、对松门别墅有多么留恋和系念。

散原老人下山后，与隆恪一家在九江市郊桑树岭赁居。关于散原老人在九江的生活起居情景，九江文人闵孝吉在他的笔记杂文中有生动传神的描述：

> 山中冬季有时特严寒，翁下山，赁居甘棠湖畔闽人王信

> 孚之宅以居。王信孚者，初为九江第三中学英文教员，夫妇并干练，后以代理美孚公司销售煤油，兼营酱园，起其家，得湖畔之荒地，为园宇，仿西式。翁所居为独立一幢，入门为客厅，上首悬陈苍虬所绘《幽栖图》雪景横幅，长约两尺余，高约五吋，笔甚刚细，似在云林、浙江之间。左壁悬林琴南绘青绿山水立轴，图中有人物坐草堂中，阶前有鹤，题识甚长。此琴南晚年之笔，视其着墨染色，已近苍浑，学戴醇士而略有变化，琴南作品中，此为精绝矣。厅前为书室，陈设亦简，壁间仅悬《美人春睡图》立轴，淡墨浅色，略略勾染，意态之浓，跃出纸上，翁长公子师曾之遗笔也。师曾画富金石气，此独以清逸出之，不落半点尘俗，境界之高，令人可领略而不可曲道。大家所能，亦云多矣。……翁早起，起即阅报，午饭后略睡，客来，则次公子彦和出应接，俟翁兴，肃之出。翁出，客皆起致敬，翁颔首为礼。翁坐定，曼生（声）呼“来人”，侍者则以小茶壶、罐装“前门牌”卷烟及甚长之牙质烟嘴进。客有以所为诗乞正，翁留置，间加圈点，或视数语归之，语多奖掖，得者无不以为殊遇。

此时散原老人的得意门生袁伯夔曾从上海来谒见师尊，[①] 老家修水的诗人吴天声亦于5月拜谒散原老人，写有《九江谒散原丈》七律一首：

> 斋戒连朝祓俗尘，从公寂寞九江滨。
> 高怀越世无今古，硬语盘空动鬼神。

---

① 见李释堪《康桥居夜坐联句次伯夔见怀韵时伯夔将赴九江谒散原先生》，载《国闻周报》1931年6月15日第8卷第23期。

已觉斯人穷万有，独回笔力挽千钧。
嗟余钻仰亦何得，肯许容颜瘖寐亲。

从这首诗的首联来看，散原老人在山下有点兴味萧然，所以他在九江淹留了半年，次年阴历四月，又返回了庐山松门别墅。①

人与自然山水的关系，自古就已存在。但山水被赋予一种与人格精神发生关系的主体意识，则是在文人介入之后。对于承传着前代名士夙缘的文人雅士而言，庐山自然是寄托他们山水情怀的好去处。因此，散原老人移居庐山，为当时的士林所瞩目。这只要看看当时诗人们的诗作，就可以推测出散原老人定居庐山在沪、宁、赣地区文人中的影响。如赵熙《知散原入庐山》：

百花生日鹊声呼，欣报佳人五老居。
岭上白云春好在，山中黄独雪何如？
爱才即卜精神健，守饿宁知盗贼疏。
取醉莫为来世计，伏生零落济南书。

刘成禺《闻散原老人购得万松岭旧屋人事吉祥即呈》：

买卧匡君宅，高风松竹寒。
皇天留一老，诗国领千官。

① 陈小从回忆：先祖庚午十月下山，系因先父在九江税局任职，全家侍先祖下山，寓居九江桑树岭，次年五月返回牯岭。关于先祖下山的原因我虽不大清楚，但回忆起在下山前租赁的1129号屋还未买下。不久后买下搞了一次大装修，将原屋凉台前推，并改建玻璃厅房，俟随侍祖父半年后回山时，改建修缮已竣工，这也许是暂移住九江的原因之一，房子腾空便于开工修缮。

江海云回岭，星辰夜落栏。
我家春词事，长者在山安。

傅绍岩《松门别墅》：

天留一老卧林丘，庐阜岿然导万流。
八十康强世无比，松门别墅此千秋。

程道存《夏过散原别墅》：

先生乐与羲皇居，北窗下卧风徐徐。
一池清水不干事，满镜新霜唯著书。
茶罢留云藏瓮盎，客来将鹤语阶除。
清凉山色如堪赠，我欲从容学结庐。

李启琛《上陈散原先生二首》：

山林更深入，世事复何言。
正始斯文在，危邦老宿尊。
同深湘水恨，常拜杜鹃魂。
为爱陶居士，柴桑共一村。

一星明曙后，累我几沉吟。
言欲从之往，逡巡直至今。
闲愁聊自写，竟病不成音。
翘首万松岭，春风豁素襟。

陈诗《庚午夏日寄怀散原先生庐山》：

先生手携五色笔，重写庐山三叠泉。
入社啸歌刚止酒，干霄松柏已忘年。
归鸿来燕易寒暑，左江右湖观性天。
闻说黄巾知避舍，由来深谷号栖贤。

蔡公湛《怀散原丈庐山》：

身兼百役送朝昏，万怪何堪一笑存。
末俗江河波益诡，耆儒泰华望同尊。
遥知隐几冱灵气，为欠衔杯拾梦痕。
俭腹自存诗在手，幸苏饥渴示箴言。

邵祖平《寄散原先生庐山》：

闳异灵区阙再攀，诗情长想五峰间。
瀑流挂屋忽成雨，松吹连云时到山。
止酒不妨元亮乐，谈禅应共远公闲。
飘然绝塞疑翁往，愁涕神州久闭关。

叶恭绰《奉怀散原丈庐山》：

望中南岳绝跻攀，物外孤云去未还。
一孔身藏心净土，千秋业就地名山。
探幽老健轻黄犊，遗世行吟挈白鹇，
谁分伤时晋征士，影形酬赠泪痕斑。

陈叔通《怀散原老人时居庐山》：

踏遍匡山几屐穿，此心安处得天安。
豫章流派余诗卷，元祐身名付史编。
萸菊及时增妩媚，松楸在望故流连。
法中龙象人狮子，借献先生一辗然。

黄养和《奉怀散原丈庐山》：

眉宇岩岩侪五老，灵峰道气与扶持。
深藏注海倾天泪，写入看云听瀑诗。
九日时醪忘魏晋，一龛秋叶梦轩羲。
沧尘尽付编年集，晚季功言属孑遗。

黄次纯《寄陈散原丈庐山》：

长松青翠入须眉，想见渊明独坐时。
乡里曾传五君咏，名山自写一家诗。
寒流积雪门相对，京洛江湖家可移。
我愿诗清真彻骨，会凌绝顶访茅茨。

吴用威《送禺生鹤亭之庐山兼讯散原诗老》：

颠风吹送二豪西，桐屐荷衣各有携。
不俟看花寻白径，可能买命拓苏题。
龙吟破寂松围坐，虎迹忘危月过溪。
寄谢匡山老居士，秋堂欠我醉如泥。

李次贡《谒散原先生庐山》：

不徒句法照瀛寰，人品当侪魏晋间。
世有能诗俱望斗，我如礼佛遂朝山。
心驰穷岛忧孤注，日饮晴岚当大还。
愿附再传弟子列，师门畴敢抗曾颜。

古直《庐岳谒散原翁》：

当时四海仰清流，劫后还从五老游。
撰杖争惊来绮夏，成诗颇复寓阳秋。
千峰云气栖袍袖，一旦灵光接岳头。
犹有泉明疑甲子，匡山掌故待公修近修庐山志，众推翁总裁。

罗球《呈陈伯严先生》：

上薄风骚取以神，不为宗派掩其真。
稍吁沧海横流日，独抱匡庐绝顶春。
精舍孤吟高此世，长松盘错傲于人。
平生最爱陈夫子，诗律精微起后尘。

龙达夫《松门别墅访散原老人》：

坡陀一径到松门，有虎当关境不喧。
贪看晚晴云变色，坐闻清籁客忘言。
藏年富拥名山业，隐几时攀万古魂。
泉石此间宜长养，卜居何用武陵源。

杨昀谷《柬散原匡山》：

一笑尘糠负姑射，独搜幽异到涪翁。
天移南斗星无恙，水尽西江道未穷。
避俗故宜人境外，卜居今在画图中。
梦邀五老访遗迹，曾见陶公见远公。

上述诗作，以杨昀谷“避俗故宜人境外，卜居今在画图中”一联，最有诗味，最得松门别墅的情、韵、姿、境。

杨昀谷（1860—1933），名增荦，江西新建人，光绪二十三年（1897）举人，二十四年进士，授刑部主事。杨昀谷是清末民初宋诗派著名诗人，曾享有“陈散原之外，无能望其项背者”之誉。他与散原老人有着深厚的友谊，对散原老人评价很高，两人经常唱和。

杨昀谷 1933 年卒于天津，未能亲见松门别墅。早年他赠散原老人的诗作中，有“何时散原重筑屋，一春同咏鹧鸪声”之句，可证他对老友筑室归隐的祝愿由来有自。而另一位汉阳的诗人汪风池，1932 年上庐山得见松门别墅。他在“幔亭仙客隐风尘，小住匡山绝四邻”一联附注：“散原老人，松门别墅，高踞山麓。”假如我们不了解散原老人的生平和松门别墅的内涵，这一行小注也许就像过眼云烟似地滑过去了。当我们把松门别墅位置高峻这个偶然因素，放在散原老人晚年在文坛上崇高地位的背景下来解读，便会觉得这十二个字值得玩味。它把人文意象与自然意象重叠在一起，让人与物互相映衬，重点落在“高踞山麓”上，使人想起欧阳修“庐山高哉！几千仞兮”的高唱。

第三章　岩栖亦有高吟者

——陈三立的《匡庐山居诗》

1　在中国近代诗歌史上，陈三立是一位举足轻重的人物。他是“同光体”的主要代表。

“同光体”是盛行于清末民初的一个诗歌流派。这个诗派以学宋诗为主，提倡学人之诗与诗人之诗合一。代表人物除陈三立外，还有陈衍、沈曾植、郑孝胥等。他们大都成名于光绪年间，并以诗学诗风相传，延及民国。

“同光体”兴起的年代，正是西方列强加紧瓜分中国，社会矛盾日益尖锐，晚清时局急转直下的时期。“同光体”诗人在时代精神感召下，早年大都投入了维新变法运动，政治上要求改良与艺术上学宋诗，在“同光体”诗人身上得到了统一。

陈三立是“同光体”诗人中具有强烈的改革思想和民族气节的爱国诗人。他一生政治上最辉煌、最值得称颂的一件事，便是在湖南辅助其父推行新政。梁启超曾说：“陈伯严吏部，义宁陈抚军之公子也。与谭浏阳（嗣同）齐名，有‘两公子’之目。义宁湘中治绩，多其所赞画。”①光绪二十三年（1897），德国侵

① 见梁启超《饮冰室诗话》10页，北京，中华书局，1959。

占我国胶洲湾后，列强分割之论大起，亡国亡种的危机四伏。陈氏父子在湖南感应时势，力行新政，营一隅而为天下倡。内河小轮船、矿务、铁路、时务学堂、武备学堂、保卫局、南学会，皆次第举办，使湖南成为全国推行新政最有实绩和最有朝气的省份。光绪二十四年（1898）“戊戌政变”后，慈禧太后倒行逆施，诛杀维新党人。陈宝箴因应光绪帝诏保举“戊戌六君子”中的刘光弟、杨锐，以招引奸邪罪名，父子均被革职，放归故里，永不叙用。光绪二十六年（1900）阴历六月二十六日（7月22日），陈宝箴在南昌西山崝庐郁郁以终。

戊戌维新运动的失败和父亲的遽逝，使陈三立的心灵受到极大创伤。从此执意“凭栏一片风云气，来作神州袖手人”，一心肆力于诗，以诗文寄托情怀。虽然他此前已写了不少诗且早有诗名，但“义宁公子”的声名比他的诗名更有俗世的魅力，只有当他“吟坛闲却功名手”时，他才真正由官入儒，从“维新公子”向“散原老人”的人生境界过渡。

历史在发生过程中往往会出现一些非常巧合的事。光绪二十七年（1901），正当陈三立将其雄才博学宣之于诗时，“同光体”的诗评家陈衍恰好在这一年里正式打出“同光体”的旗号。他在为沈曾植诗所作的序中写道：“‘同光体’者，苏勘（郑孝胥）与余戏称同（同治）光（光绪）以来诗人不墨守盛唐者。”从1912年起，陈衍开始撰写著名的《石遗室诗话》，连续发表在梁启超主编的《庸言》杂志上。1915年后，又在《东方杂志》上继续发表《续话》，至1929年由商务印书馆出版了32卷的全本。1926年，陈衍还编辑出版了24册《近代诗钞》，收录诗人370家，其中“同光体”诗人约八十家。这一部《诗话》，一部《诗钞》，使“同光体”的影响遍及全国。而陈三立则以他的旷世诗才，迅速扛起了“同光体”的大纛。他于1909年、1910年、

1916 年三次印行《散原精舍诗·初集》二卷；1922 年、1926 年两次印行《续集》三卷；1931 年印行《别集》一卷。六卷五册共得诗两千一百余首。1920 年代，陈三立已确立了“同光体”领袖的地位。1926 年，汪辟疆教授撰《光宣诗坛点将录》，在章士钊主办的《甲寅》周刊上连续登载。

《点将录》尊陈三立为梁山“都头领及时雨宋江”。1934 年，汪辟疆又撰《近代诗派与地域》一文（1949 年后易名《近代诗人述评》），文中称颂陈三立的诗“流布最广、功力最深，散原一集，凡有井水处多能诵之……及流寓金陵，诗名益盛。……后生末学，远近向风者，更无论矣”。[①] 蕙君《苍翠轩忆往录》亦说：

> 辛亥革命后，散原以耆宿为士林景仰。居金陵别墅，遁世无闷。每作诗文，流传海内外，无论新旧学者，皆以先睹为快。

陈三立的诗，代表了他那个时代的文学样式——旧体诗词的最高成就，这一点，1936 年他和胡适分别代表中国的新旧文学准备参加远在伦敦举行的国际笔会已经证明。[②]

1931 年印行的《散原精舍诗·别集》，收诗起于 1922 年，止于 1930 年。1936 年重印（最后一版）《散原精舍诗》全集，《别集》增加了 1931 年到 1933 年所作诗 14 首。至此，《别集》共收诗 321 首。在 12 年的时间里，这样少的创作数量，对陈三

---

① 见汪辟疆《汪辟疆文集》300 页，上海，上海古籍出版社，1988。

② 见郑逸梅《艺林散叶荟编》4182 条；陈封雄《昨天笔会的一件往事》，载 1980 年 9 月 9 日《羊城晚报》。

立这样的大诗人来说，确实不够丰富。它印证了吴宗慈《陈三立传略》“老人晚年诗文，弥自珍重，不轻易下笔”的说法，散原老人自己也常对人说“吾七十岁后已戒诗矣”。①

年晋七秩，正是散原老人声名鼎盛时期。1922 年九月二十一日（11 月 9 日），老人七十寿辰，亲人在金陵寓所祝寿。除子女儿孙姻亲戚谊欢聚一堂外，名人胜流以诗来贺者甚众。② 据邵祖平《无尽斋诗话》记载：

远近以诗来祝者珠玉琳琅，辉溢户庭。先生志节文章，并负重于当世。宜乎言者无溢美，受者意可泰然也。

关于作祝寿诗的名人，我们现在已查到的有郑孝胥、沈曾植、康有为、江瀚、陈夔龙、吴庆坻、夏敬观、诸宗元、姚华、林纾、周梅泉、陈衍、程颂万、孙雄、左念恒、杨钟羲、曹广权、李宣龚、袁伯夔、姚锡钧、黄濬等二十余人。其中程颂万一气作贺诗 74 首，可谓极一时之盛。

孙雄（师郑）的贺诗是集陈三立的诗句而成，颇具特色，殊为不易：

万事休置冰炭肠，琢句腾为干镆光。
廿年国事悲歌尽，上薄风骚气独苍。
滔天祸水谁能止，发源江水数千里。
帝城回首旧鹓班，先皇侍从今余几。

---

① 见刘成禺《世载堂杂忆》247 页，沈阳，辽宁教育出版社，1997。

② 另有吴绩凝、叶玉麟撰寿序，陈宝琛绘古松贺寿。见陈隆恪《同照阁诗钞》84 页。陈宝琛（弢庵）善画松，但绝少示人，一生仅存四幅。

自发孤衾寤寐思，流传文字肯相知。
肝肺犹如当日热，功罪所属知者谁。
往事心头过历历，草间狐兔遗鸣镝。
流天钟磬万山醒，坟索罗胸奋谈舌。
广厦环流物象雄，啸歌自老见微衷。
百年歌哭敝庐在，天龙蟠屈腾长虹。
十年翻覆世难极，忧患死生同一掷。
直教行哭九夷同，照海光芒遥可接。
桦烛传笺破醉颜，雄姿妙略见根原。
世变轩腾到梦寐，摇摇日月见霜颠。
支离皮骨残宵见，文章后世卿云显。
清秋逸兴自飞腾，销磨意气吟仍健。
冥搜橐钥发其真，从识攀天泣梦痕。
白发苍颜今再见，沥醪胸腹养微春。
日把高文照云物，太古襟期即仿佛。
鸣佩扶盖从飞鸾，闲邀耆旧看泉活。
诸子才名世所希，巨缗东钓恐无期。
已有寰瀛落胸次，海转江回共此悲。
纷披一代风骚手，为看濯濯水中柳。
烟光日影在岩阿，围坐欢呼虹贯酒。
吾师汪汪千顷陂，撑肠秘怪斗蛟螭。
别来岁月风云改，起看瀛寰举一卮。

而沈曾植的贺诗则是在病榻上吟成的。12 天后，1922 年十月初三日（11 月 21 日）沈即下世，寿诗写道：

望望钟陵幕阜云，六朝山色接缤纷。

列仙姑射冰雪窅，丈室维摩金粟芬。
诗句流传十洲遍，文心不立一言云。
病夫病榻神游去，来后诸公介雅勤。

首句中的“幕阜”，是指南京郊外的幕府山。以巍峨的钟山和幕阜山来为老友祝寿，既形象又妥帖。而“诗句流传十洲遍”一句，更是“吏部诗名满海内”诗坛盟主地位的鲜明写照。

按照祝寿活动的安排，寿庆前出版了《散原精舍诗·续集》，并赠送知交友朋。① 这对散原老人七十寿庆无疑是最好的纪念。作为“同光体”诗派的代表人物，散原老人的主要作品，已在70岁前完成。因此，散原老人七十寿辰庆典的隆重和《续集》的印行，既是散原老人人生旅途中的一座丰碑，也标志着老人诗歌创作阶段性的终结。1920年代，正是“同光体”活动的后期，是旧文学发生蜕变，新文学酝酿产生的转换期。包括话剧、白话散文、翻译小说、谴责小说、革命派小说在内的各体文学逐渐流行，“文学研究会”“创造社”“未名社”“新月派”等文学社团的崛起，各种新文学刊物的大量涌现，都影响着“同光体”的生存空间。“同光体”因师承、地域关系形成的诗人群体，随着领袖人物的自然衰老和政治、人事上的分化，已难以维持全盛局面，所谓“世运有治乱，文运有盛衰”，“同光体”也难以跳出这个文学规律。散原老人70岁后宣称戒诗，是有着一定社会背景的，并不是他个人的故作姿态。以他的人生阅历和文

---

① 见姚鹓雏《伯严先生七十生辰以大集见贻赋谢》：“身依岩谷名江汉，诗郁风雷气斗牛。此老支颐娱万象，一樽对客写高秋。已惊泰岱穷千仞，更见沧溟汇百流。传遍退之山石句，故应天地与长留。”载氏著《姚鹓雏诗词集》39页，南京，河海大学出版社，1993。

坛经验，对文随世变，新旧嬗递不可能没有感知体察。按照事物发生发展的一般逻辑，他的晚年确有可能如汪辟疆所说“公今养性减吟咏”，做一个天荒地老都不管的闲人。但人生的旅途总有一些事先估计不到的行程，正当老人对自己在上海还是在北平养老捉摸不定时，① 却因次子隆恪定居庐山而改变了原先的计划。

“……寻山忽传入庐阜，山灵把臂呼宗雷。溪声山色佐清谳，微吟飞瀑争喧豗。……”（汪辟疆《忆昔一首呈散原丈》）庐山这个旧游之地，这座故乡的名山，激发他蓄积多年的诗兴，他顾不得已向诗友吟坛宣称“戒诗”。他的诗兴一旦激活，便和庐山的飞瀑激湍一样一发不可收拾，在定居庐山的第一年，就创作了103 首诗。1931 年，请托姻亲张劼庄②用略带苏东坡书法笔意的楷书缮写刻印成《匡庐山居诗》一卷，在亲友间传诵，数年后又将这一卷庐山诗编入《散原精舍诗·别集》，成为《别集》的压卷之作。这一卷完成于 78 岁的《匡庐山居诗》，对研究散原老

① 按：1929 年九月初八日（10 月 10 日），龙榆生邀请在沪的文朋诗友十余人邀请陈三立到张园，为他赴北都饯行（见陈谊《夏敬观年谱》127 页，合肥，黄山书社，2007）。夏敬观《送伯严赴庐山》：“慰意乱离中，师友未简面。君行将北居，分索违夙愿。追飞岂我能，腋乏晨风翰。迩知道路阻，行舻改江岸。云当往匡庐，弃我非遂远。……”（载氏著《忍古楼诗》卷一二 18 页，台北台湾中华书局，1970）根据这首诗的诗意，陈三立是先准备去北平，因路程太远而改变计划上庐山。陈夔龙写于 1929 年阴历九月初的《送伯严同年就养北平》诗有“又逐宾鸿共北征，江南落木尽秋声。……移尊屡预西园席，就养端宜北海滨”之句。见陈夔龙《鸣原续集诗存》。另外，参见李开军《陈三立年谱长编》下册 1375—1377 页，北京，中华书局，2014。

② 张劼庄（1875—1933），名觐珖，又名喜铭，字宵鹏，号劼庄。张国焘之父，喻宜萱舅父。民国初年毕业于浙江法政学校，曾任浙江象山县知县。

人晚年诗作的思想性、艺术性和庐山的近现代诗史，都有着重大的价值。

2 散原老人上庐山后，诗兴大发，几乎每两天就创作一首诗。他在上山不久写的《晓坐即事》中写道：

荒径初传邪许声，春歌樵唱破云迎。
岩栖亦有孤吟者，山鬼为含一往情。

他像陆游晚年那样“无诗三日却堪忧”，一年之内，成就了一卷《匡庐山居诗》。

散原老人的这一卷《匡庐山居诗》，就其内容来说，大体可以分为三类：与上海诗友的唱和、伤悼之作；寻幽访胜的纪游之作；日常山居的感兴之作。

散原老人与上海的关系，仅次于金陵。早在光绪十二年（1886），散原老人第一次赴京会试，返乡时与文廷式取道上海，在上海待了六天，游览了张园、申园，到虹口看外国马戏。① 这是散原老人至上海的最早文字材料。三年后，散原老人第二次赴京会试，与王湘绮同船离长沙，在武汉上船抵沪，在上海待了八天，曾往杏花楼吃小食，往丹桂园看灯戏，并参观了天主教堂、江南制造局等处。② 光绪二十六年（1900）四月，散原老人卜居金陵后，至1926年冬移居上海的这二十多年里，基本上每年都要到上海小住，其中宣统三年（1911）秋因避兵乱到上海长住

---

① 见文廷式《南旋日记》，载汪叔子编《文廷式集》下册1093页，北京，中华书局，1993。

② 见《陈三立年谱》，载马卫中、张修龄《近代诗论丛》192页，合肥，安徽文艺出版社，1995。

五年之久。

20 世纪初，光绪末年，许多反叛者、政界人士受到清廷的追缉，有租界的上海，便成了他们的庇护地。1911 年辛亥革命后，上海又成了清朝遗民的聚集地。因此，散原老人在上海往来交游的大多是故友旧交，从人事关系上看有乡试、会试同年，如朱彊村、陈夔龙、冯煦、王病山、余倦知、郑孝胥、麦孟华；有前清的旧臣，如李瑞清、沈曾桐、樊增祥、沈爱苍、冒鹤亭、曾广均、陈仁先、俞恪士、夏敬观、张元济；有到上海后新结识的吴昌硕、周梅泉、蒋智由；有诗弟子及后学晚辈袁伯夔、陈病树、龙榆生。这是一个庞大的士大夫交游集团，在沪、宁、杭一带的社会文化、政治生活中，有着巨大的影响。它的中心人物便是陈三立、郑孝胥、樊增祥等人。他们经常雅集出游，或打诗钟或分韵赋诗。1913 年组织了“超社”，共集会二十多次。1915 年有“逸社”之集，集会了七次。1926 年组织了“消寒集”。1914 年，壬午乡试同年组织了一个“一元会”。所谓“一元会”，即以会中成员轮流招饮，各出资一元，得一桌之数。那时物价低廉，菜肴易置，饮者又多属名流，可提高酒家的知名度。故承办酒家每每不惜工本，曲意奉承。上海的壬午乡试“一元会”一月一次，醵饮酒家，共抒恋旧怀往之情，这个“一元会”持续了很多年，直到 1929 年、1930 年之际，才逐渐消失。中国旧时代的文坛都和科举密切相关，那时还没有我们现在意义上的文坛。同年、师友之间的诗酒文会，从某种意义上说就是他们的文化活动。

进士榜同年是散原老人晚年人事交游的一个重要来源。1913 年 6 月，丙戌科（1886）的八位同年冯煦、陈夔龙、陈三立、姚菊坡、沈曾植、吴补松、曹耕荪、苏静阶在上海徐园雅集。丙戌科进士榜以人才济济著称，时人记载：“光绪十二年丙戌，礼闱榜出，宝应冯君煦，胶州柯君劭忞，义宁陈君三立，武强贺君涛，南丰刘君孚京，固始秦君树声，皆赐进士，论者谓人才之盛，于斯为最。”① 1926 年冬，散原老人移居上海后，来往频繁的丙戌科同年是陈夔龙、余佬知、冯煦，其中以余佬知最为密切。

散原老人上庐山的第一年，上海、南京、武汉的名人胜流还没有形成上庐山避暑旅游的高潮，山上可以对话交流的名人不多。古人说：“江山岂不好，独游兴易阑，对名山而思良友，倍切于平时矣。”所以散原老人身在山上，心却常飞往上海。

1929 年阴历十二月初上海下了一场大雪，余佬知写了《海楼看雪》一诗寄庐山，散原老人感和一首：

> 十载绵坠欢，万古余吞声。谁云庐山高，别情逾峥嵘。
> 壁悬三老图，欹枕孤梦擎。山居压晦景，一雪辉双晴。
> 团挈纳小咏，取怜跨海人。海涯亦飞雪，公起写其真。
> 妙手抉造化，猛志横八垠。山雪缩孤鹭，海雪纵长鲸。
> 雪影藏山海，魂气依逢迎。互保后凋年，雪罅传吟呻。

“十载绵坠欢”一句，指两人分别十余年后才重逢。1918 年夏，余佬知定居上海，时瞿鸿禨逝世，两人相遇于瞿鸿禨悼念会上，至 1929 年十月散原老人上山，恰好往来十年。“壁悬三老图”一句，指散原老人上山前与秦子质（亦是丙戌科同年）、余佬知摄影留念，称“三老图”，三人各题诗其上。1930 年 5 月余佬知 77 岁生日，散原老人写了一首贺诗，诗中有“杖拂须髯最忆君”

① 见王树楠《广东提学使固始秦君墓志》，载《陶庐文集》卷一五，转引自刘讷编著《陈三立评传·作品选》6 页，北京，中国文史出版社，1998。

之句。两个月后余倦知因患痢疾去世，消息传到庐山，老人写了《哭余倦知同年》七言长诗：

突兀充隐匡庐颠，诀公海屋风肃然。
心知死别口则箝，烦冤结中肠煎。
不谓一瞥公我先，牢强挤仆孱羸延。
恒干莫诘归之天，自忝过从各少年。
乡贡都试题名联，跌宕朋酒交辎軿。
……
飞泪但加流涧泉。睥睨失公眩坤乾。
三老图犹卧榻悬，生死同归夔怜蚿。
公有隐憾谁为传，高峰斜日嘶残蝉。

诗中回忆两人早年的友谊。余倦知是湖南长沙人，生于咸丰五年（1855），光绪八年壬午（1882）中举，丙戌成进士，官工部主事，与散原老人既是进士同年，又是举人同年，关系自然不同于常人。1919 年，散原老人为余倦知诗稿作序，① 余倦知逝世后，1930 年 7 月老人又挥泪和墨写了墓志铭。② 铭文最后说：“三立之去沪而隐匡庐也，公与秦提督炳直及三立三人者年相若，皆交最久，故招邀摄影为别，题曰三老图。自公之殁，对图泫然。”

余倦知逝世不久，陈夔龙寄诗庐山，③ 散原老人写了《和酬

① 见陈三立著，李开军校点《散原精舍诗文集》下册 956 页。

② 见陈三立著，李开军校点《散原精舍诗文集》下册 1080 页。

③ 陈夔龙《闻匡庐患盗，逭暑者纷纷迁避，有怀伯严同年山中》：“送尔匡山去，多时少报书。诗情知未减，酒力近何如。访碣穿云屐，栽花带月锄。只愁群盗逼，早晚返巾车。”见陈夔龙庚午年（1930）诗作结集《鸣原三集》。

庸庵同年见寄》。诗中再次倾诉丧友之痛：

题塔余残侣，偷娱花近楼。
二豪相继尽，孤唱更谁酬近岁留居海上，同列为丙戌进士榜者仅四人，余既遁匡山，倦知又继蒿庵新逝。
老味餐元气，荒居拥古愁。
拨云开梦路，摇入海山秋。①

《匡庐山居诗》中另有两首与王病山同年唱和的诗。与陈夔龙、冯煦、余倦知不同，王病山与散原老人是光绪十五年（1889）己丑科进士榜同年。散原老人因进京会试两次，加上光绪八年（1882）的乡试，所以同年特别多。王病山（1861—1933），四川中江人。中进士后，任贵州巡抚、湖北布政使。入民国后，定居上海，售字为业，是散原老人的挚交之一。散原老人在上山前一年所撰的《非园记》② 一文里曾记述他与王病山常游此园的快乐情状。1930 年正月，散原老人收到王病山的问候诗，答以五言长诗：

海尾赘流人，幽忧阅年岁。劫杀弥宙合，祸枢及夷市。
匿迹同僻性，片椽等囚系。比邻得非园，素侣所游憩。
双杖过尤数，歌哭倒胸臆。栏角挂斜阳，依依照影地。
一从窜穷山，冰雪埋身世。听猿伤羁单，看鸟慕气类。

---

① 陈三立的和作由袁伯夔带回上海，陈夔龙看到袁伯夔出示的这首和作后，又和一首《席间伯夔出示伯严同年匡庐寄诗依韵和酬》：“豪气当年盛，平分百尺楼。应对不可作来诗怆怀蒿庵、倦知两同年，元白苦相酬。不谓三生契，翻成万古愁。飞觞遥醉尔，寂寞海天秋。”

② 载陈三立著，李开军校点《散原精舍诗文集》下册 1061 页。

残魂缠昔践，孤呻起天际。投章孕名理，发悟减积痗。
学道老无成，聚散归自弃。精神与往来，南华有微契。
鞭后而养空，傥坚桑榆志。

秋季，王病山七十寿辰，散原老人作《寿病山同年七十》贺诗一首：

陆沈人海不相收，提挈孤怀卧小楼。
苦聒淫哇从结舌，饱更祸乱有埋头。
老思寡过临三圣，梦恋同仇望九州。
寄命非园绵岁月，看花啖饼复何求。

结句重提共游非园之乐："寄命非园绵岁月，看花啖饼复何求。"结合散原老人 1927 年所写《与病山同年晚步非园看玫瑰》诗，可以看出散原老人对非园和故旧的怀恋之情。

1929 年阴历十二月初上海下了一场大雪，引起了旧雨新知对散原老人的怀念。新交周梅泉想到庐山更是天寒地冻，便写了一首《雪后有怀散原先生庐山》的五言诗：

严冬起蛰雷，愆忒吁可怪。孤阳敌群阴，龙战宁不败。
纷纷堕鳞甲，后土旋覆盖。顿使婆娑居，见净不见秽。
飘阶已盈尺，空际仍晻霭。林鸦闲过人，耸肩作寒态。
残宵惊白晓，弦月出云背。皑皑地天通，并入太素界。
遥思五老峰，玉立更天外。峰巅幽人宅，夜醒定无寐。
开门纳星斗，江势落缟带。冰溜坼阴崖，琉璃孰捶碎。
奇观襟魂魄，冻瀣咽肝肺。白首两忘言，匡君冷相对。

散原老人和了一首七律《和答梅泉雪后见寄兼述冬雷可怪事》：

四山冻合九霄颓，老骨真埋叠雪堆。

兀抱寒声苏茗饮，尚浮断梦认樱开君园中樱花甚盛，一望如雪，每岁必临赏。

呵毫海月应争妒，钉石邻翁亦卖呆映庵雪诗有“钉石岂云少”句。

语怪更烦忧破睡，欲呼饥鹤啄飞雷。

周梅泉生于光绪五年（1879），是两江总督周馥的长孙。作为清末民初两个书香世家，周、陈两家有着许多鸿雪因缘。早在光绪二十七年（1901），散原老人在金陵寓宅办了一所家塾（后并入思益学堂），周梅泉的三弟周叔弢即在思益学堂就读，后来周叔弢与散原老人的长子陈衡恪、四子陈方恪成为好友。1916 年，周梅泉的父亲周学海病卒于南京，散原老人受周叔弢之托撰写了《浙江候补道周君墓志铭》。[①] 此外，散原老人与周梅泉的叔父周学熙、周学渊亦有过从。尽管周、陈两家的世交渊源如此，周梅泉也早在 1912 年定居上海，但他 1923 年才与散原老人结识。结识的起因，是周梅泉早年诗学西昆体。到上海后，得读陈三立、郑孝胥的诗作，遂幡然一变而改宗北宋，尽弃少作。他于 1920 年始与郑孝胥见面。三年后，才与散原老人相见。周梅泉与散原老人结识虽然较晚，但一经结识，两人便很快成为心心相印的忘年交。1927 年、1928 年，两人的情谊日益深笃，散原老人赠给周梅泉的四首诗均作于这两年。这四首诗是《梅泉巢园赏樱花次映庵韵》《非园和鹤亭梅泉伯夔同游》《戊辰八月梅泉招邀彊村病山伯夔公渚放舟至吴淞观海》《梅泉五十生日赋赠》。周梅泉的巢园别墅非常讲究，房屋、园林都模仿日本风格，一度与非园

① 载陈三立著，李开军校点《散原精舍诗文集》下册 870 页。

一样，成为上海名人的雅集胜地。散原老人的答谢诗“尚浮断梦认樱开”句下自注“君园中樱花甚盛，一望如雪，每岁必临赏”。比起庐山的繁花杂树来，非园的玫瑰，巢园的樱花，自然缺少点天机野趣，但作为昔日友情的象征物，却不是山野的名葩异卉可以替代的。

此时袁伯夔亦写诗坚邀散原老人回上海过年，散原老人作《和答伯夔见寄招还沪居度岁》：

万触咽无声，遁悲缠卧雪。群公互托咏，子亦凭一吷。
离操发至听，幽栖动高瞥。飞刀割流霞，咽使中肠热。
忆往藏海屋，竞仰瓦沟白。携手挽风光，笑语溢奔辙。
生涯王尼车，端为借马设。阻绝伏寒山，孤呻抱营魄。
藜杖废登览，篮舆谢摇掣。岂吝从欢赏，坂险层冰结。
幽篁屈所依，空宇陶无悦。企续鸿雁行，待与猿鹤诀。

龙榆生亦写《岁暮寄怀散原老人庐山》：

一角山衔落照开，苍颜仍映雪皑皑。
藏春老树傍人立，咽石哀湍将梦回。
直使青猿替歌哭，莫教羸马倦崔嵬。
腥风虑逐吟鞭起，下视人寰有劫灰。

散原老人和以《答龙榆生雪后寄怀》：

旧乡此士敌南金，振唳寥天鹤在阴。
车下快依名父子，梦痕犹系好园林。
藏山卧雪悬孤影，照海传笺出苦吟。

游记忆曾披历历君往居牯岭，成游记一卷，雾霄冰壑不能寻。

1920年代以后，散原老人写的贺寿诗较以前数量增多。与此相对应的，是挽诗也同步增多，《散原精舍诗》的《续集》《别集》中回环着“逝者已矣，生者动情”的感伤与沉重。《匡庐山居诗》中也有几首悼挽诗作。除余倦知外，尚有曾重伯、曾农髯、马通伯、黄棣斋、梁璧元。其中《哭曾重伯》是一首五言长诗：

脱命妖乱间，夜伏湘水湄。匿舟覆籧篨，疾指江汉驰。
入市变姓名，浮海以为期。展转落沪渎，依妹寄孤羁。
忍饥衣又单，骨出面目黧。余时居同巷，昏旦联酒卮。
活颜豁怀抱，高论参诡辞。篇翰亦间作，光怪挐蛟螭。
习复溺樗蒱，倾囊俟朝曦。累岁为客乐，腾踔忘衰羸。
迎秋视弟丧，苍黄还故栖。逾月襆被出，止傍屈原祠。
暴病卧逆旅，医巫孰扶危。歼此盖代才，冤接汨罗悲。
维君起圣童，天授超群姿。峨峨太傅孙，四海仰白眉。
纳腹强记诵，万象供指麾。博综睨茂先，逸兴攀牧之。
媢古吐所蓄，曼衍加瑰奇。马工并枚速，惊倒世上儿。
益旁通纬候，算经矜独窥。座骋悬河口，谐语醒肝脾。
弱冠贡玉堂，声价重鼎彝。侧厕公卿间，天马不受羁。
以兹取蹭蹬，郁郁昌其诗。于余投分旧，深衷贮然疑。
耗精略拘检，隐患伏微疵。晚逢挫忠告，疚恨萌作痴。
念预名捕人，屠戮久横尸。君犹保余龄，造物若设施。
别来遁穷山，生死果属谁。已矣抱一恸，埋照霰雪垂。

这首诗是散原老人所有挽诗中的大型力作。而《挽马通伯》则是一首七律：

> 儒术颓流颇复振，东南一老系扶轮。
> 火传取殿乡先辈，柴立应伤天戮民。
> 忧患逃禅能示疾，文书传道更谁伦。
> 倒肠别语飘江水，余卧匡山梦故人。

结尾“倒肠别语飘江水，余卧匡山梦故人”一联足以概括散原老人对知交零落的哀痛至骨。通过这些伤悼之作，我们可以感受到一种“大患依然有此身”的生命解悟，一种“猥成后死更何依”的顾影自怜心事。一天傍晚，散原老人面对庐山的晚霞落照，触动了老成凋谢的悲怀别绪，便写了一首《望落日有感海上故人由甫、农髯先后逝，倦知方抱危病》七绝：

> 落照衔须对黯然，红飞海色到尊前。
> 招魂问疾无双翼，留与荒山诉暮蝉。

上海新知旧交的存殁荣枯都牵动着散原老人的寸心。

关于散原老人的哀悼、祝寿诗，季镇淮先生在《吴宓读〈散原精舍诗笔记〉读后》一文中有一段话有指导意义：

> 吴宓指出：“凡先生所为挽、寿诗，皆从历史、政治、国局、世运大处落墨，持论精严，可为其人之最好评传。此是杜工部《八哀诗》之义法。”这一指示也令读者注意，读散原诗不可因其为习俗生活应用诗而忽之。诗人的态度是严肃的，写哀诗或写贺诗，实际是对其人的历史评价，表现了诗的积极作用。

3 从光绪二十年（1894）散原老人早年最后一次游庐山，到1929年冬再度上山，35年过去，庐山已发生了巨大的变化。随着牯岭山城的建成，莲花洞至好汉坡新道的开通，庐山山北逐步喧闹起来，山北的名胜景点也日益吸引着众多的游人。散原老人“终日不疲，乐而忘返”的登山临水，也是在山北这个大范围内，如花径、王家坡、铁船峰、黄龙寺、小天池、剪刀峡，间或也到山南故地重游。早年的壮游，虽然酣畅淋漓，但在雄奇博大的庐山面前，仍然是“所历十不逮三四”，以“未尽探其胜”为憾。经历了35年的时间跨度，散原老人才得以遍游庐山山南山北的主要景点，尽情地穷探真赏庐山的真面目。

黄龙寺是散原老人率家人游玩较多的一处景点。

黄龙寺位于庐山玉屏峰与天王峰之间的山谷中，离牯岭街约五千米。寺为明代万历年间高僧彻空和尚所建。彻空是位能干的和尚，他看中玉屏峰居庐山诸峰之中，万山环抱，松杉茂密，前有天王峰相峙，侧有黄龙潭胜景。相传晋慧远和弟子昙诜所栽的“三宝树”也在这里。

1936年6月，有一位笔名为“天涯过客”的文人，在《民间日报》连载介绍庐山景点和游程的文章。① 这一组记游文字，即使是在庐山旅游业大大发展的今天，也散发着文情并茂的导游魅力。关于黄龙寺，“天涯过客”是这样描述的：

> 从牯岭越过猴子岭，经庐林游泳池、茭芦桥，在平坦的大道上，两旁浓荫夹道，苍翠异常，与那崎岖的山道相比，另有一番新鲜的风味。这时游人们可以从茂林修竹中，遥遥看见一座伟大森严的宫殿式庙宇，这便是黄龙寺了。

---

① 载吴宗慈编纂《庐山续志稿》521页。

寺前有柳杉两株，银杏一株，大十围余。它的枝干，有的耸立，有的低垂，参差综错，相互攀结。枝干长满密厚的树叶，树下似乎是一座清凉大帐篷，小步其中，舒适已极。

散原老人的《匡庐山居诗》中，共有四首纪游黄龙寺的诗作。

第一首，《造黄龙寺观古木一银杏两柳杉也》：

山山凿径带痕围，蹑步青冥接隼飞。
馨吐草根成薄醉，影生木末敛余晖。
谁移赤水三珠树？只伴残僧百衲衣。
直干瑰姿保今古，斧斤所赦与歔欷。

“三宝树”的得名，是从近代才开始的。吴宗慈《庐山志》载录自晋到近现代的三千七百多首诗词中，除清末有一篇《黄龙寺晋娑罗宝树歌》外，似只有散原老人的两篇和次子隆恪的两篇步韵之作。

第二首，《二月二十二日杨居士德洵招邀山中邻客二十许人集黄龙寺宝树下寺僧青松长老为蜀人荐乡制豆花飨客罢餐取影复过黄龙潭观瀑题以纪兴》。从诗题上看，这次游黄龙寺场面宏大，诗也是长篇大体，诗意流转明丽：

山中百日闭冰雪，阊阖晴开万景彻。
草芽微茁柳欲荑，手挽春风攀崪兀。
重寻古寺楼栏加，宝树高高拂紫霞。
仰视环走杂妇孺，泬漻壑谷腾讙譁。……

作为这次畅游雅集的副产品，散原老人尚写有《题黄龙寺倚树摄影图》和《黄龙寺旁造林社为陶斋尚书故宅入视感赋》两首七绝。“陶斋”即清末两江总督端方（1861—1911），与散原老人是壬午乡试同年。《散原精舍诗》中，多有与端方在金陵往还游宴的诗作。

顺治十七年（1660），明末清初著名学者黄宗羲，从浙江余姚家中专程到庐山游历，在将近两个月的观赏、考察过程中，黄宗羲总结出庐山的自然景观有“三奇”：

> 生平见雨，皆自上而下，此雨自下而上，一奇也。闻者，雨声、风声，云之有声，今始闻之，二奇也。云之在下，其同浪海，小山之见其中者，无异蕴藻，三奇也。

黄宗羲说的第三奇即云海和瀑布云。庐山云海奇观，以清人吴阐思的一段散文最为生动传神。他在《匡庐记游》中写道：

> 晓起，推窗四望，烟雾弥漫，如舟行大海中，四面波涛，不复知有世界。微风东来，云气舒卷，忽而一峰乍现，忽而绝壁半开，忽而千峦中断，忽而万壑合冥，恢奇秘幻，不可摹拟。少焉，阳乌漏光，云收入岬，凭栏俯眺，则白云乍凝，有团团如轮者，有飘飘如丝者，有绵绵如雪者，有漫漫如絮者，俱横塞山麓罅隙间。青松红叶，怪石奔流，湖光一片，山城半角，或隐或见，又如天孙织绵，五色炫目。匡庐幽赏，无过于斯，观止矣。

庐山观云海，以五老峰、含鄱口、剪刀峡位置最佳。剪刀峡海拔1 119米，与牯牛岭相接，而峡底的莲花洞仅208米，落差达900

米。云海起时，层层叠叠的云涛越过小天池山巅，顺着剪刀峡倒海翻江般似地倾泻，小天池一带白波翻滚，浩浩荡荡。人们伫立在街心公园，便可感觉到耳边哗哗流水，眼前滚滚飞瀑，一如苏东坡那句著名的诗“庐山烟雨浙江潮”，那气势令人惊叹不已。

1930 年春夏之交，刚过完清明节，散原老人来到剪刀峡观云海，写七律一首纪胜：

雨余吐日拥登危，倚石为收一段奇。
粉本画图光皑皑，兜罗世界影离离。
混茫孤涌蓬莱岛，澄碧低围菡萏池。
老去坡公观海市，伸眉一笑尚能追。

这首诗最后一联的出处，源于苏东坡《登州海市》一诗。宋神宗元丰八年（1085），苏东坡 49 岁时，调任登州太守（治所在今蓬莱市）。到官五日，又调任礼部郎中。苏东坡盼海市奇观出现心切，便祷告海神广德王之庙，第二天海市出现，苏东坡写了这首著名的七言古诗。诗中引用唐代韩愈游衡山默祷神灵，天宇澄清，峰峦出现的传说，感叹“伸眉一笑岂易得，神之报汝亦已丰”。散原老人由观云海而联想到苏东坡祷告神灵海市出现的往事，由云海中时隐时现的山峰联想到空明澄澈的蓬莱仙岛。这一引申设喻，突出了庐山云海神秘梦幻、人间仙境般的情趣与特色。

散原老人搬到松门别墅后不久，曾有两次路程较远的出游。一次率儿子隆恪、登恪到栖贤寺、三峡桥、琴志楼一带；一次登五老峰。从地点来看，这两次出游都与寻找光绪十八年、十九年、二十年连续三年游庐山的踪迹，感念故旧有关。1930 年夏

《中外杂志》第8卷第2期刊散原老人登五老峰照片一帧。① 侍游者有陈隆恪喻徽夫妇、陈小从、徐悲鸿蒋碧薇夫妇、劳用宏、杨德洵李淑谦夫妇等。

五老峰是一座险峻山峰。商务印书馆1937年编纂印行的《庐山指南》“五老峰”条说：

> 五老峰在大月山东南，为庐山著名之高峰。绵延数里，同出一脉，断而复续，各自成峰，云雾聚散，瞬息万状。五峰之气象不一，而背面之陡削相同。巉岩怪石，互争奇雄，森然而上指者如剑戟，偃然而僵卧者如牛羊，整襟而趺坐者如老僧之入定，耸肩而特峙者如武夫之怒立。泉鸣于下，风啸于上，令人心骇目眩，不可思议。最险者为第三峰，壁立千仞，如怒如笑。径之狭者仅容一足。其顶有“日近云低”及“俯视大千”各四字。最高者为第四峰，实测计四千尺。中有小径，衔接第五峰，削壁三十尺，几无插足处。……游者由南而东，计程二十余里，非半日不能达，且忽攀高冈，忽临深渊，时时令人危栗，非结队同行，危险殆不堪设想。

五老峰因其山势险峻，自古登攀绝顶的游人不多，关于这一点，清人舒天香在他的《游山日记》中做过考证，他说：

> 苏长公（苏东坡）千古奇士，亦未尝登五老峰绝顶。……李空同《五老峰》诗，则犹似湖中仰望之作，试观“东南涛浪吞，五老古今存。秀色彭湖远，诸峰庐岳尊”四句，可概见矣。……王风洲亦仅能一至天池，犹赖郡邑长

① 见陈小从《图说义宁陈氏》82、83页。

> 以多人牵挽其舆始得上，即夕便返。袁石公奇情健足，有泉石之癖，曾见《游天池、度含鄱、游栖贤三峡》一记，然亦未尝登五老峰绝顶，何况余子。朱子题五老峰石刻，不在峰顶，且云“游五老峰诸山”。诸山云者，非五峰绝顶可知矣。……清雄奇伟如阳明先生者，亦未尝一登绝顶。无怪五峰之巅，但有虎迹，曾无樵径。①

读了上面这段文字，我们当感叹散原老人以 78 岁高龄攀登五老峰的气魄。他可能是明清至近现代数百年间登五老峰顶年寿最高者。古人向往的“老当益壮，宁移白首之心”的人生境界，我们可以从散原老人的《登五老峰绝顶》一诗感知一二：

> 帝缚孱魂闭雪中，初逾南岭拂青红。
> 遮迎断涧莺吟落，蹴踏层霄鸟道穷。
> 波蹙湖江浮日气，石攒刀剑斫天风。
> 须臾雾合身如豹，埋梦来添一秃翁。

诗写得劲拔沉着，气势不凡，音节与骨力，与高山大湖的地理形势极为吻合。② 尾联尖新警拔，想象神奇。雾豹古典，信手拈来。梦被雾埋，梦境迷茫，是散原体诗的独有表述和标签。

早在光绪十九年（1893），散原老人第二次上庐山时，曾登上五老峰，作五言诗一首：

---

① 见吴宗慈编撰，胡迎建等校注《庐山志·艺文》下册 633 页。

② 由云龙评此诗“峭挺奇恣”。见由云龙《定庵诗话》，载张寅彭主编《民国诗话丛编》第 3 册 558 页。

峍屼尽地气，扶摇蹑天根。蹴此鸿荒穿，扪彼日月存。
庐阜峻南维，荡荡以浑浑。倔强海岳外，陵控荆扬昏。
元精有蓄泄，喷溜撼瑶门。旁窥大造施，拗怒从飞翻。
蜿蜓螭龙势，悸栗猿鸟魂。声裂万壑底，终古寻无源。
回瞰八极色，湖江浩相吞。粒粒郡国界，沄沄洲屿痕。
天风吹碧虚，云物正巑岏。飘飖出宇宙，始觉吾心尊。
摩挲幻流峙，嘘翕生凉温。颓然顺大道，可忘不可论。

两相比较，晚年所作的一首，似较开朗畅达些。

4 我国古代文学理论有“江山之助”的说法，强调作诗要有对自然景物的直接观察、体验，才能写出成功的佳作。如陆游《偶读旧稿有感》所说：

文字尘埃我自知，向来诸老误相期。
挥毫当得江山助，不到潇湘岂有诗。

这首诗的意思是说自己的作品水平不高，误蒙前辈期许。作诗要有山川景物相助，没到过潇湘的人怎能写出描绘潇湘景色的诗呢？自然景物不仅激发作家的创作欲望，产生强烈的激情，同时也是文字表现的对象和材料，所谓“诗以山川为境，山川亦以诗为境。名山遇赋客，何异士遇知己”。散原老人上庐山后，创作激情空前高涨，从十月到除夕短短两个月，得诗 49 首，平均每一两天就有新作问世。这样旺盛的创作欲，是诗人与山灵感应融合的结果。

清晨是散原老人感兴浓烈、思致勃发的一刻。诸如“山居晓起”“晨起雪晴”“晨起遣兴”“晓坐即事”，都是诗人宣泄诗情的题目。第一首《山居晓起》诗，写初上山时山居夜晚的情景和早晨起来的感受：

冬暄山气炽，烘寐掖孤眠。
写影槎枒树，传音断续泉。
海涯移病骨，世外放华巅。
颇愧陶彭泽，持醪五柳前。

另一首《晨起雪晴写寓目》写一场大雪后，清晨起来的所见所感：

新天开寤寐，持梦曝寒晴。
浩浩生银海，提提坐化城。
流云交窈窕，睡壑欲峥嵘。
含酌飞光榻，微浮过雁声。

这首诗的第六句“睡壑欲峥嵘”，炼字可谓尖新。形容大山的长夜漫漫，万籁沉沉，“峥嵘”一词下得真是老辣。把黑夜这种无形的东西描绘成有形的“壑”的意象，见出散原老人铸造形象的本领，也显示出山居长夜给诗人的感受之深。

夜　坐

松气围庐生夜寒，况移片月挂檐端。
虫声鼠影都相避，只向孤灯诉肺肝。

这是孤灯相对无语的静夜。

夜闻雨不寐

中宵骤雨势纵横，如战昆阳屋瓦鸣。

习静入山翻扰扰，推衾孤向短灯檠。

这是大雨如注、辗转难眠的雨夜。

腊月初三夜盲风虐雪

抬山风力雪崩豗，蹴踏声酣万马来。
拥被魂痕为破碎，依窗灯焰自低摧。……

这是玉龙翻飞、寒气逼人的雪夜。

庐山的夜幕宽广深沉，要想在这里怡情养性，独享自然，就得承受荒寂的大山黑夜给敏感的心灵所带来的重压。而庐山的清晨，无论是雨后苍翠葱茏，还是雪后的银装素裹，都让人心绪复归，诗意盎然。庐山的黑夜和清晨，在散原老人笔下连成了一片。他把日常生活中的一些细节，用诗化语言展示出来，使我们得以窥见他山居生涯的全貌，感受他的心灵随着时令节气变化转换而引起的律动。

极目远眺，也是散原老人的日课之一。当雨雪连朝，不能远足，或清晨黄昏，闲居无事，游目骋怀便成为他寄托山水情怀的补偿方式。松门别墅本来就是庐山位置最高的几栋别墅之一。在松门别墅远眺或在松树林散步，庐山的丘壑峰峦都可以尽收眼底。对一般人来说，山川远景看过也就看过了。诗人看了，却能看出其中含有诗料，看出山川风物的真趣并把它捉住，转化为诗。如《开岁三日步循涧水晴望》一诗，写正月初三大雪新晴远眺：

茫茫雪窟染新晴，曳杖门前踯躅行。
日气射泉含石暖，风光媚篠觉春生。

断云脱岫骑鸦背，宿草污泥展鹿程。
摘叶立桥随妇孺，一时天物满余情。

初春的某一日，散原老人带孙女小从散步到宅后西岭，坐在石凳上远眺山内山外，作五律一首纪怀：

出门扶稚子，缓步钝如蛙。
暖日辉松叶，晴泥吐蕨芽。
蜂房木末出，鸟语坐中加。
去拂峰头石，迎眸江水斜。

这首晴眺诗，写的都是自然形态的景色，不涉理路，不用典故，情隐景中，淡而有味，达到了即物生情、以物观物的“无我之境”。与《散原精舍诗》中另一类抒发强烈的感情，情胜于物，意多于景的诗作有所区别。用唐代王绩的《野望》和杜审言的《和晋陵陆丞早春游望》两首经典之作来观照此诗，可以悟到这一类远望诗的继承渊源。

近世诗论家，大抵都以“生涩奥衍”指称《散原精舍诗》的艺术风格。散原老人作诗由于“避俗避熟”，务求字句精警，确有一些文字古奥艰深的诗作，但这只是他诗作的主体风格。除此之外，他也有不少诗意清新、语言流畅的佳作，特别是他的七言绝句，更具有这一艺术特色。试看下面两首：

池　荷

袅袅池塘红白花，烘晴摇雨几枝斜。
蜻蜓掠过鱼儿跃，初放秋光明晚霞。

雨后偕闲止立湖侧观涨

千山出浴掩斜晖，草气烟光欲合围。
三尺涨痕添一雨，澄鲜秋水明鸥飞。

把这两首七绝和杨万里的“梅子留酸软齿牙，芭蕉分绿与窗纱。日长睡起无情思，闲看儿童捉柳花”（《闲居初夏午睡起》）对照着读，觉得陈三立也并不是一味“生涩奥衍”的。为了抒发真情或者说为真情所驱动，诗人有时也可以全然不顾自己一贯的艺术追求去下字句上的工夫，而是用白描的手法直接宣泄胸臆。散原老人山居期间，共写了 32 首七绝，内容大都取材于日常生活。

出松树林观溪水

松底溪音抑复扬，跳珠咽石浴青苍。
杖还如接山阳笛，乱眼残山正断肠。

十六夕杨居士偕孺人见过遂携同家人步西岭玩月

盘陀侧径踏琼瑶，入睡千山不敢骄。
领略天风飘断语，依松坐石影萧萧。

晴　眺

披衣晴牖出衰颜，雁点鸦群缥缈间。
闲倚石栏数红树，郭熙为我写秋山。

这几首七绝的好处全在冲淡自然，不事雕琢，有一种“圆美流转如弹丸”的流畅美。另有几首七绝写一个印象一点感触，也很清新可爱：

雪窗对盆菊

山枯万木斗槎枒，佳色微将晚菊夸。
霰雪插庐江海外，独留白发对黄花。

雪中瞥两画眉立枝上作

掠眼窗前双画眉，枝头啄雪惫长饥。
好音闭口冰天底，误落荒山欲诉谁？

咏盆植水仙

素标姱态盛根芽，升降骚魂处士家。
莫向江边问梅发，雪中天地倚孤花。

这些七绝造型精致，观察细微，活泼灵动，富有情趣，闲时读来颇可会心一笑。

5 《匡庐山居诗》起始于《己巳十月别沪就江舟入牯岭新居》，终止于《庚午十月朔别庐山》，得诗 103 首，但今本《散原精舍诗·别集》在《庚午十月朔别庐山》诗外，尚有三首可以定为在庐山上所作的诗。最后一首为《讱庵至庐山过我松门别墅手携填词图属题为破戒缀句以纪因缘》，纫庵是林则徐的侄孙林葆恒（字子有），散原老人的朋友。这样，现存已结集的散原老人的所有诗作，便以 55 首《庐山诗录》始，以 106 首《匡庐山居诗》终，一头一尾，贯穿始终。就好像最初出现的乐句，以更大的力量，回到终曲中。这真是一种难以言喻的巧合，仅从一个人的一生与一座名山联系得如此紧密这个角度，散原老人的庐山诗就很值得近代文学的专家学者进行研究。

1933 年夏，陈三立老友、湖南宁乡诗人傅梅根（绍岩）上庐山，作十日游，得诗五十余首。陈三立为其游山诗作题辞：

> 老友宁乡傅君梅根别久矣。顷乃访余于庐山牯牛岭别墅。遂遍探山南北诸胜，仅历数日，凡得诗四五十篇。而牢笼万态，气骨苍坚，机趣洋溢，类不烦绳削而自合，可谓神勇矣。余近所及见湖湘人士庐山纪游诗，号为最胜者，有易实甫、王梦湘、程子大、谭祖安诸子。今梅根复接踵继轨，所获益奇。名章俊句，满投锦囊而归。吾恐山灵将妒湘人之尽取不廉也。癸酉闰五月，散原老人陈三立题记。

在这篇题辞中，陈三立提到湖南诗人的庐山诗作写得最好的是易顺鼎、王梦湘、程颂万、谭延闿、傅梅根，感慨“吾恐山灵将妒湘人之尽取不廉也”。我们也可以用这句话来形容陈三立本人。可以毫不夸张地说，陈三立是晚近以来庐山诗写得最多、最好的第一人。山灵有知，亦将感叹名宿与名山的因缘际会，诗才与诗料交相辉映，玉成大手笔。近代诗人金松岑高度概括说：“泰山似圣，黄山似仙，峨眉山似佛，庐山似诗翁。”以诗翁比庐山，似乎是为陈三立量身定做的。老诗翁揽胜的意气、郁勃的情怀、雄强的诗胆，在早年游山的三十多年后，再次大笔如椽描绘了庐山的雄奇、牯岭的奥衍、雪雾的奇特。庐山的厚重底蕴，激发了老诗人创作的最后一次高潮。

《匡庐山居诗》的体裁五古、七古、五律、七律、七绝都有，其中以五言长篇最体大思精。吴宓先生在《读〈散原精舍诗〉笔记》一文说：

> 《散原集》中诗，以五古为最多，且最胜。写景述意，真切深细，实得力于杜诗者。

五言长篇是散原老人比较偏爱的一种诗体，这或许是五言长篇作为诗体形式所具有的难度对自视甚高的诗人构成了吸引力。清人方东树说：

> 五言长篇，固须节次分明，一气连属。然有意本连属，而转似不相连属者：叙事未了，忽然顿断，插入旁议，忽然联续，转接无象，莫测端倪。此运《左》《史》法于韵语中，不以常格拘也。千古以来，且让少陵独步。①

对于欠缺史诗传统的中国诗人来说，希望以五言长篇来锻炼与显示自己的结构能力和淋漓大气，是容易理解的事，何况历代诗论家曾有以长篇成就论诗人高下优劣者。在散原老人上山前所作的大量五言长篇中，多有“莽苍排奡”之作，但那些冷僻、晦涩的字词也多出现在这些长篇大简的长诗里。《匡庐山居诗》中的十余首五言长篇，却比较流畅平易。这一方面是由于诗人在他刊落声华的晚年，比壮年更多地拥有了古人所向往的那种美妙的平淡定祥之气，另一方面是诗人面对庐山的山川风物抒发山水情怀时，不需要太多的刻画、议论，“二度创作”有可能失却山川天地原汁原味的本色美。试举《上元夕携家踏雪玩月听水》一诗为例：

> 皓皓月流天，离离月含雪。寒光写混茫，雪月初无别。
> 陂磴出人影，秃枝迎突兀。荒区象纬迷，列屋鸣吠绝。
> 笼烟蹲众岫，倒景金银阙。向背传瀑音，交响愈呜咽。
> 桥头飞雷霆，怒圻乱石裂。阻坻潴澄潭，绮纹俯可掇。

① 见方东树《昭昧詹言》卷二一，转引自刘纳编著《陈三立评传·作品选》30页。

遗此太古境，精魂有超越。松林穿玲珑，彩翠互明灭。
稚子跃且呼，夜气破凝结。指就灯火窗，摹记肝肺热。

全诗夹叙夹议，有散文的铺张，有诗赋的凝炼，诗中完全不用比兴，不强烈地表示内心的活动，而是把情感隐括在对景色的客观描写中，让诗的感染力自然流露出来。性灵与功力，在这首五言长篇里得到了较好的体现。

清代中期，诗论家袁枚标举“性灵”说，提倡“直抒性灵”，抒发个人的性情遭际，留意自身周围的生活。只要诗的语言、韵味、声律达到令人满意的程度，便是好诗。但“直抒性灵”并不容易，“性之不灵，何贵直写”，因此袁枚另外又提出“天籁源自人工求”的主张，认为能不能作诗靠天分，作得好不好靠功力。诗之大家，必然是天分高、功力足的人。一个人的天分与生俱来，而功力是可以靠后天孜孜不倦的努力去得到的。袁枚的这套诗学理论与“同光体”诗论家陈衍“合学人诗人之诗二而一之”的观点非常相似。“同光体”诗人“以文为诗”“以学问为诗”，求硬求奇求生，厌常厌俗厌熟，使作品流于枯槁拗折，好像设了水闸水堰的河水，不能畅快地流淌。“直抒性灵”“无须补假”的主张，恰好是纠偏的良方。不过任何事物都“河有两岸，事有两面”，“直抒性灵”如果拿捏不好，也容易滑入轻薄琐碎，好似黄芦白苇、一望无余的泥潭，所以《散原精舍诗》里的佳作，大都是既诗意显豁，又骨力坚劲的作品。他在庐山所作的《中秋夕山居看月》诗，就是一首性灵与功力交融渗透的好诗：

笼湖摇海中秋月，移向匡君卧处看。
洗露峰峦迎皎洁，带星楼观出高寒。

一生阅世丹心破，万里传辉白骨残。
犹有酒杯邀对影，石根虫语落栏干。

这首诗语言精警，音节浏亮。诗的风格，既沉郁顿挫，又不质木枯瘠，每个字都斩绝地站立在纸面上，不让读者随口滑过去。“一生阅世丹心破”是诗中的“诗眼”。“破”字横空而来，奇语突兀，是散原老人善于炼字的好例。有了这一句，全诗便增强了人格的力量。这首诗是散原老人晚年写得最好的一首律诗，一度在上庐山的诗人中广为传诵。1936 年，江西新建县才子程天放上庐山，中秋月圆之夜，与友人到含鄱岭赏月，写了一首大气盘盘的七言长篇古诗，第四句注“散原翁有‘笼湖摇海中秋月’之句”，即是一例。此诗不仅可以视为陈三立咏月诗的代表作，甚至可以视为《散原精舍诗》集的压卷之作。1935 年十一月十九日（1936 年 2 月 14 日），吴梅与蔡正华谈及陈三立这首诗，以为可媲美杜甫“风急天高”名篇。①

曾经有一位作家慨叹自东晋以来，历代诗人对庐山的云、雾、霞、雪、瀑、泉、径、涧、石、峡、竹、木无不咏到，却不知何故独将古今诗文最大的题目之一的月亮遗忘了，咏庐山月的专题几乎没有，单句也不多见。作家的慨叹是有道理的，查吴宗慈《庐山志·艺文·历代诗存》，只发现清人舒天香的一首《天池山月夜远望》。不过这位作家若能获读散原老人的《匡庐山居诗》，也许心中会稍稍感到安慰。因为在《匡庐山居诗》里，共有七题八首咏月诗。除前面已引录的《十六夕携同家人步西岭玩月》《上元夕携家人踏雪玩月听水》《雪夜对月》《中秋夕山居看

① 见王卫民编校《吴梅全集·日记卷》下册 656 页，石家庄，河北教育出版社，2002。

月》外，尚有《雪夜初见月》《月夜步松树林》《十六夜月步松林》。从诗的描写对象来分类，这些咏月诗与《匡庐山居诗》中的山水景物诗属于同一类型。但从风格上看，又与山水景物诗诗味不同。那些穿插着大量对自然美景精彩描绘的山水景物诗，重在表达诗人对自然美的独特感受。而咏月诗既展现了庐山月色空旷深沉之美，又负载着散原老人“我寄愁心与明月”的万千心绪：

扬辉大月满层楼，起踏松林一径秋。
石罅吟虫扶夜气，灯边吠犬隔溪流。
蔽亏露叶粘星湿，明灭烟峦带梦浮。
自外九垓迷万古，欲依山鬼怨灵修。

这首诗除了尾联稍嫌意隔外，遣词造境与《中秋夕山居看月》诗一样，达到了炉火纯青的高度。尤其是中间两联，苍劲夭矫，清奇醇厚，写景抒情，虚中有实，实中有虚。既是想象之词，又是眼前之景。字里行间，蕴积着一股“骈枝尽去，尘垢都捐”的浑融之气。尾联谓自己远离尘世而心游万古，欲依山鬼而“怨灵修之浩荡”，融合屈原《离骚》之意，用意深沉苍古。正是这些精心结撰的咏月诗和那些奥莹苍润、曲折驰驱的五言长篇，构成了《匡庐山居诗》的主要艺术特色，使《匡庐山居诗》回环着“夕阳无限好”“人间要好诗”的动人旋律。

第四章 事功开济仰耆贤

——陈三立山居期间参与的社会文化活动

1 散原老人山居期间，并没有像自己诗中所说的那样，“须臾雾合身如豹，埋梦来添一秃翁”，一味啸隐山林，拄杖盘游。他对庐山上的社会活动和文化活动多所赞画、参与。作为年高德劭的前辈，这一时期庐山上发生的所有重大社会文化活动，都与散原老人有关。

散原老人山居期间所参与的第一件大事，当属倡议、发起续修《庐山志》和鼓励、支持吴宗慈完成这一文化大业。

吴宗慈（1879—1951），字霭林，江西南丰县人。19 岁中秀才，31 岁中举。青壮年时期跻身政界，积极参与社会政治活动。曾任《江西民报》主笔、省参议员、广东军政府交通部秘书、参谋部秘书长。1929 年，吴宗慈决心“不与闻政治”，投身实业，先后任浙江长兴煤矿、湖北鄂城铁矿、江西乐平锰矿董事会的常务理事。① 1930 年夏，吴宗慈上庐山牯岭创办南昌采矿公司牯岭转运公司，寄寓庐山，得以结识散原老人。早在 30 年前，

① 见何明栋《吴宗慈传》，载朱祥清主编《江西近现代人物传稿》第 1 辑 232、233 页，海口，海南人民出版社，1989。

吴宗慈游学长沙，获闻湘人啧啧乐道义宁公子协助其父治理湘政，因自己年辈晚，无缘接席为憾。1912 年，吴宗慈在上海，因人事舛错，又一次失去接近散原老人的机会。[①] 因此，吴宗慈一上山，得知散原老人也在山上，便立即前往拜谒。时散原老人已近八十高龄，吴宗慈也已五十多岁。吴宗慈上庐山，本为办实业而来，但在与散原老人的交往中，受其影响，转以续修《庐山志》为职志，并且一举成功。后来吴宗慈在《陈三立传略》中回忆道：

> 民十九年（1930），余寄寓牯岭翌岁，先生亦以避暑至，遂得昕夕过从，亘三载。讲学论世，亲闻謦欬，大遂平生之愿……先生创议重修《庐山志》，命余主其事。商志例，先生主应注重科学。论撰志文体，先生以风会不同，文体亦异，应旧从其旧，新从其新。志成，先生为点定，顾余曰："斯作亦可空前矣！"

散原老人之所以倡议重修《庐山志》，主要有两个原因：一是有感于庐山的山志已有两百余年失修。中国的名山虽然很多，但论历史悠久、文化昌明且绵延不绝，以庐山为最。若不续修山志，这两百余年的山史势必"杞宋难征"，出现断层。二是西人租占开发牯岭，乃庐山数千年来未有之大变局。若不保存这方面的原始文献和记载详细经过，后人将无法知道其中的原委始末。

这个续修《庐山志》的计划可能有一个较长时间的酝酿时期。《郑孝胥日记》1931 年 8 月 23 日记："曹纕蘅言，伯严已就

① 见吴宗慈《陈三立传略·附录》，载《国史馆馆刊》1947 年 12 月创刊号。

修志之席。”[①] 张元济之子张树年在《我的父亲张元济》一书中，引用李凤高致张元济函，谓李凤高为编辑《庐山志》，1933 年 4 月来信详述编辑事：“积两年余之考求，颇费经营。其中如古迹、行政等类，经陈敬雯及鄙人参校。至地质、矿物、植物、动物等均经各专家编辑，似为必传之作。”刘成禺亦参与了修志，刘成禺回忆：“南丰吴宗慈，与予同修《庐山志》中山政诸门，及胡先骕撰《动植物志》，多开图志未备之例。”[②] 以上所引四例可以说明，当时寓居在庐山的文人学者多有其人参加了《庐山志》的编校工作。吴宗慈在《庐山志副刊·庐山金石汇考》前言中，特立《名山永寿》篇，分类记述参与此项文化盛事和捐款较多者的姓名，共计一百余人。不过根据现有的材料，散原老人与吴宗慈在其中起了主要的作用，则是可以确定的。这一点，吴宗慈《庐山志·自序》中交待得很明白：

> 于是广征同志，集议重修山志，佥推散原前辈总持其事，而以征书、募款、调查诸务属予。既定议，散原前辈只允提挈纲领，至文字之役，则以年老固辞。予无可诿避，事无巨细艰易，一身兼之。……夫负专责者，虽予一人，然其间为予匡诲补益者凡百余人，愈征其事之未易为，而绝非予一人所敢居功而掠美者。

1930 年下半年，吴宗慈着手筹措修志经费，曾赴九江，从林森、

---

① 见劳祖德整理《郑孝胥日记》第 4 册 2337 页。

② 见刘成禺《世载堂杂忆》221 页；吴镜予《得禺兄诗谓与匡庐诸寓公谋修山志赋此寄怀》，载吴宗慈编撰，胡迎建等校注《庐山志·艺文》下册 452 页。

黄文植、李汉卿、傅绍亭、王试蓉、俞惠臣诸人处筹得数千元。两年后又向来山避暑的政界要人熊式辉、张治中、戴季陶等数十人筹得四万元，为《庐山志》的编纂和出书打下了坚实的物质基础。《庐山志》的编纂，实质上是一次民间的自发行为，属于成一家之言的私家著述性质，若没有资金来源，编纂出版这样一部大书，基本上不可能。后来吴宗慈主持江西通志馆，就感叹“志局经费奇艰，行政上束缚驰骋，殊难理喻，反不如修《庐山志》自筹经费，自作主张可期必成”。①

1931 年，吴宗慈抱定“山志不修成，决不下山”的决心，潜心修志。他在大量搜集、查阅文献典籍资料的同时，进行实地调查，有时一日往返数十里。《庐山志》里留下不少吴宗慈实地印证考辨前代志书讹误的文字，有些还是可读性极强的小品文。如果将这些考证、注释文字汇集起来仔细品读，不难寻出吴宗慈当年跋山涉水、披荆斩棘进行实地考察的位置与路线。

1933 年 3 月，志稿告竣。散原老人亲为审阅点定，并为之作序。对吴宗慈呕心沥血编成《庐山志》给予很高评价：

> 《庐山志》自康熙时毛德琦编纂后，距今二百余年矣，其间天时人事之推荡与夫盛衰存废之迹不可胜原，而牯牛岭一隅为海客赁为避暑地，屋宇骈列，万众辐辏，寖成一都会，尤庐山系世变沿革之大者，不可不综始末、备掌故也。岁庚午，余与南丰吴君霭林同居牯牛岭，霭林有感于此，慨然以续毛志为己任，余亟赞之。于是霭林再三躬历山南北，

① 见吴宗慈复陈隆恪函，载王咨臣《千简斋藏名人未刊信稿丛录》，《江西社会科学研究资料》，南昌，江西省哲学社会科学研究所情报资料室编印，1984。

穷探博采，目验心解，所获綦夥。然后援据群籍，购求秘本，孜孜铅椠，昕夕不辍。逾两岁而书成，汇为若干卷。其义例约立七纲，以赅群目，曰地域、曰山川胜迹、曰山政、曰物产、曰人物、曰艺文、曰杂识，大抵于旧志略沿袭，侈特创。既佐以图表，复参以后起专门之新技术，务在纠阙误，辟矫诬，归于详实而资利用，此古今山志所未有也。独是霭林凭一己之发愤，就瑰异之盛业，其精勤诚过人远矣。余以笃老卧痫累岁，于网罗旧闻、整齐文字，无涓滴之助，非徒有负名山，抑亦愧对霭林者已。癸酉三月，义宁陈三立。

吴宗慈认为：

散原此序，叙事简赅，可谓无一浮辞，无一赘语。于修志商订经过，含而不露。其以癸酉纪年，尤见不屈其志者。持示太炎，太炎曰："正面文章此文已尽，我无可着笔矣。"叹赏者再。太炎《序》称义宁陈翁。此等尊尚之词，太炎文集中不多见者。①

1934 年春，吴宗慈携《庐山志》稿到上海，得到于右任等人的资助，在仿古印书局印 1 000 套。

《庐山志》的编纂成功与顺利出版，不仅是庐山文化界的一件大事，也是东南一带乃至全国文化界的一件盛事，对弘扬宣传庐山，提高庐山的知名度起了极大的作用。1959 年夏，毛泽东上庐山主持中央政治局会议，上山的第一件事即索看庐山的志

① 载吴宗慈自撰《系年要录》，1948 年油印本。

书。江西方面提供了吴宗慈的《庐山志》和《庐山续志稿》。①吴宗慈也因编纂《庐山志》成就了他一生的名山事业，此后吴宗慈致力于地方志的教学研究与编纂，著述颇丰，成果累累。我国现代著名方志学家朱士嘉评价吴宗慈："吴氏著述吸取章氏（章太炎）的长处而不断加以发挥，自成系统，不愧为民国著名的方志学家。"②

在散原老人数以千百计的人事交游中，吴宗慈与散原老人的交往就时间而言并不是旧交、深交，但因为两人有相同的文化情怀，两人得以结为同心之谊，道义之交。由于有了这交往，中国方志的宝库中增添了一部独具特色的《庐山志》。这是两人崇高友谊的最好纪念。

散原老人 1937 年八月初十日（9 月 14 日）在北平去世后，江西士绅多欲吁请中央明令褒扬乡贤陈三立。陈隆恪婉谢不成，乃致函吴宗慈，认为吴宗慈与父亲晚年过从甚密，相知甚深，请吴撰一篇《传略》。时吴宗慈充任江西通志馆职，拟先撮要叙述在庐山亲见亲闻的事迹成一传略，作为日后《江西通志·人物》"陈三立"条的基础。此前，吴宗慈已撰文介绍散原老人的生平概要，刊在港、粤各报和《大风》杂志上。1943 年 2 月，吴宗慈撰成《陈三立传略》。文章以"高不绝俗，和不同流"为主线，概括了散原老人一生的践履行谊，精神操守。虽然原拟入通志的正传没有撰成，但这篇为请求褒扬而准备的《传略》，却意外地成为一篇较为忠实的陈三立传记资料，具有很高的史料

---

① 见徐效刚《毛泽东读〈庐山志〉》，载 1998 年 6 月 20 日《旧书交流信息报》。

② 见朱士嘉《中国旧志名家论选》，转引自何明栋《吴宗慈传》，载朱祥清主编《江西近现代人物传稿》第 1 辑 237 页。

价值。

吴宗慈修《庐山志》时，散原老人尚健在，按照“生不入志，存不入祠”的惯例，正志人物纲没有为散原老人立传。1947年，吴宗慈编《庐山续志稿》，补写了《陈三立小传》。四年前撰《陈三立传略》时，吴宗慈引用了《论语》“‘君子人欤？君子人也’，愿为先生三复诵之”。四年后撰《小传》，结束语云：

> 近四十年间，赣中耆宿，论品论学，鲁殿灵光，陈氏与焉。

吴宗慈对散原老人的钦仰崇敬，可谓超乎常人。①

2 庐山有一处著名的风景名胜——白司马花径。它的得名与唐代大诗人白居易的一首诗有关。

唐宪宗元和十年（815）六月，白居易因追究谋杀宰相武元衡的凶手而触怒权贵，被贬为江州（今九江）司马。元和十二年（817）四月初九日，白居易偕河南名士元集虚等17人上庐山游大林寺，写了一篇游记《游大林寺序》。大林寺坐落在庐山山北西谷中，海拔1 094.7米。这里地势平旷，风景优美，白居易很是赞赏。在序文中，白居易对大林寺周围的清流苍石、短松瘦竹做了具体生动的描绘，并题绝句一首：

> 人间四月芳菲尽，山寺桃花始盛开。
> 长恨春归无觅处，不知转入此中来。

---

① 此外，吴宗慈在他主编的大约1947年左右完成的《江西通志稿》“列传”中的“修水县列传”列《陈宝箴传》《陈三立传》，影印本第59册。

这是一首浅显得明白如话的好诗。桃花本应在早春二月开放，这时四月了，“何处觅春归”，一切都凋谢了，“无觅处”了，这该多么可恨。谁能想出，现在居然找到了，春天没有归去，它只是从平地移到这高山上的古寺来了。这里四月还盛开着桃花，这该多么值得高兴。诗人以桃花代替春天，使抽象变为具体，仿佛春天真有脚步。这种爱春、惜春的心情，短短的四句诗竟说得如此透彻，如此婉转。由于这首诗在中国古典诗词里的名气，超过了正文《游大林寺序》，《游大林寺序》遂不彰显。

大林寺是与庐山西林寺、东林寺齐名的“三大名寺”之一，也是庐山山顶最古老的寺院之一，历代屡毁屡建，至明末清初，已是“香山（白居易号香山）旧吟地，花径兼宿莽”。康熙年间毛德琦所编的《庐山志》，已没有“花径”的记载。久而久之，这处名气很大的名胜古迹，后人却不知道到底在什么地方了。

1929 年夏，长住庐山西谷大林冲的学者李凤高，① 偶然发现了刻有“花径”二字的山石。某日李凤高陪友人路过大林寺西半里左右的地方，见石工在凿石采石料。他忽然看见一处石岩有字，近前仔细察看，竟是“花径”二字。字大一尺多，旁有小字，但已漫漶不清。李凤高遂嘱石工不要再凿此处山石。回到家中，他查阅白居易的《游大林寺序》和清初潘耒的《游庐山记》，② 认定此处即是白居易当年咏桃花之地。于是李凤高致函

① 李凤高（1861—1944）字翥林，一字巨庭，晚年号拙翁，湖北汉阳人，曾应聘江西大学堂讲师。入民国后任彭泽县令，1929 年，在大林寺侧筑室定居，颜其居曰“慕陶庐”，常钤一印“辞彭泽宰，近栗里居”。

② 潘记：“又前至大林寺，昔白乐天夏月游此，见山桃盛开，作诗叹异……明日，傍涧西行，三四里间皆茂林，树多作花，所谓司马花径者也。”

这块地皮的业主严孟繁，请求他慨捐地皮。又约散原老人、吴宗慈共同发起募捐，拟筑亭以资纪念。长住山上的胡思义、方耀廷、蒋雨岩、贺筱卿等 28 人闻讯也纷纷捐资相助，共得捐款 3 610 元。①

“花径石”的被发现和景白亭的落成，是当时庐山上的一件新闻。长住山上和来山游玩的文人慕名而至，赋诗填词。长歌短咏，积稿甚多，共得 36 人 54 首诗作。李凤高将它们编为《花径景白亭留题》第一辑，于 1936 年春刊印，并将诗集寄送山下各地友人征集题诗。由于散原老人的声名和白居易《大林寺桃花》诗的名气，应征的诗作很多，共得 23 人 40 首。李凤高又将这些诗汇辑成《花径景白亭留题》第二辑，于 1937 年夏刊印。应征的诗友中，有张元济、汪凤池、陈夔龙、林长乐、邵元冲张默君夫妇、高僧太虚等名人。正如吴鸣麒诗中所言：“散原老人记刻壁，征诗更遍诗中豪。”应征的诗作，对散原老人和李凤高高年热心公益事业多所称颂：“散原今谷坡，亭文渤碑志。覆以景白亭，可补庐山志。”（金嗣芳）“幔亭仙客隐风尘，小住匡山绝四邻。疑是前身长庆老，古今白发两诗人。”（汪凤池）“散原居士今乐天，八十能住悬崖巅。后来来觅草堂者，未知今古人孰贤？”（林灏深）“散原常住山，松门石如虎。碑记镌虚亭，读者争先睹。头白老尚书，纪游诗待补。”（林长乐）1946 年夏，陈隆恪返回庐山。上山伊始，即前往花径凭吊前辈，作诗两首：

构轩休问张功父，剔藓追怀白乐天。

---

① 见李凤高《花径景白亭留题缘起》和捐款名单，载《庐山花径留题第一集》。

今亦华巅抚碑碣，西风吹泪湿残年。

拙翁笔势劲而腴，勒石横楣石欲枯。

裹骨还山沧海变，剩扬魂气绊麻姑近大林寺处有石刻“花径”二字，汉阳李拙翁醵金构精舍。筑景白亭，先君为作碑记。

3 庐山的山形地貌有一个显著的特点，即山的外围矗立险峻，山顶则宽衍平缓，造成这种独特山体的原因，一是几千万年前发生的地壳运动；二是几百万年前发生的冰川运动。这两种地质活动，形成了庐山周围许多的悬崖峭壁和庐山顶端的宽衍谷地。这些宽衍谷地又称冰川谷、U 形谷。王家坡便是庐山几处最有代表性的 U 型谷中规模最大，形态特征保存最为典型的谷地。它位于庐山牯岭小天池东北，谷地宽约七百米，长约四千米，谷口视野开阔，是观赏鄱阳湖和日出的好去处。

由牯岭通往鄱阳湖畔的古山道，正好穿行在这冰川 U 型谷中。沿着这条山道而行，便能一睹 U 型谷的风采，感叹冰川的无比威力。下行两千米左右，开阔而圆滑的谷地中，突然有一弯弓般的孤丘，高约十米，横立谷中间。有趣的是，下行 500 米，又有一座弧形的孤丘，不仅形态相似，而且形体相仿，远望前方，竟然还有一座。这三座自上而下的孤丘，是由泥砾堆积而成。当周天寒彻的景象即将逝去之时，冰川仿佛依恋不舍其辉煌的年代，“一步一回头”接连停顿三次，从而留下了三道弧形终碛垄。这些由于冰川作用所堆积的地貌形态，称之为冰碛地貌，在庐山山麓，亦有广泛分布。①

冰川运动留下了巨大的漂砾，为庐山风光增添了奇秀。但王

① 见熊炜等《庐山与名人》57 页，北京，旅游教育出版社，1997。

家坡的出名，最初却不是因为它是第四纪冰川运动的遗迹，而是因为王家坡瀑布偶然被人发现。

庐山自古以来瀑布就很出名，宋代著名诗人梅舜俞写有“庐岳趣最幽，饥肠看瀑布”的诗句。与三迭泉因路途艰险人迹罕至，直至南宋光宗绍熙二年（1191）才被发现一样，王家坡瀑布在庐山北麓深涧峡谷榛莽丛林中沉睡了千万年，不为人所知。直至近代，才渐渐撩开它那神秘的面纱。关于它的面世，流传着李德立租借牯岭长冲，在庐山上下实地查勘时发现说、外国游人发现说、樵夫发现说。传说尽管不一，但王家坡瀑布终于显山露水亮出真相，却是眼前事实。在王家坡瀑布未发现之前，人们一直以为庐山的名瀑，东有三迭泉，南有黄岩瀑、青玉峡、玉帘泉，西有门涧，唯独山北无名瀑。因此，王家坡瀑布的发现，填补了庐山山北无名瀑的遗憾，为“庐山奇秀秀在水”的说法提供了实物证据。

王家坡瀑布（又称王家坡碧龙潭，曾称黄家坡瀑布。赣方言黄、王不分，黄念作王），距牯岭约十里。由牯岭经小天池，再往东行七八里，再转向北行，约二三里来到碧龙潭边，便可看见瀑布如两条出岫的游龙游戏山间。远远望去，乳白色的跌水似两团浓烟下坠，呈现出“白水如棉，不用弓弹花自散”的景观。近视，又如两道电光飞来，隐隐似白虹垂卧，飞流直下，一道在左，一道在右，凌空而泻，迷迷蒙蒙。双瀑跌落处，溅起的水花，似朵朵梅花纷纷落下，轻风吹拂，丝丝雾气，随风飘逸。风泉泠泠，雾气浮浮，置身其间，溽暑全消，顿时进入了一个清凉世界。

对王家坡瀑布这一新发现的“山北绝胜”，散原老人表现出了极大的兴趣。当时去一趟王家坡瀑布景点很不容易，而散原老人却去了四次。

散原老人第一次游王家坡瀑布，是 1930 年 8 月。这次出游，没有太多的记述性文字资料。好在散原老人在瀑布下深潭的岩石上留下了两条重要的石刻：

憩石挹飞泉

黄家坡泉石之胜冠山北，而径路翳塞，阻绝人境。近十载前，海客始发其秘，庚午八月结侣来游，导者杨德洵、颜介甫。趺坐双瀑下，取康乐句①题记。散原老人陈三立，时年七十有八。

洗龙碧海

这两条石刻，对王家坡瀑布景点的成名具有重大意义，可以说是王家坡瀑布景点由单纯的山水风光进入文化山水的转折点。尤其是第二条石刻，直接孕育了“碧龙潭”的称谓。虽然一年后刘一公题刻了“碧龙潭”三个大字，但创意仍源自“洗龙碧海”石刻。欧阳竟无甚至认为可以用散原老人的名号将其命名为“散潭”。

第一次游览后的二十天左右，当时有个号“眠云山人”、长住庐山的文人杨德洵，② 邀散原老人游王家坡瀑布。此前一年，杨德洵已去过一次。散原老人遂与杨德洵邀邻居二十余人，于重阳节

① 东晋诗人谢灵运袭封康乐公，故又称谢康乐。“憩石挹飞泉”出自谢灵运的《初去郡》一诗。

② 杨德洵，号眠云山人。四川人，久居庐山。陈三立 1929 年阴历十月至 1933 年阴历八月居住庐山期间，居所与杨德洵家相近，两家经常往来。陈三立《匡庐山居诗》中有多首与杨德洵往还的诗作。1929 年冬，陈三立以扇面形式书写自己诗作赠杨德洵，见刘经富辑释《陈三立墨迹选》68 页，上海，上海古籍出版社，2020。

后三日前往王家坡。这里选录杨德洵所写的《王家坡观瀑记》①中一段，以见王家坡瀑布景点未修通道路之前往返之不易：

黄花节后，天高气霱。结山邻廿余人，经小天池东下。望鞋山行六七里，折北入荆榛。乱石磊砢，黝然髻簇，众皆舍舆蛇行，独散原老人则由诸舆伕负拥。登顿乱石而前，渐闻水声潺潺，两岸崖壑悬峙，望之无路，左循石壁，侧身才可通一人……众人伛偻纡行，胸腹附石，猿引以达其巅，则块然大平石横亘涧中。

吴宗慈《庐山志·山川胜迹》“王家坡条”也说：

由小天池东下至王家坡，沿路坑坎，步履维艰，即舆行亦有颠踬之虞。其折北赴瀑泉处，乱石横陈涧中，跳跃而过，计程约半里，故观瀑者辄以为苦。

一个78岁高龄的老人，在前后相隔不到一个月内竟不畏路途艰险，连续两次率众前往游览，其豪情逸兴，比之同年四五月间登五老峰有过之而无不及。

第二次游览，促成了散原老人《庐山黄家坡观瀑》一诗：

松底秋风翻两袂，杂随妇孺探胜地。
长谷横出小天池，斗下荦确沙石碎。
再折冥蒙径路绝，披拂榛莽穿荒翳。
絓衣牵发甫脱免，乱石磊磊堆无次。

① 载吴宗慈编撰，胡迎建等校注《庐山志》上册227页。

舆人掷我剑负行，跳践圆尖锋刃锐。
俄惊轰腾声震壑，瞥双白龙窜岩背。
潴为潭水清且深，苔痕草色浸苍翠。
更循铁壁寻瀑源，或挟而登蹲而憩。
突兀银潢一道开，鬼斧擘削灵槎逝。
吹泻峥嵘复蜿蜒，疑是骊龙抱珠睡。
云中见首独垂胡，下饮碧海光景丽。
蒸浮日气生绮文，投浴几辈鸥凫戏。
列坐盘石罗酒胾，箕踞窥瞰神魂醉。
获此奇胜冠山北，唐宋诸贤所未至。
凿空距今十载前，始遭海客发其秘。
颇悟造物无尽藏，亦缘阻险保幽邃。
衰老力弱摹状穷，安得柳州为作记。①

第三次游览是在 1931 年。这一年的初夏，散原老人的知交老友佛学大师欧阳竟无上庐山著《叙涅盘》一书，两位老友得以相逢。散原老人邀欧阳出游，先到黄龙寺，在三宝树下，摄影一帧，随同人员有陈登恪、俞寿臣、俞大纲、贺鹏武、杨德洵、徐悲鸿、钟南斋、谢寿康、李一平等共 15 人。一行人又到王家坡碧龙潭，欧阳大师请散原老人题“散潭”二字于石上，散原老人辞谢。欧阳大师遂自书“散潭”二字，后又补题 97 字跋语：

---

① 1935 年初，陈三立在北平时，其晚辈好友陆丹林 40 岁生日，陆丹林遂请黄宾虹、张大千合绘《观瀑图》，陈三立题写《黄家坡观瀑》七古长诗，装成长卷，由叶恭绰题耑，成为当时艺坛的一件艺术精品。见刘经富辑注《陈三立墨迹选》141 页。

> 予亟称龙潭，散原谓更有胜潭所创见者，予曰若是当以散潭名之。是夜梦失鞋，不能步，幸得友人鞋。既明，应讲于小天池。觌面而鞋山宛然，奇也。讲竟，游潭，涉险已半，不觉鞋落水中，赤足造极而鞋山又在。不谓之奇得乎？梦耶？真耶？山耶？人耶？不得而知也。

欧阳大师又作诗一首以纪这次胜游：

> 剩有婆娑一散原，天工鬼使凑征辕。
> 黄龙见后解真见，摩诘言穷是至言。
> 如我啬夫论喋喋，感公长者意浑浑。
> 黄花翠竹都饶笑，秀北能南两勿谖。

这次游黄龙寺和王家坡，人物众多，规模盛大，给欧阳大师留下了深刻印象。后来欧阳大师感叹说："散原先生生性渊默，寡言笑。高年而步履健，登山临水，终日不疲。"

散原老人第四次出游王家坡瀑布，是在通往瀑布的山路修好之后。大约散原老人前三次游览王家坡瀑布时，便萌发了募捐修路的想法。可惜这次募捐活动没有像"花径景白亭"那样留下了较多的文字记载。只有吴宗慈《庐山志·艺文·金石》"王家坡条"下按语中有一段话："（王家坡）近由散原老人等发起募捐修路，既竣，并建亭曰'观瀑'，老人作记并题识。"这或许就是世人传扬的王家坡瀑布的道路和亭子是散原老人出资所建一说的由来。

根据散原老人的《听瀑亭记》，① 可知王家坡瀑布山道是庐

① 载陈三立著，李开军校点《散原精舍诗文集》下册 1086 页。

山管理局局长刘一公主持其事的（刘一公还修建过牯岭通往三迭泉的山道）① 一个多月后，山道修通。刘一公又修建了一座亭子，1932 年 3 月，散原老人欣然往游，并写了《王家坡听瀑亭记》。这篇记文与三个月前写的《花径景白亭记》在内容上写法上都有相似之处，实际是一篇描写王家坡瀑布的游记散文。文章夹叙夹议，写景抒怀，对瀑布、龙潭做了生动细致的描摹，认为王家坡瀑布可与三迭泉、青玉峡媲美。

王家坡听瀑亭是庐山 1931 年、1932 年间修建的三座著名亭榭之一，它们的建造时间依次是：景白亭、听瀑亭、静观亭。静观亭建在铁船峰，为石门涧瀑布所在地。它的建造缘由与听瀑亭一样，都是因为路径艰险，游览不便。1932 年夏，吴宗慈陪同庐山救济会董事长许世英前往铁船峰观石门涧瀑布，因山路难行未能尽其趣，败兴而返。吴宗慈借机鼓动许世英与庐山董事会其他董事王一亭、黄庆澜、屈映光、闻兰亭商议捐资，得以凿石辟径，筑亭纵目。吴宗慈为此写了《静观亭记》，② 与散原老人的《景白亭记》《听瀑亭记》可谓鼎足而三。三亭三记，三段掌故，文人的山水情怀，无时无地不顽强地表现出来。世传散原老人亦参与铁船峰的开发，应该与石门涧山道和静观亭的修建有关。

散原老人四次游览王家坡瀑布，并发起募捐修路，对王家坡瀑布迅速成为庐山的一个新景点起了推波助澜的作用。前三次游览，人物众多，气氛热烈，对庐山的新闻传媒，自然会产生一股强烈的冲击波。更为重要的是散原老人为王家坡瀑布留下了三条

① 载吴宗慈编撰，胡迎建等校注《庐山志·艺文》下册 570 页。

② 载吴宗慈编撰，胡迎建等校注《庐山志·艺文》下册 524 页。

石刻、[①] 一首长诗、一篇记文。这在他山居期间所游览过的景点中仅此一处，它们都是王家坡瀑布景点的最珍贵的背景材料。王家坡瀑布默默流泻千万年，一经名人穷探真赏，便声名鹊起，泉石为之展颜吐气。[②] 这一点，眠云山人说得最为透彻：

> 因知奇迹隐晦，非其时莫显；显矣而徒入樵夫俗子之眼，熟视无睹，则依然阻阏于空山。一旦经名贤题咏，而后闻风选胜者蹑迹纷至，更以叹奇迹表彰，非其人莫传也。

4 1933 年六月初八日（7 月 29 日）下午，在庐山长住和上山避暑的 30 位社会名流，齐集万松林李氏山馆作文酒之会，一时传为佳话。庐山的这次诗会，场面宏大，人数众多。1910、1920 年代，散原老人与郑孝胥、陈仁先、夏敬观诸公在上海经常集会，分韵赋诗，却没有这么大的规模。从庐山的文化史来看，文人雅集和分韵赋诗的记载也不多见，只有朱熹与友人门生游山时，曾数次分韵作诗，人数亦很少。因此散原老人说“万松林诗会”是庐山千载未遇的盛会。这次诗会采取分韵赋诗的传统方式，以慧远的《游庐山诗》为韵目。慧远是庐山东林

---

① 陈三立还在庐山日照峰留下一条《慈泉铭》石刻：“拥霞峤，滋灵液。养天倪，疏地脉。绵千祀，泽不竭。辛未冬月　散原老人陈三立题。”见吴宗慈编撰，胡迎建等校注《庐山志》下册 561 页；《一门四杰——陈宝箴、陈三立、陈衡恪、陈寅恪史料》65 页，江西省政协文史委员会编印，1994；墨迹拓片见刘经富辑释《陈三立墨迹选》280 页。

② 林子有《王家坡瀑布》：“……此瀑虽晚出，不见赏紫阳。乃遇散原翁，极力为褒扬。譬如潜修士，千载抱孤芳。忽蒙衡鉴精，面目生辉光。”见陈衍《石遗室诗话续编》52 条，载张寅彭主编《民国诗话丛编》第 1 册 568 页。

寺的创建者，佛教净土宗的创始人，人们称它为远公。他的《游庐山诗》是庐山有诗作题咏之始，是庐山文献资料的源头。诗为五言，共14句70字，照录如次：

> 崇岩吐气清，幽岫栖神迹。希声奏群籁，响出山溜滴。
> 有客独冥游，径然忘所适。挥手抚云门，灵关安足辟。
> 流心叩玄扃，感至理弗隔。孰是腾九霄，不奋冲天翮。
> 妙同趣自均，一悟超三益。

根据《邵元冲日记》的记载，这次诗会是曹缳蘅发起的，《邵元冲日记》对这次文化活动提供了线索、动态。[①] 雅集前两日，熊式辉（天翼）宴请曹缳蘅、彭醇士、吴鼎昌、谢敬虚等人。餐后，曹缳蘅发起诗社，并约散原老人到会。现把这次诗会的参加者和诗作韵目移录如下：

由云龙（西）　左景清（万）　龙达夫（松）　释德峻（林）
黄伯度（慧）　周一夔（远）　巴壶天（诗）　李烈钧（韵）
许凝生（岩）　姚　琮（岩）　刘景晨（岩·步姚琮韵）
方本仁（清）　蒋作宾（清）　关赓麟（气）　程　瑧（幽）
丁湖村（幽）　曾学孔（栖）　吴宗慈（神）　程天放（迹）
释太虚（希）　蒋　笈（声）　吴鼎昌（群）　张默君（籁）
黄　浚（响）　李宣倜（出）　伍非百（山）　杨啸谷（溜）
徐宝泰（冥）　戴传贤（游）　陈天锡（游·步戴传贤韵）
汪兆铭（然）　张　珩（忘）　马宗霍（所）　杨增荦（适）
许崇灏（挥）　林葆恒（手）　林尔嘉（抚）　何承徽（云）

① 见邵元冲著，王仰清等标注《邵元冲日记》1014—1022页。

熊式辉(门)　许同莘(灵)　邵元冲(关)　王揖唐(安)
解树强(辟)　谢远涵(流)　曹经沅(玄)　陈其采(扃)
黄　溓(感)　彭醇士(理)　许世英(弗)　黄子献(隔)
李宣龚(是)　宗　威(腾)　金天翮(腾)　龙沐勋(霄)
刘成禺(奋)　贺鹏武(冲)　刘道铿(天)　程学恂(翩)
林世焘(妙)　林葆恒(是·步李宣龚韵)
郑鹏秋(妙·步林世焘韵)　曾仲鸣(同)　曹熙宇(同)
张元群(同)　贺良琦(同·三人均步曾仲鸣韵)
刘筠友(趣)　吴汝澄(自)　沈迈士(自)　祝　谏(均)
陈隆恪(一)　鲍　庚(悟)　平宝善(超)　黄履思(三)
向乃祺(益)

在上面所举的75位诗人中，我们现在只能查出19人住在山上，他们是：刘成禺、贺鹏武、吴鼎昌、戴季陶、王揖唐、汪精卫、熊式辉、李烈钧、林尔嘉、许世英、邵元冲张默君夫妇、曹纕蘅、曾仲鸣、吴汝澄、鲍庚、陈隆恪、吴宗慈、谢敬虚。余下的诗作者，一部分是上山避暑旅游时赶上这次雅集的，一部分是诗会结束后或步韵、或组织发起者代拈诗韵的，亦有闻讯后专程上山莅会的如程学恂。这情形与“花径景白亭征诗”活动很相似，只不过“景白亭征诗”不限韵，而“万松林诗会”征诗则需要告知应征者韵目韵脚。这75首诗后来由曹纕蘅负责编成《癸酉庐山雅集诗草》一册，有散原老人和冒鹤亭、陈衍三序。

这次诗会，散原老人没有留下诗作。在他所写的序言中，谈到自己为何参加诗会也很谦冲：“余以笃老，久废篇什，顾不弃其如喑蝉，要遮接踵，遂强一至而赘其列焉。”但从集会的地点和作品对散原老人的咏赞中，可以估摸出散原老人所起到的凝聚作用。诗集中处处浮现出散原老人的身影。“岿然一老灵光在，涵负乃为众妙津”（吴宗慈）；“岿然一老存，久结山灵契”（吴汝澄）；“灵光尊一叟，齿宿神逾全”（曹纕蘅）；“儒将升台亲较射，诗人分韵自探阄。斗南一老光坛坫，检点佳篇入选楼”（谢远涵）；“西江宁独以诗鸣，诗名自有千秋在散原世丈年八十一，谈诗犹甚健”（张默君）。看来散原老人那天兴致颇为高涨。

按照新文学的文艺观，“限韵”“分韵”都属于形式主义的文字游戏性质。只是为了应付韵脚的安排，并非有感而发，不容易写出好诗来。然而文学史上偏偏有不怕限韵的天才诗人，比如黄山谷，用同样的韵脚与人唱和，一点都不感到手忙脚乱，而且一首比一首好。“万松林诗会”诸公限韵作诗的才力自然不能与黄山谷相比，但他们也不是吟诗作赋的初出道者。内中有些诗作就很有功力，像鲍庚、张默君、吴汝澄、吴宗慈的诗作，气象阔大，无滞无碍。这里举陈隆恪的一首来说明：

> 五老牧群峰，牯岭列其一。遭逢海客踪，戢戢始奔轶。
> 炎氛迫尘宇，争攀连石室。浮生恋苟安，何处足清逸。
> 洗耳涧流鸣，扑抱岚翠溢。胜缘结俄倾，气类容促膝。
> 联翩济世英，飞兴托楮笔。抗谢惊须眉，侣苏嬉戒律。
> 顾惜觞咏欢，摄影回落日。栗里扇遗风，抚时动忧栗。
> 珍重在山泉，不负苍生出。

这首诗诗意端肃雅正，用字结实稳重，确有其父的风格，放在《散原精舍诗》里，几可乱真，足以弥补散原老人这次诗会没有诗作入集的缺憾。

对庐山这次盛大的名流诗人雅集，上海《申报》1933 年 8 月 3 日刊登了报道。牯岭通讯：

牯岭之要人与名流——万松林举行雅集，规复白鹿洞书院：今年气候较热，游人极多，日前会议闭幕，各方要人，多未下山，由熊式辉、邵元冲、张默君邀请在山名流陈散原、王揖唐、曹经沅、彭醇士等发起匡山吟社，日昨集于万松林，到者尚有戴季陶、许世英、陈其采、吴鼎昌、林雨嘉、程天放、林子有、曾小鲁、许凝生、陈彦和、释太虚等数十人，以释慧远《游庐山诗》分韵赋诗，公推曹经沅氏收辑，将刊专号。席间并由熊式辉提议修复白鹿洞书院，讨论甚久。先是吴稚晖、李石曾等曾倡此议，遂由在座之王揖唐等签名发起，众推陈散原主其事，以发扬文化整理学术，振兴民族精神为主旨，最后由中央党部宣传委员会黄英携同摄影师摄制活动影片，以志盛举。（国闻社）

“万松林诗会”与“花径景白亭留题”，是庐山现代两次规模盛大的文化活动，给庐山现代文化史留下了两笔宝贵的文化遗产。散原老人作为他那一代诗人的中军掌帅印者，一生参加的雅集难以统计，规模最大的却是晚年参与的两次：一次即万松林诗会，另一次是南京扫叶楼诗会。1933 年秋，阴历八月下旬初，散原老人写完万松林集社诗序后下山，赴北平途中暂留南京。南京的知交友朋于九月初九重阳节，在清凉山扫叶楼，由曹缥蘅主持，大会东南名士，为散原老人接风。参加者有陈衍、冒鹤亭、李拔可、邵元冲、柳诒徵、黄秋岳、汪辟疆、夏敬观、吴梅、卢冀野等六十余人，共得诗八十多首，编成《癸酉九日扫叶楼登高诗集》。[①] 从两次雅集的时间、地点、人物来看，“万松林诗会”与

① 见冒怀苏编著《冒鹤亭先生年谱》344 页，上海，学林出版社，1998。

“扫叶楼诗会”有一定的因果关系。两次雅集都由曹纕蘅发起主持，都由于有散原老人的参与介入，因而都取得了极大的成功。

散原老人上庐山后，特别是 1932 年旧历九月，门生故旧、名人胜流为他寿晋八秩贺寿之后，在文坛的声望达到了他一生的顶峰。比他晚一辈的诗人罗惇㬊（号敷庵）在《呈伯严丈》诗里称颂：“散原品节匡山峻，老主诗盟一世雄。”1933 年两次以散原老人为轴心的大型文人雅集，就是这两句诗的最有说服力的注解说明。但相对于广大的民众来说，散原老人更深入人心的是他的社会形象和人格力量。假如他仅仅是一位开宗立派的大诗人身份，他留在庐山人心中的整体形象也许没有现在这样血肉丰满。因此，散原老人晚年在庐山所参与介入的社会公益、文化活动，拉近了他与社会的距离。1936 年 7 月，庐山成立“图书管理委员会”，此时散原老人离山已近三年，仍被聘为委员。[①] 可见他山居期间树立起来的关心世事、热心公益事业的形象，产生了深远的影响。

---

① 见吴宗慈编纂《庐山续志稿》187 页。

第五章　帷榻逢迎一臞儒

——陈三立山居期间的人事交游

1 散原老人上山不久，庚午年正月初三日（1930 年 2 月 3 日），在《答陈止存翁见寄》诗中写道：

群从成围出白须，逢迎帷榻一臞儒。
传经世守淹中学，有道天全兀者徒。
老窜穷山埋霰雪，吟扶残梦落江湖。
牵肠借拥人伦鉴，断句推敲压座隅。

首联描叙过年时家人戚友逢迎话旧、其乐融融的光景场面，也包含有山居期间文坛师友往还不辍、温馨欢忭之意。

人事交游是散原老人山居期间的一项重要生活内容。与散原老人在南京、杭州、上海相交来往的人物多是同年、诗友，人物身份比较整齐划一相比，其山居期间的交游呈现人物众多、身份类别较广的局面。这是庐山那几年社会政治文化环境影响的结果。

庐山牯岭自民国十二三年间（1923—1924）一度繁荣后，十五六年间因农民运动的影响有所滑坡。十七八年间稍有回升，至二十年（1931）出现了繁荣的高潮，一直维持到抗战爆发后的第二年。民国十七年（1928）4月，国民政府定鼎南京。南京是长江流域三大“火炉”之一，至九江路程只需一昼夜。因此每至炎夏，政府的军政人员纷纷上庐山避暑。最高当局多次在庐山召开临时特别会议，以致形成了“庐山会议”这个专用名词。庐山的知名度达到了前所未有的高度，从而带动了广大的社会各界人士来庐山旅游度假，这里面多少有点风气所向的因素。在这股朝野士民或上山长住或短期避暑的热潮中，散原老人定居庐山，可谓适逢其会，给这一时期庐山的人文际会增添了一道亮丽的光环。借用他的诗友八指头陀的两句诗“更有白头陈吏部，又添波浪化鱼龙”来概括散原老人在庐山士民中的凝聚力，既形象，又贴切。这一时期长住庐山和短期避暑的名人胜流，几乎都与散原老人有着或多或少的联系，除前面已叙述的吴宗慈、李凤高外，还有梁焕奎、陈仁先、张元济、徐悲鸿、袁伯夔、李一平、刘成禺、曹纕蘅、程学恂等人。

2

梁焕奎（字璧元），生于同治七年（1868），湖南湘潭人，光绪十九年（1893）举人。他与散原老人是旧交，陈宝箴任湖南巡抚时，他协助筹办湖南教育和矿务十余年。光绪二十九年（1903）应经济特科考试，以知县赴官江苏。旋因目疾，退出官场，在长沙、上海闲居。

梁焕奎退出官场后，与三弟梁和甫（名焕均）在湖南创办华昌锑矿公司，成为国内矿产业大户。第一次世界大战时，锑矿价格大涨，华昌公司获利巨大，兄弟俩急流勇退，把矿权让为公有，退为股东之一。1916年，梁氏兄弟定居庐山，奉禅礼佛。1917年，辟地筑精舍于小天池，名“胜鬘精舍”。同时修路，南至莲谷，北至新路。小天池一带的兴旺，与梁氏兄弟有极大关系。《庐山续志稿》立《梁璧元传》（附梁和甫传）。

散原老人上山第二天，就去拜访了老友梁璧元。他的《匡庐山居诗》中有三首赠梁璧元的诗作。第一首《过访梁璧元翁小天池精舍》五古长诗。诗中写道：

> 梁侯好兄弟，草昧资创建。
> 通驿缮蹊途，聚居列庭院。
> 开窗纳湖江，孤屿眼中见。……

第二首《雪后口占讯梁璧元》七绝；第三首《哭梁璧元》五古长诗。梁璧元于散原老人上山不到一个月即下世，故散原老人诗中说：

> 匡山有故人，移家历春秋。……来寻敦夙契，幸托宗雷俦。
> 一饱伊蒲馔，再倚吞江楼。雾雪隔道论，篇章仍互投。

这样一个老友，本来在散原老人初上山友朋不多时，是可以畅叙契阔，互相慰藉的。怎奈无常飙至，暮年分袂，散原老人只有“乍逢成永诀，孰与开我愁。……终古歌哭在，招隐独淹留”了。

陈仁先（1877—1949），名曾寿，号苍虬，“同光体”诗派的重要诗人，与陈三立、陈衍有“海内三陈”之誉。散原老人1928年批点陈仁先的《苍虬阁诗》，谦逊地赞扬“世有仁先，遂使余与太夷（郑孝胥）之诗，或皆不免为伧父”，认为陈的诗“沉哀入骨，而出以深微淡远，遂成孤诣”。

散原老人与陈仁先的交往始于何时，尚待查考。1910年左右，陈仁先在杭州西湖买地建屋，与散原老人、郑孝胥、俞恪士、夏敬观、袁伯夔等人经常在沪、宁、杭三地相聚，《散原精舍诗》共有与陈仁先的唱和、纪游诗四十余首。1914年，陈仁先母亲六十生辰，李瑞清绘《南湖寿母图》贺寿，散原老人为陈仁先撰《南湖寿母图记》。1929年阴历十月，散原老人上庐山不到十天，陈仁先为探视在庐山养病的长女，也率妻儿上了庐山，[①] 住在芦林。两人频频过访，散原老人共写了7首与陈仁先的唱和之作。[②] 曾由次子隆恪陪他踏雪到芦林回访陈仁先，作《雪霁访仁先庐林山居》诗纪之：

窜影空荒谁与侣，天遣故人别复聚。
分栖一岭就之谈，况逢霁雪辉环堵。
取径尽入琉璃界，万象皎洁献列户。
琼枝羽盖迎参差，云缕霞蕤迷处所。
绚谷已绝麋鹿踪，缟岫互带龙鸾舞。
石梯悬处得层楼，登亲炉火忘宾主。
弥缝残梦媚讴吟，割取寒光漱肺腑。
吾侪树立偿死别，留向荒山落余语。
且烦纪作幽栖图，为表宗雷望终古。

陈仁先写了两首七律奉和散原老人，并精心画了一幅《幽栖图》。他不仅是位大诗人，而且是位画家。一个月后，陈仁先携女儿下山。[③] 散原老人写了《仁先护女疾出山还沪居惘惘话别》

---

①《郑孝胥日记》1929年10月28日记："仁先赴庐山。"第4册2259页；陈仁先《十月率室人及儿子邦直女荃视长女疾于庐山之芦林适散原先生来牯岭过访先生有诗奉和》。

② 陈仁先在庐山一个多月，写了19首诗，以《苍虬阁庐山诗钞》为题，发表在《青鹤》1934年2月1日第2卷第6期上，其中亦有与散原老人唱和的7首诗。载陈仁先《苍虬阁诗集》184—192页，上海，上海古籍出版社，2009。

③ 见陈仁先《十一月十四日携女下山治疾走别散原先生》，载陈仁先《苍虬阁诗集》192页；《郑孝胥日记》1929年12月30日记："过陈仁先，初自庐山携其女回。"第4册2264页。

一诗。后来散原老人离山到北平，两位老友得以相逢。有一次散原老人宴集友朋，席间隆恪请陈仁先作画，陈仁先用桌上现成的笔砚，很快画成一幅《庐山云海图》。隆恪将画带回庐山，一直挂在松门别墅里。

徐悲鸿在1930年代初，曾多次上庐山，与散原老人颇有往来。徐悲鸿与陈家的关系很深。早在1918年，徐悲鸿与散原老人的长子陈衡恪都是北京大学画法研究会的成员。1919年，徐悲鸿赴法国留学，北大画法研究会举行欢送会，陈衡恪到会发表演说，并赠印章一枚。徐悲鸿在法国时，与张道藩、谢寿康、江小鹣、蒋碧薇、陈登恪都是"天狗会"的成员。后徐悲鸿又在德国柏林与散原老人的三子寅恪结识。1926年、1927年间，陈登恪在南京东南大学任教时，与徐悲鸿、朱自清等人常相过从。1928年夏，徐悲鸿为散原老人绘炭笔素描全身画像一幅。①

1930年，时任中央大学艺术系主任的徐悲鸿，暑假与夫人蒋碧薇、好友谢寿康②来游庐山，在松门别墅小住。散原老人写了《徐悲鸿画师来游牯岭相与登鹞鹰嘴下瞰洲渚作莲花形叹为奇

---

① 见李松编著《徐悲鸿年谱》41页，北京，人民美术出版社，1985；徐悲鸿《徐悲鸿素描》6页，北京，人民美术出版社，1980。

② 谢寿康（1897—1974），字次彭，江西赣县人。1912年被江西省择优选送留学欧洲，入比利时自由大学，攻读政治经济学。1918年入瑞士罗山大学攻读并获得政治学硕士学位。1923年入比利时布鲁塞尔大学，次年获经济学博士学位。1929年归国，历任国立中央大学文学院院长，驻比利时使馆代办，驻瑞士使馆代办，比利时王家文学研究院院士。1949年过台湾，1974年4月在台湾病故。著有《法国战时公债》《李碎玉》《五幕悲剧》《东方与西方》《蝴蝶梦及其他民间故事》等。谢寿康与陈三立幼子陈登恪为留法同学，他1930年、1931年夏季上庐山，与陈三立、陈登恪父子来往频繁。

景戏赠一诗》：

秘泄瀛寰亦一奇，龙钟为显古须眉。
来师造化寻穷壑，散落天花写与谁？

这次上庐山，徐悲鸿带来自己绘画的《九方皋相马图》，请散原老人题辞。散原老人题曰：

造化无迹，求迹者非愚则诬。一士得其解，踌躇满志，与天为徒。乃吮豪濡墨，醒扰扰世间，以九方皋相马之图庚午初秋，悲鸿重来匡山，携此幅属题。①

徐悲鸿报以散原老人炭笔素描肖像画一幅。②

1931年夏，徐悲鸿再度上庐山。这时留法同学陈登恪、谢寿康均在山上。三人在“松门别墅”相聚，徐悲鸿在松门别墅住了一个月，为陈家每人都作画留赠，为散原老人绘油画半身像一幅，③ 现存北京徐悲鸿纪念馆。散原老人为谢寿康撰、书一幅联语：

闲攀庐岳盟孤抱；贪拥瀛寰作醉乡次彭世仁兄将由牯岭敝庐返欧西题赠为别。④

徐悲鸿擅长人物画，尤精素描，人物造型，注重写实。他画的三

---

① 见刘经富辑释《陈三立墨迹选》125页。
② 见李松编著《徐悲鸿年谱》55页；徐悲鸿《徐悲鸿素描》14页。
③ 绘画情景见陈小从《松门别墅与大师名流》30页。
④ 见刘经富辑释《陈三立墨迹选》256页。

幅散原老人的肖像画,[1] 是他人物肖像画的重要作品，也是存世的散原老人六幅肖像画中的珍品。

散原老人1930年初夏搬到松门别墅后，连续四年，一到夏天，松门别墅就宾客盈门。尤其是1933年夏季，更是络绎不绝，《邵元冲日记》留下了珍贵的实录。1933年六月初五日（7月26日）："上午曹纕蘅来，遂偕其至松树林松门别墅，其地在山巅，万松夹道，殊宜隐者之居。访陈散原，年八十矣，丰神爽朗。"六月十八日（8月8日）记："午间应谢敬虚招，假座陈散原松门别墅午餐，同席者陈散原彦和乔梓、戴季陶、许儁人、曾纕蘅、彭醇士诸君，席中谈诗甚欢。三时顷归。"六月二十日（8月10日）记："七时许偕默君赴松门别墅，应陈散原晚餐之招，同席有许儁人、梁众异、杨千里、戴季陶、吴蔼林诸君，谈至九时顷散。"六月二十五日（8月15日）记："午前至散原处，与纕蘅、醇士同作东，假陈宅家庖招宴散原及许儁人、谢敬虚、戴季陶、陈彦和、吴蔼林、林子有诸君。兼谈诗，四时顷归。"[2] 老人非常好客，次子隆恪一家也传此门风，虽然经济条件并不宽裕，但从不简慢客人。松门别墅曾使不少来客流连忘返。登恪的朋友李维果、时昭云、谢寿康，俞大维的留德同学梁颖文，散原老人的弟子袁伯夔，更是松门别墅的常客。其中以袁伯夔与松门别墅的关系最为密切。

袁伯夔（1879—1939），名思亮，室名蘉庵，湖南湘潭人，两广总督袁树勋之子。光绪二十九年（1903）举人。北洋政府

---

① 两幅素描见《徐悲鸿素描》，一幅油画见陈小从《松门别墅与大师名流》29页。2005年10月，江西博物馆举办徐悲鸿画展，真迹八十件，内有散原老人像一帧，不知是油画还是炭笔素描。

② 见邵元冲著，王仰清等标注《邵元冲日记》1014—1021页。

时期，任国务院秘书、印铸局局长。早年执贽散原老人门下，学习古文辞。当时向散原老人学写诗的人很多，老人也乐于授业指导，但对写文章，老人从不肯收门人弟子，只有袁伯夔、李国松（李鸿章的从孙）、陈病树（咸丰帝八位顾命大臣陈孚恩之孙）三人相约拜于散原老人门下。三人都是名门之后，袁伯夔尤富而多金。每年过年或遇散原老人寿庆，伯夔必邀病树、国松赴南京捧觞敬贺。[①] 散原老人 1917 年曾为袁伯夔的父亲袁树勋撰墓志铭。1926 年，袁伯夔母亲唐太夫人去世，散原老人撰写了袁母唐夫人墓志铭。1927 年，袁伯夔夫人徐氏去世，散原老人又撰写了徐夫人墓志铭。至于《散原精舍诗》中与袁伯夔相关的诗作就更多了。

1929 年阴历十月散原老人上庐山不久，袁伯夔即请老人下山回沪过年，散原老人答诗婉谢。以后袁伯夔每年都从上海上庐山，与散原老人相聚。每逢袁伯夔上山，老人都极为高兴。1932 年旧历九月袁伯夔为散原老人八十寿诞庆典上山，带来一本李国松收藏的古文大家姚鼐的日记诗文残稿。散原老人摩挲遗稿，感慨万千，写了《蘉庵访我匡庐山居得观所携桐城姚先生日记》一诗（编入《散原精舍诗·别集》）：

纪程惜抱翁，上继来南录。
使轺阅山川，万触吐吟腹。
惨澹留墨痕，古怀犹可掬。
蘉庵获残卷，旷代所私淑。
橐携访穷山，细字恋一读。
灯孤接謦欬，松风嘘石屋。

① 见石三友《金陵野史》470 页，南京，江苏人民出版社，1985。

又在日记残稿上题诗一首：

> 草稿残留世莫窥，冥通气类护持之。
> 传文有统心源在，绝续还期系一丝。
>
> 木公获收姚先生文残稿，由蘉庵携至匡庐山中，展读竟，因久戒吟咏，聊为题一绝归之。壬申九日，八十老人三立记。①

1933年秋，散原老人赴北平短暂留驻南京时，袁伯夔在南京迎接。散原老人留居北平后，袁伯夔又几次邀陈病树到北平探视老人。袁伯夔的尊师重道，恪守“敬则师事之”的古训，恐怕是陈门弟子中第一人。1938年，袁伯夔虚龄六十寿庆，陈曾寿写《伯夔六十寿诗》：

> 当代能文章，义宁第一手。
> 削迹入匡庐，与世隔绝久。
> 时翁年八十，往拜有谁某。
> 维君跫然来，真气暖岩岫。
> 温温子弟色，服勤常左右。
> 于今薄师门，风义庶可救。……（见《苍虬阁诗集》282页）

对袁伯夔恪尽师弟之道给予高度评价。

刘成禺与曹纕蘅是庐山上两个比较活跃的人物。他们是与李凤高、散原老人一样长住庐山，还是与张元济、俞寿臣一样，在庐山购有房产，但并不长住，而是在上海、庐山两地来来去去，

① 题辞手迹见刘经富辑释《陈三立墨迹选》130页。

还难以明确。刘成禺的别墅在芦林 34 号，而曹缥蘅的住所《庐山志·山政·地区域房屋业主详表》上却失载。历史的云烟总会淹没一些无关宏旨的细节。例如我国著名学者汤用彤 1930 年代在庐山亦曾购屋奉母；曾任国民党湖北省代主席、人称“庐山三士”的严重，也曾在庐山隐居垦荒，现在都无踪迹可寻。

刘成禺（1876—1953），字禺生，祖籍湖北武昌，生于广东番禺。早年结业于京师大学堂，后留学日本、美国。入民国后，历任参议员、议员，大元帅府顾问，后任国民政府监察院监察委员。著有《世载堂杂忆》《洪宪记事诗本事簿注》。诗作则有《世载堂待删诗稿》，散原老人曾圈点批改。诗稿中留下了四首与松门别墅有关的诗作，这里选录一首《行芦林小径达万松林散老寓楼》：

径行三里歉，路减二程迂。
带阁横千仞，藏松过万株。
扶魂僧隔世，守阙虎窥途。
一老吟天外，匡君山不孤。

1931 年 7 月，刘成禺与老友冒鹤亭同上庐山，住在刘成禺芦林别墅。行前，冒鹤亭的妹夫、散原老人在南京的诗友吴用威作《送禺生鹤亭之庐山兼讯散原诗老》一诗。两人上山后，多次拜访散原老人。冒鹤亭写了《七月十六日自散原山居夜归芦林》《明日从黄龙潭至天池复饮于散原山居》两诗。① 又据刘成禺《世载堂杂忆》“近代学者轶事”条，某日刘成禺与冒鹤亭在松门别墅久坐，散原老人恰巧外出，两人得见散原老人的作诗易字

① 见冒怀苏编著《冒鹤亭先生年谱》301 页。

秘本，如“骑”字下罗列“贺”“乘”等字。[①] 所谓作诗易字秘本，其实是一种类似于“同义词词林”的自备词典。李渔叔《千里斋随笔》也有相同的记载：“闻其作诗，手摘新奇生崭之字，录为一册。每成一篇，辄以所为词句，就册中易置之，或数易乃已。”[②] 刘成禺、冒鹤亭偶然一见，证实了李渔叔得自传闻的记录。从这两则内容相同的记述中，可以见出散原老人作诗的苦心孤诣。

曹缵蘅（1891—1946），名经沅，四川绵竹人。宣统元年（1909）拔贡。入民国后，供职北京政府内务部十余年。北伐后，任南京行政院秘书、考选委员会委员。

曹缵蘅其人，夭矫飘忽，在北平、南京、山东、庐山等地居止不定。民国时期的名人日记、年谱、笔记，多有曹缵蘅的轶事、踪迹，但又难得其全貌，好像龙隐雾中，时现一鳞一爪。1931 年 7 月，刘成禺邀冒鹤亭、曹缵蘅游庐山。曹因须返回北平未成行。1933 年 6 月，曹缵蘅上庐山参加了万松林诗会，并成为这次活动的重要组织者。这次诗会，曹缵蘅曾致函冒鹤亭，邀他上山。冒鹤亭时在洛阳，未能上山赴会。1934 年 8 月，刘成禺再度邀冒鹤亭游庐山，曹缵蘅与冒鹤亭同行。在庐山与陈隆恪同游含鄱口，[③] 宿交芦精舍看月。

曹缵蘅在庐山的住所，起初在芦林，散原老人以两家相距太远，屡次催促曹缵蘅搬到牯岭。后来曹缵蘅果然迁居，写《新居距散原翁甚近喜赋》一诗。曹缵蘅另有一首《累诣散原翁赋呈长句》诗：

---

① 见刘成禺《世载堂杂忆》248 页。

② 转引自钱仲联主编《清诗记事》第 19 册《光绪朝卷》，总 13231 页。

③ 见冒怀苏编著《冒鹤亭先生年谱》360、362 页。

名山与名宿，踪迹恒相依。……自公专此山，遂为万流归。

识公吾已迟，犹幸生同时。……平生瓣香心，讵独文与诗。

即此鞶笑亲，已耐百日思。终当载书随，岁寒同呻咿。

曹纕蘅与散原老人在庐山上的往还时间不是很长，但两人谊兼师友的感情，从这首诗里可以看出端倪。

程学恂（1873—1951），号伯臧，江西新建人。光绪二十三年（1897）中举。因祖父程福培在武汉抵御太平军而逝，得以承袭骑尉世职，赏戴花翎，湖北候补知府。后调入奉天，先后任通江厅、凤凰厅同知，以道员留奉天补用。政事堂存记，江苏任用道尹。入民国后，任长江厘局局长多年，颇有积蓄。解职后，客居南京，吟诗作画。1937 年抗战爆发，携家返里，被聘为江西省政府秘书。1947 年在南昌成立诗社“宛社”，被推举为社长。著有《影史楼诗存》《韩诗臆说》等。

程学恂任长江厘局局长解职后定居南京，与散原老人同住一城，两人即有往来交集，常诗酒文会唱和。

1929 年阴历十月散原老人上庐山后不久，程学恂写有《过沪访散原丈知挈家住庐山寄此奉怀》诗。1933 年夏，曹纕蘅写信给程学恂，告知庐山将举办万松林诗会雅集，程学恂闻讯即上庐山与会。一上庐山，首先拜访散原老人，写了《新秋入庐山呈散原老》诗：

丈人养天倪，一壑专自媚。
我来拜床下，颜色五老霁。
渊明义熙人，何让刘雷辈。

撰杖愿从公，结庐牯牛背。

之后又写了《闻盛会乘兴登山并补作诗》，收入《癸酉庐山雅集诗草》内。

这一年的秋季，庐山发现了湮没两三百年之久的“尺五天”石刻。“尺五天”是明朝天台人王士昌的摩崖石刻，位置在黄龙寺至金竹坪一带路边的石壁上。明代桑乔的《庐山纪事》、清康熙毛德琦的《庐山志》均有载录。可是吴宗慈在编《庐山志》时，寻觅三年却杳无踪迹。正当《庐山志》将完稿付印时，在庐山办学的李一平因修御屏峰路，偶然发现了这三个大字和王士昌刻在大字下的一首五律。① 这个庐山文史、金石资料的发现，引起了程学恂、散原老人的兴趣。程学恂邀约散原老人、陈隆恪、陈登恪、许世英、曹缵蘅、程天放等九人往游。程学恂的长诗写道：

久闻尺五天妙境，问遍刍荛不记省。
岂有大力负之趋，踏破芒鞋失踪影。
李生搜剔出荆榛，如士处囊新脱颖。
予季乘兴驾言游，牵率群公乃得请。
散原诗老八十人，屹立峰前暇以整。
许侯扪读摩崖诗，辨析微茫目炯炯。
擘窠大字天台王，留与山中说奇景。……

诗作再现了散原老人等人观赏新发现的古人石刻的场景细节。

① 见吴宗慈编撰，胡迎建等校注《庐山志·艺文》下册569页。

3 1930年代，虽然庐山的房屋、人口比以前激增，市面比以前繁荣，但真正的住家并不多，过了夏季，山上就冷寂了。吴宗慈在他的一篇登山记里说，庐山的夏季，山明水清，中西士女纷然沓至，但秋季一到，游客各归就业，山容为之一静。不过这种不利因素对散原老人的人事往来产生不了多大的影响。因为山上长住的人家与松门别墅的人缘都不错，可以弥补山上的寂寥。其中以在山上办学的李一平与陈家的关系最深入长久。

李一平（1904—1991），名玉衡，以字行，云南省大姚县人。早年就读于南京东南大学文科时，投身反帝运动。后结识陈铭枢、廖仲恺，参与了广东革命政府关于出师北伐的策划工作。1927年任国民革命军总政治部社会科科长、十一军政治宣传队队长。借助陈铭枢的关系，奔走于国民党上层人士之间，呼吁结束军阀割据的混乱局面。1930年，痛感时势混乱回天无力，遂以养病为由，脱离了军政界，上庐山避居并办学。1938年，离开庐山，回到家乡大姚县创办了大姚中学。1942年，应国民政府云南省主席龙云之邀，赴昆明共商局势。此后即以云南省第二届省参议会副议长的身份，多次赴重庆与中共南方局书记董必武联系。1946年后，作为龙云的代表，长住南京。与董必武及李济深的代表朱蕴山、冯玉祥将军的代表余心清为国共和谈奔走。和谈破裂后，李一平为龙云策划滇军起义，对云南起义作出了重要贡献。中华人民共和国成立后，李一平被中央人民政府任命为云南省政府委员，参加了全国政协第一届大会。会后，受周总理委托，再次赴港从事统战工作。后因朝鲜战争爆发，返回北京，任政务院参事，1954年任国务院参事。

李一平在庐山办学，既是他个人一生中的重要经历，也是庐山教育史上不可或缺的一页。1926年夏，庐山芦林有一个外国老太太惧怕国民革命军北伐战事波及庐山，急于下山，愿将自己的酒店以极低廉的价格售出。当时，粤籍军政要人蒋光鼐、林森、黄居素等人正在庐山避暑，遂商量以朋友入股方式集资买下这一酒店。他们商定分二十股，由要好的朋友分别认股出资。由于房子是由志趣相投的朋友集资合买共享的，因此取佛经“犹如束芦，辗转生烧”之意，定名为“交芦精舍”，由黄宾虹题写匾额。庐山上的“交芦桥”也因“交芦精舍”而得名。房子买好后，一直无人居住。1930 年，李一平上山养病，随同上山的有亲友子弟十数人。当时庐山没有正规的学校，少年、儿童就学很艰难。“交芦精舍”邻近管房人的子弟及工农失学青年，经常来向李一平求教。李一平遂在“交芦精舍”设帐课徒，教书育人，渐渐成为一所没有校名的学校，一般称之为“交芦精舍学堂”。“交芦精舍”抗战时被毁，其旧址在今中国科学院庐山疗养院一带。

“交芦精舍学堂”属半工半读性质，既传授传统的中国文史，也开设新式课程。教师有李一平的同窗好友阎任之、史远明、蔡希欧，李四光暑假期间也来山开设英语理化课。教育方针以德育为主，锻炼、培养学生刻苦坚毅的意志品德。学生耕织自给，开荒种地，砍柴烧炭，自制文具，成立自管会。这种乡村新式教育体制，得到了不少有识之士的赞赏。黄炎培、杜重远、林语堂都写过文章宣传介绍这所学校。1934 年，李一平与其他教师一道，率领年龄较大的学生，在庐山五乳寺、栖贤寺、万杉垄、詹家岩等处垦荒设教，创办农民夜校，宣传抗日救国。山下农民闻风送子弟来就学者接踵而至。“九一八事变”后，李一平认识到仅靠教育救国是不够的，只有唤起民众，团结抗日，维护中华民族的尊严，才是挽救中国的唯一出路。因此，他在“交芦精舍学堂”一方面组织学生读书学习，掌握科学文化知识；一方面积极宣传抗日主张，引导学生关心时政。不少学生后来走上了抗战前线。

1936年春，当局以“聚众讲学，图谋不轨”的罪名，强令李一平解散学校。解散前，学生齐集“交芦精舍”上最后一课。师生痛哭失声而别，挑担负笈而散，气氛极为沉重凄恻。李四光目送学生远去，赋诗中有“孤雁数行泪，长空一掬秋”之句。时散原老人在北平，闻讯特寄函给隆恪，安慰李一平，说：“豺狼当道，安问狐狸？时日曷丧，与汝偕亡。世运如斯，勿为此戚戚也！”

李一平先生在庐山八年，与散原老人一家建立了深厚的友谊，对散原老人推崇备至。他曾说自己一生只崇敬三个人：陈三立、欧阳竟无和自己大学时的老师吴梅。每当出门远行，都要带上一册《散原精舍诗》以供学习揣摩。散原老人也非常器重这位不同凡响的年轻人，赞成亲友中的几位子弟上山入“交芦精舍”就学。某次，“交芦精舍学堂”的几个学生来松门别墅拜访散原老人，向老人请教如何作诗。散原老人说：“你们现在不要急于学写诗，先向你们的老师李先生学做人。”

李一平渐渐地成了松门别墅的常客，散原老人携家人游山，常邀李一平一同前往。有一回散原老人约李一平来松门别墅赏花，在松门别墅夜饮，李一平豪饮而醉。散原老人用普洱陈茶为李一平解酒。李一平返回芦林时，又乘兴到黄龙潭望月。走回交芦精舍，已是鸡鸣破晓时分。这次在松门别墅的对饮，在李一平的心中留下了难忘的印象。李一平也常邀散原老人到芦林来游玩。[①] 当时，陈小从表弟俞启崇正在“交芦精舍学堂”读书。有

① 吴梅《重九登扫叶楼晤陈散原丈》：“十年违杖履，闻往庐山阿。李生为我言，高轩时一过李生一平居芦林，距牯岭不远，丈时往游。”见王卫民编校《吴梅全集·作品卷》86页。

一天李一平对启崇说："等花开了，请你姑公来芦林玩。"不料八岁的启崇没听清，回到松门别墅传话，说："花开了，李校长请姑公去看花。"散原老人便带了全家赶到芦林，哪知扑了个空，不但没有花的影子，连中午饭也没有准备，弄得主人很尴尬。散原老人笑着解围说："走，到我那儿喝酒去。"这虽是一段趣事，却反映出两人不拘形迹的深厚交情。

1937 年，李一平合卺之庆，散原老人在北平已经病重，犹强起撰书"笃行鸿光维世教；高风陶翟恋山居"联，让隆恪带回庐山追贺婚礼。这是散原老人一生为人撰书的最后一副对联。[①] 不久，散原老人即下世。李一平在庐山闻耗，赋《世难如山散丈逝矣追怀杖履涕泪纵横》一诗：

最忆年时约看花，从翁烂醉不还家。
龙潭去听三更瀑，酒颊犹香万里茶。
往事如烟翁逝矣，人间何世我非耶？
誓从儒仲铭翁嘱，陶翟鸿光殉有涯。[②]

李一平与散原老人晚年的一段交往，使他了解了不少陈家的家史和散原老人一生的经历，是亲炙一代诗宗言笑謦欬，能够说道散原老人往事的亲见亲历者。晚年在赠陈封怀、陈小从的诗中，有"君家风物略能说"之句。

---

① 陈三立手迹已佚。1948 年，陈隆恪补书联语。志曰："此联语乃先公于十二年前撰贺一平兄婚礼者，经避寇难遗失。嘱为重书志怀慕不忘。然历劫余生，犹赘此丧心酿乱之世，欲求侍杖安居已不可得。触念前尘，其凄感悲愤又何如也。今不辞字劣勉为应命，亦借以聊温旧梦云尔。戊子夏日陈隆恪录于金陵客舍。"

② 见李一平《李一平诗集》10 页，昆明，云南教育出版社，1996。

1949年后，李一平先生与陈隆恪、陈小从、陈封怀有着密切的联系，常有诗作唱和。中华人民共和国成立初期，李一平对位于杭州西湖九溪十八涧的陈三立与俞夫人合墓、陈衡恪墓非常关注。1951年6月初，海军准备征收该处百亩修建海军疗养院，看中陈墓这块宝地，限令迁移。散原诸子得此讯息，震惊不安，由陈方恪执笔，四兄弟具名，给陈毅写信，并函告李一平。李老联合在京有影响的名流向政府要求制止此举。后经上层批示，令某部撤销占用墓地的计划，并批准在陈墓若干距离范围内，不准建造任何建筑物。日后陈氏后裔曾多次谈到，杭州祖墓主要赖李一平之力得以幸存。① 1958年清明，李一平赴杭州谒墓，赋《清明独赴九溪谒散原先生墓》一诗：

湖山美如此，春风引杖藜。
芳草诗人墓，清明奠九溪。

1979年后，李一平开始为修复“文化大革命”中被毁坏的陈墓奔走努力。1986年，中央统战部终于同意修复陈墓，并拨款8 000元，委托浙江省统战部办理修复事宜。

1988年，李一平以85岁高龄重上庐山，前往探视松门别墅，并用1938年所作的那首悼诗原韵，赋诗志感：

---

① 上述说法出自陈小从提供的资料，见刘经富《散原老人身后事》一文。但2019年12月，西泠印社拍卖了一批陈家的文物，其中有陈隆恪、陈方恪写给陈叔通、章士钊的求助信，后经刘少奇、周恩来、陈毅出面，使疗养院改换地址。陈氏四兄弟具名写信给刘少奇表示感谢。这批珍贵书信的发现，才知杭州陈墓得以保全，远非陈氏后裔所说的仅凭李一平一己活动能力那么简单。

虎守松门泪眼花，瞻依旧题似还家。
忘形每忆客为主，绕梦常萦醉后茶。
治乱兴亡俱往矣，鸿光陶翟岂非耶？
太平万象开生面，朝市山林殉有涯。

李一平对散原老人的怀念，可谓终身不渝。他是与陈寅恪的弟子蒋天枢先生一样衷心服膺、弘扬义宁陈氏的长者之一。

散原老人在山居期间结识的朋友中有三位比较特殊的人物。他们是长住山上的劳用宏、杨德洵、罗镜仁。

劳用宏为商界人士，广东人。杨德洵是政界小官，四川人。罗镜仁是劳用宏聘请的塾师，九江人。三人虽不是名流，但在庐山也留下了自己的名字。劳、杨两家很相投，是和睦高邻。他们二人是重修《庐山志》的发起人之一，也是《庐山志》风景照片资料摄影者。在玉帘泉，又以两人名义题刻了“玉帘吐花”四字，[①] 又一同捐资修整玉帘泉到归宗寺约三里的山路。[②] 罗镜仁写得一手好颜体字，是当时庐山上的一支笔。编修《庐山志》时，也参加了协助调查。散原老人与他们交往做到了“上交不谄，下交不渎”，虽然不能像陈仁先、刘成禺那样“素心永夕论文史”，但也没有“高士可望不可亲”的容色心态，他们之间的交往非常愉快。劳、杨二人对散原老人很是崇敬，时接老人欢聚，有时也备野餐招邀散原老人全家同游。散原老人的《匡庐山居诗》里，有数首与“劳居士”“杨居士”出游聚会的诗作。其《夜赴劳居士宅酒集》诗写道：

---

① 见吴宗慈编撰，胡迎建等校注《庐山志·艺文》下册590页。

② 见吴宗慈编撰，胡迎建等校注《庐山志·山川胜迹》上册368页。

舆致冥冥径，苍然夹乱山。
雾藏魑魅影，石慑豹猊颜。
灯火分岩窦，歌呼出树间。
传杯眷寒夜，独拂雨丝还。

陈隆恪也有数首与劳、杨二人来往的诗作，这里引录《雨止用宏德洵夫妇过访遂偕婉芬小从同循松树林晴眺》诗：

逢晴小草共低昂，引屐闲留暖日长。
一径盘肠龟坼烂，万山留骨马奔忙。
依人野蝶初寻梦，掠鬓山樱欲坠香。
辜负过从麋鹿友，不扶春思上糟床。

劳用宏的住宅与松门别墅不远。家里办了个学堂，学生是劳家的六个子女和附近几家邻居的子弟，分两班，劳居士请罗镜仁做先生。当时陈小从已到了上学的年龄，便到罗镜仁的班里就学。1933年，爱国将领马占山上庐山，曾将自己的一首诗送呈散原老人请教，诗曰：

百战赋归来，言游匡山麓。
爱此嵚崎石，状如於菟伏。
摩挲舒长啸，狂飙振林木。
国难今方殷，国仇犹未复。
禹迹遍荆榛，恐汝眠难熟。
何当奋爪牙，万里飞食肉。

散原老人很赞赏，推荐罗镜仁书写此诗，马占山请刻工杨祥升将诗刻在月照松林的巨石上。可是马占山的下属认为罗镜仁知名度不高，竟将罗镜仁的署名铲削掉。这就是吴宗慈《庐山志·金石》仍署“罗镜仁书”① 而今天石刻已无罗镜仁名字的原因。我们现在看到的“月照松林”景点这块著名石刻，确为雄强开阔的颜体书法，与马占山的诗相得益彰，见出罗镜仁书品不俗。

这件事反映出散原老人重才不重位，乐于成人之美的品格。在推荐罗镜仁为马占山书写诗作之前，散原老人已推荐罗镜仁书写自己的《听瀑亭记》。对于罗镜仁来说，以一个塾师的名位，若没有散原老人的推举，要在庐山著名景点留下自己的书法作品也不那么容易。

散原老人居山时，住在医生洼一带的人传扬半夜里看见松门别墅挂红灯笼，罗镜仁也亲眼看见过。罗镜仁对人解释说，那是散原老人的文星高照。我国古人一直相信天上有个文曲星，是主宰人间文运的星宿。实则所谓“红灯笼”就是庐山的一大景观“佛灯”。千百年来，庐山一直流传着“佛灯”的传说，以天池一带最有名，被人们视为天池寺中文殊菩萨的“化现之光”。说来凑巧，散原老人在山的那几年，有关“佛灯”出现的新闻特别多。② 如 1932 年 8 月，戴季陶上山，住在大林寺：

> 八月七日晚十时，同寓诸人均见天池附近奇光灿烂若星斗。正叹息间，掷笔峰上忽现一红灯，光明炫赫，经一时许始隐。女儿城上亦现青白色光，忽为二三，忽为五六，旋右转如绕佛然。约半小时，变为一行，其数不下五六十，直下

---

① 见吴宗慈编撰，胡迎建等校注《庐山志·金石》下册 562 页。

② 见吴宗慈编撰，胡迎建等校注《庐山志·地域》上册 208 页天池“佛灯”条和 246 页五老峰“佛灯”条。

女儿城，至岩边而灭。佛灯之说，诸名山多有之。峨嵋则有万盏明灯朝普贤之胜，余两登金顶，均无缘得见，今乃于匡山见之。意者为镭电之放射耶？然不足以解释掷笔峰上凝然不动之红色灯明也。①

4 作为民国时期诗坛的巨匠，陈三立晚年经行眠息之地，处处散发出其非凡的影响力和凝聚力。他在山居期间的翰墨情缘，是他在庐山人事交游活动的重要组成部分。

散原老人山居期间的翰墨情缘，首先体现在与江西本土人士的文化交往、写序撰铭上。之前他长住宁、杭、沪，名震东南。而今迁居故里名山，为赣人分甘受惠带来了地利条件。请序求题、一睹风采的乡晚纷至沓来。

与九江、庐山毗邻的都昌县有一书香人家，开基者黄锡朋，早年与散原老人有交集。其长子黄养和克绍箕裘，能诗文。散原老人迁居庐山后，黄曾拜谒致礼，并持自己诗集请散原老人评点。老人评曰：

构思沈挚，缀语峭洁，盖能脱凡近而渐进于古之作者矣。辛未二月，三立读。②

九江文人闵孝吉《苣斋随笔》“散原翁轶事（一）”对此有描述：

---

① 见戴季陶《有感寄太虚上人》诗注，载吴宗慈编撰，胡迎建等校注《庐山志·艺文》下册455页。

② 陈三立手迹尚存，见刘经富辑释《陈三立墨迹选》202页。

> 翁笃于故旧，记忆力特强，都昌黄养和以世晚请谒，翁留饭，详问其尊人逝后家境如何，又讯养和兄弟辈各有专业否。饭罢，养和呈所作诗一册，翁即翻视，不数首，翁笑云：“令先德自有家法，若贤阮所为，何其似我句调也?”养和心窃喜，而面不敢露色，但曰：“何敢仰望长者?”越数日，养和持翁手札并送还之诗册，中有双圈者，过相夸曰：“竭念年之力，心摹手追，竟能得此，天不负我矣。”

与九江、庐山毗邻的湖口县，有个诗人蔡少卿，年辈与散原老人相仿。其子蔡漱芳携父亲《稽醉乡诗存》上庐山，散原老人为其诗稿撰序。

与九江、庐山毗邻的德安县诗人胡佩九，曾携诗稿就正散原老人，老人美其清婉，为易数字还之。佩九写信给好友熊十力，说：“散原翁一代宗匠，乃不我弃，穷檐可以自慰也。”①

1920年代，南昌大拆古城墙。酷爱金石文献的文化人士蔡敬襄（蔚挺）偶然在工地发现刻有文字的城砖，引起极大兴趣，遂冒烈日风雪，与工人同伍，泥手涂足瓦砾间，历四寒暑，得砖三百余块，从中选择有汉初迄清末朝代年号的100块，锤拓铭文，成《南昌城砖图志》一书，上庐山请散原老人撰序。《南昌城砖图志》当年线装稿本仅五份，分赠英伦图书馆和陈三立、黄炎培，未刊行，原书稿已佚。因此散原老人的这篇序文，为蔡敬襄的钟爱保存历史文献的一片苦心做了最好的宣传。

故里修水县城有书院名“鳌峰书院”，1930年代初该书院重修“宾兴志”，主修者将志稿邮寄庐山。散原老人枨触萑苻满

---

① 见熊十力《胡佩九先生小传》，载德安县志编纂领导小组编《德安县志》，上海，上海古籍出版社，1991。

地，锋镝连年，每怀故乡风鹤，痛心疾首。而乡绅犹以扶植文教为己任，慨然为之撰序。

地处赣北的萍乡县多有书香门第，人才蔚起，其中不少杰出人物是陈宝箴、陈三立父子的知交故旧，如文廷式、李有棻、喻兆蕃等。喻兆蕃与陈三立本为进士同年，后进为姻亲，陈三立次子隆恪娶喻兆蕃之女。由于这两层关系，散原老人常受萍乡士绅的请托题辞撰铭。1929 年阴历十月散原老人刚上庐山时，萍乡名人彭公葳（武扬）即上山请散原老人为萍乡已故诗人朱锡矩的诗册题辞。这本诗集散原老人 30 年前在长沙时就评阅过，30 年后重见旧物，前尘影事，恍若隔世。散原老人重诵数遍，撰题记写意。① 1931 年，彭公葳改葬其父亲时，又携父亲的行状请散原老人撰墓志铭。

1931 年 10 月，文廷式的族人文素松上庐山，请散原老人为他父亲文翰骅撰墓志铭。散原老人在铭文中感叹萍乡文廷式、李有棻、喻兆蕃是自己的老友。而文廷式博闻强记，才气雄一世。如今观其族裔文素松专长金石碑版，考证水平可以弥补文廷式所未备。这是文家的家风教泽之留遗。

上面所举的例子是因人而异、分散短暂的翰墨情缘，散原老人山居期间还与江西文化界人士保持着恒久长远的文字因缘，表现出强劲的地域文化关系，其中以吴天声、龙榆生为最。

吴天声（1901—1980），江西修水人。曾任广州国民政府海军司令部秘书，江西兴国、余江县长。1949 年过台湾。著有《春声阁诗存》。吴天声与陈三立、陈隆恪父子乡谊颇厚。1926 年，吴天声从广东随军队赴中原，事先挑选自己较中意的诗作，路过上海时，拜谒散原老人，呈上自己诗篇。散原老人多有圈点、

① 陈三立此墨迹尚存，见刘经富辑释《陈三立墨迹选》169 页。

批改，并写评语。这是他们结交之始。1929 年阴历十月散原老人移居庐山，吴天声第一时间上山拜谒，作《呈散原丈牯岭》诗：

> 惨淡灯容静四廊，独持鬓发战秋霜。
> 已怜心落无穷世，尽觉花归何有乡。
> 行卷编年仍汉腊，余怀招隐向柴桑。
> 悠悠天地存诸叟，公独回翔五老旁。

散原老人对此诗一一圈点，并评点，题识吴天声交给的其他近作：

> 俊逸遒上，迥绝凡响。……构思沈冥，造句新警，胜处类窥涪翁蹊径，峣峣自出閒井间。戎马少年，有此异才，杜陵所谓“青眼高歌望吾子，眼中之人吾老矣”者也。庚午初秋，散原老人陈三立记，时年七十有八。

此时散原老人已视吴天声为门人，吴天声亦以能被一代诗宗纳为弟子而自豪。1929 年除夕，散原老人写信给吴天声：

> 山居逾两月矣。奉惠书，得悉近况，为之惋叹。嗣又承寄大稿，寥音健格，类能窥见古人消息，里闬诗流，为所仅见，无任钦挹。妄为加墨，还呈察存。率复。即颂撰安。三立顿。己巳除夕。

1930 年 4 月，散原老人的《匡庐山居诗》编印成书，吴天声即写《读散原丈庐山山居诗感赋》：

林泉隐德久逃名，出壑风仍万里声。
震荡群嚣偃边草，斟调薄俗起斯氓。
古今上下廻呼吸，李杜苏黄强弟兄。
至道茫茫迷下拜，深宵痴护一灯明。

1932 年，吴天声父亲去世。吴天声从南昌上庐山，请散原老人为其父撰墓志铭。散原老人撰《义宁吴君墓志铭》，叙说感慨吴父对自己的神交钦仰，吴天声遵父志执弟子礼的渊源关系。

1933 年阴历八月散原老人下庐山赴北平就养三子寅恪家后，散原老人与吴天声的文化活动仍在继续。1936 年初秋，吴天声请散原老人领衔，为他祖母《朱太夫人围炉课读图》题诗。《朱太夫人围炉课读图》从 1936 年开始题诗，到 1948 年为第一阶段。1949 年吴天声过台湾后，接着请名家题诗，一直到 1955 年结束，为第二阶段。题诗者计有：陈三立、吴骏、葛弟春、程学恂、邵瑞彭、汪辟疆、吴宗慈、范罕、彭醇士、熊腾、刘默远、王易、陈隆恪、胡先骕、李兆垣、夏敬观、陈含光、李渔叔、张默君、成惕轩、张昭芹、张相、曾克耑。这是一次以陈三立为中心、以赣籍文人为主的文化盛事。

1937 年阴历八月初十日散原老人在北平逝世，吴天声仿散原体诗的风格写五古长篇悼诗，成为他诗稿中的精品力作。此后，1946 年到 1948 年，吴天声与陈隆恪乡谊往还、酬唱不辍。

龙榆生（1902—1966），名沐勋，字榆生，别号忍寒居士、风雨龙吟室主，江西万载人。先后在上海暨南大学、广州中山大学、上海音乐学院任教。早年曾师从著名学者陈衍，后又成为著名词人朱祖谋弟子，毕生致力于词学研究。

1928 年，龙榆生从厦门集美中学到上海暨南大学任教，得与散原老人结识，两人一见如故。因万载县与散原老人老家义宁州毗邻，龙榆生家族是当地著名的书香门第，其父龙赓言（1853—1940）是光绪十五年（1889）己丑科江西乡试第81名举人，次年进京会试成进士。龙榆生遂进入散原老人的人事交游圈子，并延续到1950年代与陈寅恪的交往。

1928年8月，龙榆生回故里探亲，携妻儿返回上海路过九江时，上庐山游览，创作游山诗七八首，并写游山日记，汇成《庐山记游》一卷，请散原老人评点。散原老人给予很高评价：

> 于形胜风物，流连赏会，抉摘要最；而文笔出以简雅，无冗蔓之累。纪游诗亦兴趣洋溢，饶旷逸之致；此不愧“登高能赋”之材也！己巳三月，三立识。

1929年阴历九月散原老人准备离沪上庐山前，龙赓言、龙榆生父子做东，邀请在上海的名流到张园雅集，为散原老人饯行。散原老人上庐山后，龙榆生写《岁暮寄怀散原老人庐山》诗，陈三立和作一首。

1929年阴历十月前散原老人在上海时，开始书写自己的诗作赠给龙榆生。上庐山后接着书写，至1930年结束，共计20首。龙榆生将这些墨宝装裱成册页，成为散原老人晚年书法的一件文物。①

1931年冬，龙榆生在上海的另一位奉师礼的前辈、大词人朱祖谋（彊村）因病与世长辞。去世前将自己遗稿和两方砚台交给龙榆生，嘱咐龙榆生继续治词学，并委托著名词人兼画家夏敬观绘成《彊村授砚图》，再现授砚的情景。后来又有吴湖帆、

① 此墨迹尚存，见刘经富辑释《陈三立墨迹选》55—63页。

汤定之、徐悲鸿、方君璧、蒋慧绘《授砚图》。诗词界名宿陈三立、夏敬观、陈衍、叶玉麟、潘飞声、谭祖壬、邵章、夏孙桐、曹经沅、李宣龚、李宣倜、汪兆镛、石光瑛、胡汉民、吴则虞、向迪琮、梁鸿志、俞平伯等先后为《授砚图》题诗作词，在文坛传为佳话。散原老人题辞：

> 榆生受词学于彊村侍郎，而侍郎病垂危，以平昔校词双砚授之，期待甚至。吴君湖帆因为作图志其遇。余以侍郎词冠绝一代，盖与其怀抱行谊风节相表里，榆生探本而求之，他日所树立，衍其绪而契其微者，必益有合也。壬申冬日，散原老人陈三立题记。[①]

稍后龙榆生着手整理朱祖谋的遗著，请散原老人题耑，散原老人书写了“彊村遗书”“彊村集外词”“彊村词剩稿二卷”“词莂”“彊村弃稿”五种书名。[②] 并应龙榆生之请，撰写朱祖谋墓志铭。

从 1931 年 7 月到 1937 年 6 月，散原老人写给龙榆生的信札现存 12 通，其中六函写于庐山。这六封信或评价龙榆生最近诗作，或说明龙榆生请托文案之事的进展完成情况，或告知自己的身体状况、拟下山北行的打算，为我们了解散原老人山居时期的史实提供了第一手资料。[③]

散原老人与龙榆生的长久交往，音信密切，反映了老少相知相得，相敬如宾。在陈三立，已然把龙榆生当门人看待。在龙榆生，他与陈三立的师弟关系虽然比世称“陈门三杰”的袁伯夔、

---

① 此墨迹尚存，见刘经富辑释《陈三立墨迹选》173 页。

② 此墨迹尚存，见刘经富辑释《陈三立墨迹选》232 页。

③ 这 12 函墨迹尚存，见刘经富辑释《陈三立墨迹选》423—435 页。

陈病树、李木公稍逊一筹，但作为江西籍文人圈子里的后起之秀，能幸列宗师门墙，亦属因缘作合、平生乐事。

散原老人山居期间翰墨情缘还有一个重要方面是他的书法展现。陈三立书法“取法黄山谷，参以北碑，自写胸臆”，是典型的“文人书法”。1927 年 75 岁移居上海后，配合售字取值的需要，他的行楷水平有一次提升。1929 年阴历十月上庐山后，山居多暇，写字自娱，可能对书道进行过一些思考，书法达到了一生中的最佳状态。此时陈三立文坛泰斗的声名响遍南北，特别是文化界为他做了八十大寿庆典后，其名声达到了他一生的顶点，书法亦臻人书俱老之境，向他求字、求题辞、求题耑者如过江之鲫，应接不暇。在一些众多名家题辞的书画长卷中，陈三立的题辞常安排在靠前位置。此时他写的是名声，印证了“字以人传”“书因名贵”的书法作品收藏流传现象。他在庐山再次受到世人的尊崇，尽管他本人对种种光环并不措意。

依据现存资料，散原老人山居期间的部分题辞、题耑有：

1930 年 3 月，为王式园、陆丹林搜辑的《时贤书画集》题诗。（见刘经富辑释《陈三立墨迹选》123、124 页）两种《时贤书画集》在当时文化艺术界影响颇大，诗人名流广为应征留题。

1931 年 8 月，朱庆钟以所辑其父朱彝（鄂生）《真斋诗存》寄至庐山求序。朱彝（鄂生）是散原老人早年在长沙结识的好友之一，散原老人撰、书了一篇长序，抒发时随世变、不胜沧桑之感。（见刘经富辑释《陈三立墨迹选》172 页）

1931 年，为蜜蜂画社《当代名家画海》题辞。（见刘经富辑释《陈三立墨迹选》127 页）

1932 年 6 月，为陈泽霈《一禅居士山水画册》题辞。（见刘

经富辑释《陈三立墨迹选》131 页）

1932 年冬，为李大防《啸楼诗集》题辞并题耑。（见刘经富辑释《陈三立墨迹选》213、238 页）

1932 年 11 月，为蔡公湛（可权）的诗集《或存草》作序并书写书名。（见刘经富辑释《陈三立墨迹选》242 页）

1933 年 2 月，为萧俊贤画稿第二集题辞。（见刘经富辑释《陈三立墨迹选》133 页）

1933 年 4 月，为《无锡国专第十届毕业纪念刊》题辞。（见刘经富辑释《陈三立墨迹选》230 页）

1933 年闰五月，为程学恂《韩诗臆说》题辞。（见刘经富辑释《陈三立墨迹选》176 页）

1933 年六七月间，应京剧明星张蕴馨之请题诗一首。（见刘经富辑释《陈三立墨迹选》136 页）

1933 年 8 月，为林思进编辑的《华阳人物志》题耑。（见刘经富辑释《陈三立墨迹选》230 页）

在散原老人以声名、书法为纽带交往的文朋师友中，有一个人值得注意，他就是陆丹林。

陆丹林（1896—1972），室名红树室。广东三水（今属佛山）人，生于广州，侨居上海。从事报刊编辑，曾主编许多报刊杂志。尤其以文史和书画刊物闻名，堪称当年国内第一“名编”。曾任上海中国艺专、重庆国立艺专教授，《蜜蜂》画刊、《国画月刊》编辑，中国画会理事，及各地展览会征集评选委员，文艺作家协会委员。性喜书画收藏，尤喜与美术界往还，擅长美术评论，在当时的书画界极具“名望”和“人脉”，大江南北或海派京派的“一流”书画和篆刻名家，与他几无不熟且多有深交。

陆丹林与散原老人的交往始于何时，暂无资料可以显示。现知最早是1930年3月，散原老人为其《红树室时贤书画集》题诗：

扫除圣法等秕穗，坐视传薪国粹亡。
剩有痴儿角余技，对凝神血作光芒。（见《陈三立墨迹选》124页）

1932年冬，散原老人为陆丹林的《红树室图》题诗：

宛展营邱泼墨图，丹枫翠嶂杂模糊。
插椽箕斗商歌动，霜气弥天答雁呼。（见《陈三立墨迹选》132页）

陆丹林曾请黄宾虹、吴湖帆、张大千、谢稚柳绘《红树室图》长卷。引首为章士钊、谭延闿题签。在拖尾纸上有名家30人题跋，长达数米。计有：陈三立、叶恭绰、谢无量、陈夔龙、郑沅、冯文凤、夏承焘、李宣倜、潘飞声、赵尊岳、梁鸿志、夏敬观、陈小翠、易大厂、龙榆生、黄濬、诸宗元、符铁年、刘成禺、杨千里、向迪琮、张尔田、冒广生、瞿兑之、沈尹默、钱瘦铁等。

如此多的名人、学者、书法家为一幅应酬小品题诗作跋，天南海北之人集聚一堂，几乎是一次纸上的文人“雅集”。从更深的层次而言，陆丹林对书画长卷情有独钟，将一二件普通的书画小品，演绎成一场艺文大展，一种翰墨因缘，其实是对一种日趋式微的传统士大夫的审美情趣的向往和传承，将画、书、诗、印合于一件长卷之中，也正是古典平面视觉艺术中的美学理念的一种完美体现。

在陆丹林旧藏的书画遗珍中，还有他1935年初春40岁生日时黄宾虹、张大千绘《匡庐观瀑图卷》，在拖尾上名家题跋累累，真令人叹为观止。在书画作品上或拖尾纸上作题跋古已有之，但像陆丹林那样几乎将同时代的海内名人“一网打尽”者则少见，如此累累长跋（而且还不止一两卷），也就他一人能够做得到。

散原老人为这幅《匡庐观瀑图》书写了他 1930 年八、九月间创作的《庐山黄家坡观瀑》七古长诗。限于资料，我们不知道陆丹林这幅《匡庐观瀑图》是先有图后请散原老人书写与图内容吻合的长诗，还是先有散原老人的《庐山黄家坡观瀑》诗作后有图。总之陈三立这幅书法作品写得大气磅礴，精神弥满，成为他晚年书法作品的代表作之一。

以上所举陈三立书法传世的例子依据的是目前能找到的部分墨迹，至于墨迹没有保存下来的题辞估计还有许多。我们从这些例子中可以感受到陈三立晚年作为文坛盟主在诗文、翰墨两方面纵横捭阖的气魄和无所不届的影响。

5 1933 年阴历八月下旬，散原老人离开庐山，结束了四年的山居生涯，赴北平就养三子寅恪家。家人为老人下山做了周密的安排，由次孙封怀上山接下山到九江，乘轮船到南京。正好吴宗慈要去上海办理《庐山志》付印事，遂陪侍同行。到南京后，暂住二女儿新午家，在南京度过 81 岁生日。寅恪夫人唐筼携女儿流求从北平到南京来迎。关于散原老人下山的原因，说法很多。据李一平先生回忆，老人下山，是为了和自己的座师陈宝琛见面。徐一士《一士类稿·谈陈三立》亦谓：

> 民国二十三年，散原北上，省其师，师年八十七，弟年八十二。皤然二老，聚首旧都，共话畴曩，盖欢然亦复黯然云。

陈小从回忆，祖父下山的原因是医疗看病不方便，要到河东路“美庐”附近一家美国人开的私人诊所。祖父患癃闭（即前列腺炎），有时半夜发病，下雪也得叫轿子接医生来家。癃闭亦称“水厄”，张元济诗“自古文人多水厄”句注：“义宁陈伯严、嘉兴沈曾植二公均患此疾，且均在高年”。上述两说，印证文史资料，不为无据。但陈寅恪另有一种说法，“父亲本为避暑而迁居庐山，不料庐山游客众多，烦嚣殊甚，老人颇厌苦之”。时寅恪任教清华，乃迎养到燕京。① 印证 1933 年庐山上人口骤增的特殊情况，我们当更能意会散原老人在 1933 年下山的原因。

1932 年至 1937 年，蒋介石多次在庐山召开军事会议。专门修通了牯岭到海会的公路，并把海会寺、白鹿洞、栖贤寺、秀峰寺与九江、星子的公路连接起来，组成了环绕庐山的交通网。庐山的人口骤增至三万多，突破了历年的记录。

庐山一下子涌进来这么多机构人员，开展那么多活动，不仅打破了山林的宁静与朴实，也改变了牯岭这座避暑城市的性质。上山的达官贵人、权臣枢要，纷纷慕名来松门别墅：

> 有介挈登堂者，有排闼径入者。江干车马，蓬户喧阗，悉奉山斗，愿闻玄秘。

散原老人“不胜要津追求风雅之烦”。有一回散原老人参加庐山上的一个聚会，与会的人谈及庐山之石实为大观。散原老人借题发挥，感叹地说：“当然！庐山任何矮石皆高于新贵之首，非新

---

① 石泉《寒柳堂记梦未定稿（补）》，载王永兴主编《纪念陈寅恪先生百年诞辰学术论文集》47 页，南昌，江西教育出版社，1994。

贵皆矮于石也，新贵之首常低而庐山石之首不低也。”①

散原老人对当轴权要的不稍假以容色，突出地体现了自己多年来坚守的“不降志，不辱身”的高标峻格、家国情怀。1930年代外侮日深，国难方殷。1931年“九一八事变”，散原老人得悉日寇攻占沈阳的消息，曾经彻夜不眠。1932年“一·二八”淞沪抗战，日寇侵占闸北，老人每日忧心忡忡，盼望所订的上海《申报》快到山上。一日，老人看到南京政府与日本签订《淞沪协议》的消息，平时很少动怒的他，将手中报纸掷在地上，默默回房。一天深夜，梦中大呼“杀”，惊醒了全家大小。当报上刊出十九路军英勇抗敌的报道，散原老人非常高兴，恰好李一平来访，说：“老先生是否写点什么，以示声援？”老人回答道：“不需要我写什么，全国人民都会支持他们。”从这些出自亲人、至交的回忆中，我们可以感受到散原老人对国家、对民族的一片赤忱之心。但国民政府1932年在洛阳召开“国难会议”邀请社会名流耆宿与会，陈三立列名被邀名单内。② 老人既未赴会，也没有任何反响。散原老人的这种既关注政局时事，又不与当局合作的处世方式，一直坚持到他生命的最后几年。在北平，老人虽不常出门，但订阅了近十份平津两地报纸。每天手不释卷，密切注视时局的发展。当时北平政界，也常有当权者着人打招呼要来拜访老人，他均以身体不适婉言谢绝。③ 他与新老权贵始终保持着相当的距离。这里选录民国掌故家陈灨一的一段笔记，以供观照：

---

① 见张慧剑《辰子说林》2页“庐山片石”条，上海，上海书店出版社，1997。

② 见张慧剑《辰子说林》136页“国难会议”条。

③ 据散原老人六孙陈封猷回忆。

(三立)孤忠独行，一时无匹。岁逾八十，高卧匡庐，虽尺笺之微，罕与人通，殷勤澹旷，殊似魏晋间人也。日寇方张，政府组国难会议，罗致三立，当局大书其名于报端招领证书。噫！是盖未知三立之志者也。夫以三立之寄情山水，不求闻达于逊清之世，不乐依附于洪宪之朝，不预机谋于复辟之变，不欲指摘于军阀之秋，而谓其于党治鼎盛出而问世，吾未之信也。①

另一位掌故家徐一士对陈三立的一段议论，知人论世，更深中肯綮，未经人道：

散原老人之诗，标格清俊，新派海派固不通唱和，即在京式诸吟侣中，亦似落落寡合，每见离群孤往。昔年北政府盛时，闽赣派诗团优游于江亭(即陶然亭)后海(即什刹海)，或沽上之中原酒楼，往来频数，酬唱无虚；陈则驻景南天，茕茕匡庐钟阜间，冥索狂探，自饶真赏。及戊辰首会迁移，故都荒落，诗人泰半南去，此叟忽尔北来……颇闻北徙之故，乃不胜要津风雅之追求，有介挈登堂者，有排闼径入者。江干车马，蓬户喧阗，悉奉斗山，愿闻玄秘。解围乏术，乃思依琼岛(琼岛在今北海公园内，又称白塔山，这里代指北平)作桃源。此中委曲，殆非世俗所能喻。而其支离突兀，掉臂游行，迥异常人，尤可钦焉。②

---

① 见陈灨一《睇向斋谈往》145 页“陈三立”条。

② 见徐一士《谈陈三立》，载《近代稗海》第二辑《一士类稿》140—145 页，成都，四川人民出版社，1985。

这段话把散原老人的行踪居止与他的立身行事结合起来，用以说明他不苟合时流的性情，进而观照他诗作的特殊风格，确能探幽抉微，很有说服力，这是徐氏兄弟的一个发现。它把散原老人晚年对眠食之地的选择，上升到文化精神的层面，给这些眠食之地注入了情感色彩。特别是庐山，更是成为折射散原老人孤峭身影的一面镜子。按徐氏兄弟的见解，散原老人上庐山是因为 1928 年后南京、上海已成为社会政治中心；1933 年阴历八月离开庐山定居北平也是因为政治中心闯入庐山。他有意远离政治中心，就像他自己那句著名的诗“来作神州袖手人”。这样，庐山就不仅仅是散原老人晚年的一处眠食之地，而且还是体现他风骨的一个坐标、一个参照系。这就比单纯的名人与名山的关系更深入了一层。

清初，有一位叫杜濬号茶村的大诗人，明亡后矢志不仕，在南京隐居，耿介简傲，不与人交接。有些慕名而来拜访的达官贵人，多被他婉言谢绝。朋友劝他不要太孤僻，他解释说：“某岂敢如此，只是一味好闲无用。但得一觉好睡，纵使司马迁、韩愈在隔壁，亦不相访。”当他得知好友孙枝蔚准备应清廷征辟时，立刻写信劝孙“勿做两截人”。杜茶村的这种孤忠傲骨，独立特行，在中国历史上众多的杰出人才中，并不鲜见。从散原老人对人事世态的分析、把握上，不难看到杜茶村的影子。特别是终其一生，始终不做“两截人”的操守，与杜茶村在精神上更有着渊源关系。他的既平易近人，又崖岸壁立的行为方式，在山居期间的人事交游上有着生动的体现。对于知己友朋，他可以设榻逢迎；而对于不对脾性的权臣势要，则一如闭掩禅关、不闻不见的老僧。“高不绝俗，和不同流”，是散原老人山居期间人事交游的风范和特征。

第六章　千里聚散云飞扬

——陈家第三代与庐山

1 义宁陈氏文化世家自第一代陈宝箴逝世后，数十年间家庭成员以散原老人的起居行止为轴心，时合时分。庐山是陈家继南昌、金陵、杭州、上海之后的又一个眠食聚散之地。义宁陈氏第三代的庐山缘，遂由此生发展开。

这里称陈宝箴为陈氏世家的第一代，主要是为了本书行文的方便。如果慎终追远，陈氏家族的源头还可以从陈宝箴上溯四五代。关于陈宝箴上代的家世、家史，由于与本书内容关系不大，不宜详叙，只稍稍叙述陈家宗谱派号的来历、渊源。

咸丰元年（1851），朝廷特开辛亥恩科乡试。清代的科举制度规定，除正常科考外，凡遇国家庆典或登基颁布恩诏之年，特开科考试。义宁州的客家陈姓在这一科一次中了两名举人，这就是陈宝箴和陈文凤（文凤先世从广东嘉应州迁义宁州铜鼓营，遂世居铜鼓。同治四年，陈文凤又考取进士，补福建安溪县令）。义宁州的客家陈姓欢欣鼓舞，一边在州城整修宗祠，一边推举文凤和宝箴组织编纂客家陈姓大成宗谱。这次修谱规模宏大，是首次合修。参加修谱的各支裔除义宁州外，还有邻县奉新、武宁、万载、分宜、浏阳，甚至老家福建上杭和陕西郇阳的客家陈姓也派人远道而来。文凤和宝箴借这次修谱机会，做了一个重要决定：从宝箴的下一代起，参加修谱的所有支裔全部统一谱派。文凤、宝箴为此特撰派号：

三恪封虞后，良家重海邦。
凤飞占远耀，振采复西江。

这20个字的谱派，就是日后闻名于世的陈三立、陈衡恪、陈封怀公孙三代得名的由来。

陈文凤、陈宝箴所定的20字派号前五辈来源于“三恪”的典故。我国古代新的统治者为安定人心，往往对前代三个王朝的子孙赐予王侯名号，称“三恪”，“恪”的本义为恭敬、谨慎。周武王克商，封夏、商后裔于杞、宋，封虞舜之后胡满于陈，并把自己的长女太姬匹配给胡满。胡满遂成为陈姓的一世祖，称胡公或满公。其后裔遂以国为姓。

义宁州客家陈姓自合修宗谱后，参加修谱的各支裔结束了谱派混乱的局面。现今修水、铜鼓的客家陈姓后代，走得快的已到了“家”字辈，走得慢的还未到“三”字辈。如陈宝箴的堂侄陈三略生于道光十五年（1835），而现今修水老家尚有六十多岁的“三”字辈。同一派号的时间长度为一百九十余年，跨越了晚清、民国、中华人民共和国三个时代，宗谱和派号在收宗聚族上所发挥的作用确实巨大。陈宝箴一家虽然在同治十年离开老家，孙辈在武汉、长沙出生，但起名字仍然按照宗谱的规定。陈家第三代的大排行是：老大衡恪，字师曾（1876年二月十七日生）；老二（1877年生，不育）；老三同亮（1880年生，三岁殇）；老四覃恪，字陟夫（1881年十月十三日生，陈宝箴次子陈三畏之子）；老五隆恪，字彦和（1888年正月初四日生）；老六寅恪，字彦恭（未用，1890年五月十七日生）；老七方恪，字彦通（1891年十一月初五日生）；老八登恪，字彦上（未用，1897年正月十一日生）。陈三立、陈三畏兄弟尚生有五女。陈三立之女康晦、新午、安醴；陈三畏之女静娴、绮庄。

关于陈氏兄弟的称谓，陈三立称呼儿辈和陈氏兄弟之间互称时按大排行，中华人民共和国成立前出版的笔记、诗话体著作涉及陈氏兄弟时亦多按大排行。近些年所出的陈寅恪传记则多以陈三立五个儿子的顺序指称。

2 陈家第三代恪字辈的庐山缘，以陈隆恪最久最深（见本书第七章），其次为陈登恪。

陈登恪，字彦上（未用）。光绪二十三年丁酉（1897）正月十一日生，1974年11月18日殁。陈三立第五子，兄弟大排行老八。生于其祖父陈宝箴任职的湖南巡抚衙署。

登恪幼年在南京家塾和思益小学堂读书。1912年8月至1913年11月，在上海复旦学校（中学）读书，1913年8月至1916年7月，在上海震旦学校预科读书。1916年8月至1917年7月，因生病在家休养。1917年8月至1919年7月，在北京大学法文系读书。1919年11月至1925年2月，留学法国巴黎大学。1926年8月，学成归国，到上海，在大夏大学兼法文课，还在群治大学兼课。1926年8月到1927年7月，在南京东南大学，先后任法语教授、中文系教授。1927年8月至1928年7月，在南京第四中山大学（后改为中央大学）任副教授。1928年8月至去世，任武汉大学外文系教授、中文系教授。

登恪说话有点口吃，但他知识丰富，出语风趣，形容细致，又平易近人，所以大家都乐于与他交谈。他于1950年底被评选为“全国高等教育劳动模范”，1960年前后任湖北省人民代表大会代表。在武大是德高望重的人物，被称为武大中文系“五老”

之一。2000年出版的《湖北省志》，在人物卷中的教育、科技、文化界内，登恪榜上有名。他去世时，《湖北日报》1974年11月28日第四版曾刊登讣告："湖北省第三届人大代表，原省人民委员，武汉大学中文系教授陈登恪先生，因病医治无效，于1974年11月18日逝世，终年77岁。"与先去世的夫人合葬于武昌珞珈山公墓集中安葬武大教职员工的地段。

登恪与庐山的关系始于1929年。此年除夕（亦可能是除夕前的一、二日）登恪从武汉上山团聚，散原老人写了《己巳山居除夕适登恪自武昌至》五古长诗：

磊磊天外山，窈窈山中屋。老惫无所归，依栖媚抱蜀。
霰雪淹昏晨，长风荡穷谷。荏苒迫岁尽，一掷人代速。
小男溯江湍，历险攀幽筑。卫此飘零魂，稍获收骨肉。
夕轩灯火张，肴列醑亦馥。避魅爆竹声，汉腊存旧俗。
俯仰有余悲，万方祸犹酷。媛姝私物表，心死不待鞫。
倚榻传茗饮，洗我商歌腹。窗影临远岫，孤云若可束。
夜气响微籁，星点缀枯木。吹息阊阖开，五运验剥复。

隆恪亦写了《岁暮山中喜八弟至》五律：

稚女欢腾迓，荆扉积晦开。
嵯峨山欲暮，风雪汝能来。
乱影寒灯集，离情片语裁。
添薪炊脱粟，白发对衔杯。

1949年前，庐山尚没有盘山公路。登恪隆冬腊月上山的辛苦，散原老人和隆恪的诗里没有说，大概被父子兄弟团聚的欢乐冲淡了。

登恪上山那天是一个大雪纷飞的日子，上山的艰难，更衬托出家人团聚的温馨。时登恪尚未成家，在武汉大学文学院任教。自老父上山定居后，登恪便踏上了几年未间断的庐山之旅。每年的寒暑假都要上山省父，间或在学期中间也会抽空上山。庐山的不少风景名胜都留下了他与老父、五兄隆恪一家游览观赏的足迹。曾与侄女小从在松门别墅东侧的山坡上创出一段酷似树干的化石，后送给李四光。[①] 李四光作为资料采入《庐山志·地质志略》中。[②]

登恪在庐山，有几件事值得记上一笔。

一是登恪的婚事。按照过去的风俗，登恪属于晚婚，三十多岁还没有完成终身大事。家人为此都很着急，来做媒的人不少，但总说不成。陈小从曾多次说过，曾任国民政府主席的谭延闿有二小姐名谭祥，欲择品性端诚的世家子弟为婿，看中登恪，托人三次上庐山向陈三立提亲，陈三立以昔日老友已位居高官，不愿攀附，事遂寝。[③] 登恪与谭祥究竟为何未成眷属？原因尚难定论，因不知谭家那边怎么说。

1932 年夏，登恪上山侍父，恰好贺鹏武（贺国昌[④]之侄）

---

① 见陈小从《松门别墅与大师名流》43 页。

② 见吴宗慈编撰，胡迎建等校注《庐山志·地质志略》上册 22 页。

③ 按：谭延闿于 1930 年 9 月去世，向陈家提亲事当发生在陈三立 1929 年阴历十月上庐山后到 1930 年八月这段时期。

④ 贺国昌，字相吉，号苇生，萍乡青山蔔蔔岭人，生于咸丰六年（1856）。26 岁时，参加萍乡县试，取长案第一名，名噪一时。光绪十九年（1893）癸巳恩科考中第六名举人，拣选知县。陈宝箴以“素履端洁，才识精详”奏保，奉谕以知县发往湖南，历任沅江、祁阳、浏阳知县。1904 年弃浏阳知县之职赴日本留学，入日本警官学堂。回国后任直隶知州。1919 年在北京逝世。见《萍乡古今》第 9 辑所载《孙中山誉为“发言可隽”的贺国昌》一文（萍乡文物志编辑部编印，1988）。

的堂妹贺黔云（贺国昌之女）高中毕业来庐山游玩，住在堂兄家里。遂由贺鹏武的夫人喻筠搭鹊桥，登恪的终身大事迅即告成。当时贺家住松门别墅楼上，陈家住楼下，楼上是女方，楼下是男方，仍按旧式婚姻的老规矩，过礼、回门全都照办。楼上楼下，忙得不亦乐乎。一对新人从此相濡以沫几十年。贺黔云1973年病逝。子陈星照，1936年生，《陈氏宗谱》名封烈。散原老人取字育武，未用。因生于“七夕”，故名“星照”。

二是登恪曾捐款于庐山植物园。1935年，庐山植物园为扩充设备，筹集经费，向社会上募捐。其办法：凡热心学术研究及爱好自然景物人士，一次捐款1 000元以上者，由植物园划拨两亩地，永租与捐款人，供建筑别墅园庭之用。捐款者有任鸿隽、黄膺白、韩复榘、陈登恪、陈辞修、熊式辉、范旭东等人。后因抗战，募捐活动停止进行，登恪的别墅没有建成。

三是登恪与曾琦的断交。作为一个世家子弟，登恪的人事交游亦很广泛。他与徐悲鸿的关系不错，与闻一多、许德珩、朱自清也有过从。曾琦则是他早年的朋友。1914年，登恪考入上海震旦学校，与曾琦、左舜生、李璜同住一室。1922年冬，李璜、曾琦往游法国。恰值登恪从法国巴黎来与六兄寅恪相聚，遂一起同游，曾琦因此与寅恪相识。曾的《旅欧日记》中有三处与寅恪相会的记载。两人常在一起谈论清末的掌故、人物和社会问题。曾琦旅欧五年，1923年在留法学生中成立了中国青年党，登恪加入了这个党。1929年登恪刚到武大时丢了一只皮箱，里面有登恪的青年党证书和有关青年党的文件。登恪非常着急，后来警察把小偷抓到，才把这些证件追回。1946年，抗战胜利后，曾琦上庐山找登恪，要登恪参加党组织活动，登恪没有同意。后来有人转告曾琦的话：“陈老八扶不起，让他自生自灭！”

1930年6月，散原老人的次女婿俞大维将赴德国任驻德商务部主任，遂携妻、子上山省父话别。散原老人写了《三月二十一日别嫁俞氏女子新午随其婿大维并将稚子扬和往柏灵》五律：

藏山成别汝，穿海得携儿。
夜水鱼龙动，晨妆岛屿窥。
魂痕缠万里，老味恋长饥。
绝域同风雨，威仪慎所持。①

俞大维（1897 年 12 月生）与陈新午（1894 年 8 月 25 日生）于 1929 年在上海结婚。诗题中的稚子即俞扬和，俞大维留学德国时与房东女儿相恋所生。散原老人很喜欢他，把他当作自己的亲外孙看待。

由于俞大维在国民党政界的地位，每年都可以来山避暑。陈家第三代与庐山的关系，隆恪、登恪之外，就属新午、大维了。

散原老人的三个女儿都曾入家塾习书学画，老师是著名画家萧稚泉。陈三立《萧厔泉画稿第二集题词》注："余获交厔泉数十年，为老友，居金陵，复延课诸女婴。其品格之高尚，性情之笃棐，当于古人中求之，则专一艺自名，非偶然也。"② 1947 年 8 月 24 日《京沪周刊》第 1 卷第 33 期《友声集》刊新午一首

① 杨声昭对陈三立此诗评价甚高，其《读散原诗漫记》云："散原五古，似韩似杜，亦似大谢。五律则专意于杜。吾最爱其《对雨》及《别俞氏女往柏灵》诸篇。意境高敻，字句矜慎，曾涤生氏所谓下笔迟重绝伦者，此类足也。"见《青鹤》1937 年第 5 卷第 14 期。按：俞大维这次公私兼顾，携夫人、儿子上庐山，给全家带来一次欢聚快乐，详情见陈小从《图说义宁陈氏》81 页。

② 见刘经富辑释《陈三立墨迹选》133 页。1929 年阴历九月，陈三立将离开上海前，曾写对联一副留别新午："温柔敦厚诗之教；慈俭劳谦福所基。"见刘经富辑释《陈三立墨迹选》255 页。

《苦热不寐有作》诗：

酷夏久不雨，炎蒸炽骄阳。
我眠苦未稳，辗转嫌漏长。
夕阴风露少，憎此蚊蚋狂。
宵小岂在多，扰扰时在旁。
嗜人尔何愚，反掌身自戕。
起坐牵风帷，一晌心清凉。

编者按语云："新午女士，散原诗人之女，俞大维先生之夫人也。诗古峭生朴，真渊源有自。"（编者在陈新午这首诗后附上文所引陈三立五律）

陈新午与俞大维本是表亲。新午的母亲俞明诗是俞大维、俞大纲兄弟的姑母。俞大维的父亲俞寿臣是陈家兄弟姊妹的三舅父。

俞大维与弟大纲对姑父散原老人很崇敬。俞大纲是一位诗人，诗风受散原老人的影响，现抄录台静农《怀诗人寥音》一文中的一节：

> 大纲论诗著作有《寥音阁诗话》，每则都精要，可惜只有六十则。此六十则，论述散原老人诗约占三分之一。散原老人是清一代诗人的殿军，是遗老诗人领袖。老人是大纲的姑父，从小就承老人诗教。他十六七岁时有"运移阅世迟迟梦，来拾伤心默默秋"，甚得舅父曾广钧先生激赏（《寥音阁诗话》五九）。后来大纲的诗，其幽渺处，不免有散原老人的影响。①

① 见陈子善编《台静农散文选》48—49 页，北京，人民日报出版社，1990。

大纲又是表兄寅恪的学生，从寅恪治中古史，经寅恪介绍入中央研究院。《寥音阁诗话》第25则涉及读陈寅恪的《再生缘》一书："姻连中表，谊属师生。闻弦辨音，具知危苦。地变天荒，人间何世。春寒凄冷，揽涕读之。"周一良先生评曰："大纲固真知寅老者，惜寅老恐未得见《诗话》，而大纲在台湾早逝，又未及见《柳如是别传》也。"①

俞大维与表兄寅恪在国外留学七年。寅恪去世的次年，俞大维写了《怀念陈寅恪先生》一文。文中说："我与陈寅恪先生，在美国哈佛大学、德国柏林大学连续同学七年。……本人与寅恪先生可说是两代姻亲、三代世交、七年同学。"他晚年对港台地区出版陈寅恪的著作、资料极为关心。台湾传记文学出版社所出《悼念陈寅恪》一书和台北九思出版社刊行《陈寅恪先生论文集》都与俞大维有关。

俞大维是上海圣约翰大学文学学士、美国哈佛大学哲学博士，数理逻辑学家。历任国民党政府驻德大使馆商务专员、参谋本部主任秘书、军政部兵工署署长、交通部部长及台湾地区军政事务主管部门次长、国防事务主管部门部长、台湾当局领导人资政。1993年逝于台北。陈新午则在俞大维逝世前几年去世。

3 1932年阴历九月二十一日，散原老人寿登八秩。北平、上海、南京和庐山上的名人胜流，继十年前隆重庆贺散原老人七十寿辰之后，又掀起了一次贺寿高潮。师友故旧，或抵山祝寿，或赠寿礼，或寄贺诗、贺联、贺文，一派祥和熙穆的景象。寄贺诗的有：陈宝琛、吴用威、张元济、汪兆镛、陈仁先、

① 见周一良《毕竟是书生》167页，北京，北京十月文艺出版社，1998。

傅绍岩、周梅泉、李宣龚、王源瀚、李启琛、陈诗、曾克耑、吴天声、陈瀛一、程学恂、罗家伦、杨开森、赵宗琏、徐绪通。其中以散原老人的乡试座师陈宝琛的贺诗最为著名。诗云：

平生相许后凋松，投老匡山第几峰？
见早至今思曲突，梦清特地省闻钟。
真源忠孝吾犹敬，余事诗文世所宗。
五十年来彭蠡月，可能重照两龙钟。①

关于散原老人与其乡试座师陈宝琛的师友情谊，黄濬的《花随人圣庵摭忆》“陈弢庵遗事”条论述甚详，对这首诗隐含的本事典故也有解释。诗的首句，语意双关，既以松柏的坚贞相期许，又点出光绪八年（1882）江西乡试“岁寒，然后知松柏之后凋也”的试题往事。当年散原老人参加乡试时，因平时不喜作八股文，考卷未按规定的文体写，而是用平素擅长的古文形式作文，卷子在初选时被摒去。主考官陈宝琛深恐贤才见弃，亲自从打落的卷子中，抽出陈三立卷子，阅后击节赞赏，破格予以录取。所以散原老人没齿不忘座师的知遇之恩，② 而陈宝琛对这段往事也没有忘怀。

老友张元济，为贺寿专程上山，并集清初诗人查初白（慎行）庐山纪游诗成四首贺诗③：

---

① 关于此诗的背景本事、古典今情，以高阳解释较好，见氏著《清末四公子》5 页，北京，华夏出版社，2004。

② 见刘经富《用古文笔法写的八股文——陈三立乡试答卷浅析》，载刘经富《陈寅恪家族稀见史料探微》123 页，北京，中华书局，2013。

③ 见张树年《我的父亲张元济》132 页。

人间难得好林泉，气爽风清秋景妍。
扶老安心就闲散，依然冰雪照苍颜先生旅沪时有小疾，山居后返臻康复。

行尽悬崖接翠微，林深谷暗人更稀。
相逢不谈户外事，惟有松柏参天枝先生结庐在松树路侧。

此间临池颇自可，一灯照壁犹吟哦。
想象先生旧游所，矧乃手泽存岩阿重修白香山花径，新辟黄家坡，先生均有诗文，勒石纪胜。

六朝风景独留松，突兀西南五老峰。
有此林峦应著我，他年终伴采芝翁先后三次亟思追随，终老于此。①

王源瀚的贺诗也值得吟诵：

翩翩浊世佳公子，风雨相思卅载余。
吏部文章惊禹甸，名山事业托匡庐。
龙潭有石能题字，鹿洞何人更讲书？
差喜耆英齐五老，铸金合向散原居时有醵金铸像之举。

老友朱益藩寄来了贺寿联：

---

① 按：1937年阴历八月陈三立在北平逝世，张元济写悼诗七绝四首，第三首提及陈三立八十寿庆事：“衔杯一笑却千金，未许深山俗客临。介寿张筵前日事，松门高躅已难寻君居庐山数年，八十生日时，帅有献千金为寿者，峻拒不纳。余同居山中，时相过从，自是秋别后遂不复见矣。君所居为松门别墅。”

闲从莲社寻诗伴；长与松门共岁寒。①

李烈钧送贺联：

遐龄自是人中瑞；硕德堪为天下师。②

徐悲鸿与谢寿康从南京中央大学请假上山贺寿，徐悲鸿绘《柏寿图》一幅，题识："散原老伯八十寿。壬申之秋，世晚悲鸿敬写实祝。"钤印：仁者寿　徐悲鸿③。　熊希龄（秉三）亦绘赠贺寿图。

吴宗慈撰颂赞，申"品高而不绝俗，性和而不苟同"之义。④

四子方恪的好友叶玉麟，撰写了《陈散原先生八十寿序》。序文称颂散原老人像清初讲学山中、巍然为文人学士宗风所向的

① 见陈小从《图说义宁陈氏》105页；《松门别墅与大师名流》54页。王宝洺主编《楹联书法》31页，北京，燕山出版社，2010。

② 真吾《散原老人齿德齐尊》："散原老人陈伯严先生，道德文章冠绝当代，国中旧文学家奉为海内大师。近年高隐匡庐，修养功深，已届春秋八十矣。闻悬弧之日已近，名宿时贤拟为老人上寿，竞撰诗文，行且珠玑篇什美尽东南，为中国旧文坛一时之胜。昨见李烈钧氏手书贺联，极尊贤敬老之意。联云……。"载1932年6月28日《申报》，转引自李开军《陈三立年谱长编》下册1438页。

③ 见诚轩拍卖公司2005年秋季拍卖会拍品介绍。

④ 吴宗慈《述散原老人》："民国廿二年，老人八旬正诞，海内亲知，均登山祝嘏，诗文绘塑，各献其诚。其中如熊秉三之画，张菊生之诗，江小鹣之塑像，皆佳构也，余多不胜记。慈献短颂，全文不能省忆，大意有品高而不绝俗，性和而不苟同语，老人颇以为知言。"见《大风》1938年第8期。

“易堂九子”一样：

> 今先生在匡山，天下士慕风义者，莫不欲一登庐阜为欢。盖不事讲学，物望自归焉。

早在十年前，散原老人七十华诞时，叶玉麟就已写过《陈伯严先生七十寿序》，称颂：

> 江宁城倚钟山，侧映江光而众峰来会。自伯严先生流寓兹土，而东南人物风雅，如水归壑，凡荐绅轩盖之往来者，莫不造散原精舍焉。

这两段话把散原老人 70 岁以后为士林钦仰的盛况，如实地表达出来。

诚如叶玉麟寿文所言，散原老人晚年卜居之地，金陵、庐山、北平都是物望所归之地。故八十寿庆时，祝寿的人们很想在庐山重建散原精舍，他们捐资在松门别墅附近购了一块地皮，作为寿礼赠给散原老人。① 尽管这栋“绿玉青瑶之馆，澹泊宁静之庐”未能在庐山呈现它的风采，但这件事足以说明人们对散原老人的无限崇敬。②

除了诗、文、联等，八十祝寿活动，还产生了两尊散原老人半身铜像。当时徐悲鸿在南京、上海等地集资请雕塑家江小鹣、

---

① 1936 年蔡元培七十寿庆时，朋友学生亦有购屋贺寿之议。可能民国时期有购屋为名人贺寿的风气。

② 见陈小从《松门别墅与大师名流》55 页。

滑田友上山为散原老人塑像。[①] 滑田友，我国著名雕塑家。1933年到法国，次年以高分考录法国高等艺术学校，1948年回国。天安门广场人民英雄纪念碑《五四运动》即滑田友的作品。江小鹣是散原老人的旧交——湖南学政江标（建霞）之子，近代著名雕塑家。早年留学法国，先学油画，后改雕塑。先后创作了“陈衡恪青铜半身像”“谭延闿青铜立像”“陈嘉庚青铜立像”“陈英士青铜骑马像”“陈三立半身青铜胸像”。散原老人的两尊半身塑像分别由陈封怀、俞大维保存。

散原老人八十大寿的庆典，因规模盛大，松门别墅容纳不下，只好借附近的李氏山馆举行。对这次文坛盛事，上海、南京的报刊都曾予报道。《青鹤》杂志刊登了贺诗、贺联、贺文，《学衡》杂志刊登了散原老人八十寿辰照片，《大公报·文学副刊》刊登了铜像和启事，一度成为热门话题。对于陈家来说，庐山祝寿，则为家人大聚会创造了机会。隆恪为此写了《诸弟妹来山祝大人八十寿别后有怀》诗：

---

①《学衡》插图《诗人陈伯严先生（三立）八十寿像》编者识语：“本年十月二十日（阴历九月二十一日）为义宁（今改修水）陈伯严先生（三立）八十寿辰。先生硕德耆年，海内企仰。其诗为世宗风，无待颂赞。先生现居庐山，以国难世屯，不令称觞，并谢绝馈仪。惟艺术家徐悲鸿君及智识界同人等，特尊先生为东方大诗人，延淮阴滑田友君及元和江小鹣君赴庐山为先生塑像，铸赠为寿。此图即是滑田友君所塑之像，愿加入此举公同祝寿者，每人可出款十圆，汇交南京中央大学徐悲鸿君。至各地大学图书馆等机关，若出四百圆，可得铸成之像一座，以供陈列，亦请与徐悲鸿君接洽。”（《学衡》1932年第77期。又见怀霜《散原老人八十诞辰，铸造象（像）于散原精舍》，载1932年10月15日《晶报》第二版；陈小从《松门别墅与大师名流》55、74页）

看云成聚散，千里梦飞扬。
菊影残依几，松风劲脱霜。
倾尊闲里醉，坐日别来长。
独揽寒山趣，何时共烛光？

隆恪一直在山上随侍老父，故有兄弟姊妹“何时共烛光”的企盼。

陈家兄弟姊妹在山上的勾留时间，已难确考。只有陈方恪在所作诗文中，留下了考索的线索。

陈方恪，字彦通。光绪十七年辛卯（1891）十一月初五日生，1966 年殁。陈三立第四子，兄弟大排行老七。

方恪幼少时与兄长一起在长沙家塾和南京家塾读书（见方恪《自填履历》），后陈家家塾并入南京思益小学堂。陈三立五个儿子唯方恪未放洋留学，但他也进过新学堂。1907 年入上海天主教会学校震旦学院读书，并随著名教育家、复旦公学创办者马相伯（1840—1939）学习法文和拉丁文。

在陈家第三代恪字辈中，以衡恪和方恪得名较早。在隆恪、寅恪、登恪留洋的那些年月里，方恪经常陪侍老父盘桓出入于沪、宁、杭等地的名人胜流圈子。

方恪成名较早的另一个原因，是他能诗擅词，与长兄衡恪同被当时名人目为陈家的才子。汪辟疆在《近代诗派与地域》论文和《近代诗人小传稿》“陈三立”条中，均说散原诸子皆能诗，而衡恪、方恪尤著，“师曾诗清刚劲上，有迈往不屑之韵。彦通隽语瑰词，情韵不匮，但沉厚不及师曾耳，拟之斜川（苏东坡之子），差为近似”。汪辟疆又在他所著的《光宣诗坛点将录》和《光宣以来诗坛旁记》中为陈方恪立一条目，可证他对方恪诗词的推重。钱仲联认为“彦通《鸾陂词》绝世风神，多回肠荡气之作，二陆齐名，俊语似欲突过乃兄（衡恪）”。大抵说来，方恪在1910、1920年代，俗世的声名比隆恪、寅恪、登恪要大一些。方恪身上有很浓的名士气，他广事交游、才思敏捷，论者多以他《无题》四首中的“平生风雨不言愁”之句来标举他的诗品、性情。

方恪的诗、词传世不多。他的词作多刊于《青鹤》《同声月刊》《词学季刊》杂志。晚年将自己的诗词编辑成集，未刊。一说方恪与章士钊有旧，乃寄请书数语置卷首。章士钊未回复，稿本遂失；一说稿本秘藏在南京图书馆。陈方恪去世后，南京图书馆派人来方恪家中取走遗物，内有一只存放遗稿的小皮箱。2003年初，南京图书馆古籍部、著名版本目录学家、方恪的晚辈知交同事沈燮元在库房里寻寻觅觅发现了方恪的那只皮箱，遗稿终于浮出水面，可证后一说更确切。2007年，江西人民出版社出版了刘经富主编、潘益民辑注的《陈方恪诗词集》。在《陈方恪诗词集》面世之前，方恪诗作只有陈衍《近代诗钞》选录六首，汪辟疆《光宣以来诗坛旁记》选录一首，陈声聪《兼于阁诗话》录存两首、《荷堂诗话》录存两首。杭州大学毛谷风所编《二十世纪名家诗词钞》选入衡恪、隆恪、寅恪的诗，而未选方恪的诗与词。钱仲联《近代诗钞》选入衡恪、隆恪的诗，而未选寅恪、方恪的诗。因此，2007年之前，方恪传世的诗作词作，至为珍贵。可喜的是，方恪在庐山留下了12首诗和1首词（见《庐山志》下册446、491页）。兹将五首七律照录如次：

壬申九月十七日至牯岭作

艰难隐遁后佳期，落眼名山信若疑。
凿阡未妨通市气，养身来此纳朝曦。
暗泉绕处随分觅，虚籁生空欲染禠。

发兴平生竟仙赏，二林钟鼓日逶迤。

由佛手岩登御碑亭

绿袍玉脚对南山，洞外烟云百变间。
沙苑回汀终泯灭，石泉幽濑自潺湲。
余生兵革天将厌，宿愿榛芜道已悭。
来向孤碑抚仙霸，西风猎猎藓苔斑。

山居晚眺寄怀贾澄源海上

广漠风来万木飞，空山牢落对斜晖。
当门石确松枝瘦，隔涧霜轻柿叶肥。
一掷年华江海断，稍传消息市朝非。
坐愁雨雪妨归毂，裹饭襟期倘不违。

山楼冬暮书怀

万汇萧条归坎僚，山恬原静悄无邻。
冻云扶月凄仍住，虚谷含风懒不呻。
毗娍未成休老计，心枯时扬镂空尘。
小楼忍此吾终古，九窍该存孰与亲？

过劳居士用宏却赠

自闭荒寒混石泉，天资双士共穷年。
地偏无客分杯杓，计左传儿只砚田。
每过书声穿槿落，少眠灯火漏林边。
颇闻近事还丹诀，愿乞金篦起废朘。

方恪作诗的功力，可以从这五首律诗玩味揣摩。

在这12首诗中，《牯岭杂吟》是组诗，由六首绝句组成。分咏孤山、甘棠湖、莲花洞、花径、大天地、三宝树。说来凑巧，方恪晚年受政府照顾，得三级教授待遇，分给的房子恰在南京牯岭路。方恪去世后，好友吴白匋教授作挽诗：

少日风华茂，衰年学习勤
鸿词抛旧院，鹤貌接新春。
雅量如翁少，多方馈我贫。
重过牯岭路，凝望涕沾巾。

方恪在庐山，更值得大书一笔的是他完成了和王国维词集《观堂长短句》的《适屦集》。原来方恪九月十七日上山，祝寿庆典完毕后，并没有立即下山，而在山上待了四个多月。他在《适屦集》自序中叙述写作的过程：

……予于壬申九月末居匡庐，自秋涉冬，屡衍归轪。时迫岁暮，云雪荒荒，空山寂寥，伏处小楼，轧沕昏旦。每至深夜，狂飙撼屋，石落有声，一灯荧然，饥鼠出壁。彷徨偃啸，无复自聊。枕函适有彊村老人辑刻《观堂长短句》一卷，为海宁王君静安所著。喜其清丽有则，且为词仅二十三阕，率多小令平调，因取而尽和之，不若长调有锵声揣韵之烦也。每夕少则二三阕，多则五六阕。始则比辞按例，句句而为之。继则令家人挹卷于前，随诵而成之，仅数宵而全什毕……鸾陂居士识于庐山牯岭之松门别墅。

方恪下山后，把王国维的原作和他的和作投寄《青鹤》杂志发表。和作与序后载于《汪辟疆文集》。①

方恪的这篇《〈适屦集〉序》是一篇优秀的散文。它生动地刻画了庐山冬夜的幽静场景，描绘了松门别墅主人们的生活情趣。文章造语典雅，行文流畅，显示出作者深厚的古文造诣。比起方恪的诗、词来，在 2007 年《陈方恪诗词集》出版之前，他的文章传世更少。除这篇自序外，只有《〈同书异名通检〉序》和《题〈爰居阁诗集〉序》两文。

方恪一生经历复杂，但根器还是书香子弟。他国学功底厚实，学问渊博。1939 年春，知交吴宗慈和六兄寅恪在昆明晤商，拟介绍方恪到抗战时迁往广西的中山大学或昆明的西南联大任教，致函方恪，未获回复，事遂告辍。方恪亦长于古籍版本目录学，早年曾在江西省图书馆任主任。1950 年至 1956 年任南京图书馆编目主任，1957 年调《江海学刊》任编辑，1960 年后以年老多病，辞去《江海学刊》理事，仍安置在南京图书馆。与兄寅恪、弟登恪一样，方恪也曾享受人大、政协系统的荣誉待遇，任南京市第一届政协委员。1966 年元月，方恪去世。一生行述，见于陈家的世交柳诒徵之女柳定生《缅怀陈方恪先生》、章品镇《陈方恪先生的前半生和后半生》、宋词《一榻萧然了此身——陈方恪留下的身影》等文。

据陈小从回忆，七叔方恪是 1932 年过完年后，与康姑一同下山的。② 据此可知陈康晦曾上山参加祝寿庆典，且住了几个月。

康晦一生命途多蹇，腿有微疾。丈夫张宗义，出生于合肥一

① 见汪辟疆《汪辟疆文集》586—593 页。

② 方恪在庐山几个月期间，还校阅了《庐山志·艺文》中的一部分诗作。

个式微的盐商家庭。对散原老人这个张氏女婿的家世，目下了解不多。《散原精舍诗·续集》卷下有《为嫁女客沪上两月四月二十四日移还白下》一诗。[1]《郑孝胥日记》1916 年 3 月 30 日记：“伯严新自南京来沪嫁女，其婿乃张楚宝之侄也。”郑孝胥这条日记为我们寻找张宗义的家世提供了一条线索。张士珩字楚宝，[2] 曾任江南制造局总办，是李鸿章之兄李瀚章的女婿。张士珩同父异母弟张士璠，即张宗义之父。康晦中年以后先依妹陈新午，中华人民共和国成立后随兄隆恪一家生活。1956 年隆恪夫妇在上海去世后，到南京依兄方恪，兄寅恪每月从广州寄 50 元生活费，一直到 1962 年康晦去世。

庐山祝寿，散原老人的侄女陈静娴（1885—1956）也上山参加了庆典。20 世纪二三十年代，陈宝箴名下的两支——三立、三畏的后代尚未离得太远。[3] 1922 年，散原老人七十大寿，两家后人南京大聚会。覃恪夫人黄氏、长子封修、四子封政、女儿敬一均到南京祝寿，三代人合影留念。静娴嫁老家修水漫江乡的茶商富户朱甲生。朱家也是从福建迁来的客家人。陈三立所撰《清故国子监生朱（启南）君墓志铭》[4] 中的“朱启南”即朱甲生

---

① 据陈小从回忆，这个姑爷未选好，是一个纨绔子弟。他会写字，中华人民共和国成立后找到一份工作，另娶了一个姨太太。后来没有联系了。

② 张楚宝简介见马昌华主编《淮系人物列传——李鸿章家族成员·武职》238 页，合肥，黄山书社，1995。

③ 陈三畏生于清咸丰六年（1856），逝于光绪十二年（1886），得年三十。正室张氏，江苏嘉定人，翰林院编修、湖南永州知府张修府之女，生子覃恪。副室尹氏，湖南长沙人，生女二：静娴、绮庄。张氏目盲，丈夫去世后，一直依丈夫大家庭生活。46 岁去世，葬南昌西山陈宝箴墓地附近。

④ 载陈三立著，李开军校点《散原精舍诗文集》下册 785 页。

的祖上。1917 年，静娴赴金陵看望伯父，散原老人写了《别嫁朱氏从女还里》诗：

孀啼千里隐垂杨，形影依依更断肠。
弃汝江舟飞晓角，断行零雁与南翔。

静娴亦通文墨，家藏有伯父散原老人的诗文集。1956 年去世。①妹妹绮庄适无锡孙浥英。孙浥英是叶恭绰的内弟。叶恭绰《陈右铭函附伯严诗笺合册跋》谓“余少时仅获见先生一面。伯严丈则往还甚密，且有姻连”，即指这层关系。

十年后，陈三畏后人静娴、绮庄、覃恪再上庐山贺寿，而覃恪、静娴于上一年伯父 79 岁生日时亦上庐山贺寿。②

4 散原老人的三子陈寅恪，是陈氏兄弟姊妹中的“白眉”。1925 年，被清华学校国学研究院聘为导师，留学归国，与梁启超、王维、赵元任同为研究院四大导师。1930 年，研究院停办后，又任清华大学中文系、历史系合聘教授，中研院史语所历史组主任，在学界享有崇高地位。庐山祝寿时，他在庐山待的时间不长。大约祝寿活动一结束，他就匆匆下山了，这是他一

① 见刘经富《陈寅恪家族史研究：从客家棚民到文化世家》500 页陈静娴事略简介，上海，上海古籍出版社，2022。

② 陈覃恪，字陟夫。光绪七年辛巳（1881）十月十三日生于河南武陟，时祖父陈宝箴任河南河北道道台，1956 年初殁。陈三畏独生子。湖北候补知县，曾任江西赣县盐局主任、江西区盐务总局赣昆视查员。其父陈三畏，为陈宝箴次子，不幸于 30 岁去世，那年覃恪才六岁。陈宝箴因次子去世得早，又只有覃恪这个儿子，故对这个孙子特别怜爱。生前曾嘱咐长子陈三立，日后要把这个侄子视为己出。参见刘经富《义宁陈氏恪字辈的其他人物》，载刘经富《陈寅恪家族稀见史料探微》179—185 页。

生中唯一一次上庐山。虽然上庐山次数、时间都有限，但这并不影响他与庐山的渊源关系。①

由于寅恪学术大师的地位和孤标独峙的人格，社会上流传着不少陈寅恪被当作“国士”优待照顾的传说。其中迎请寅恪上庐山便是传说之一。

1979 年 10 月，陈寅恪的弟子王永兴撰《怀念陈寅恪先生》一文。文中有这么一段：

> 党和国家对寅恪先生十分关怀。广州解放不久，周恩来总理派一位同志到广州看望寅恪先生。这位同志转达了总理对他的关怀和期待：希望他不要离开中国大陆，不要离开社会主义祖国；他居住的地方由自己选定，在广州、在北京、在庐山都可以，如果他愿意住在庐山，政府可以把他老家在牯岭的旧居加以修理……②

王永兴文章中的“这位同志不是别人，正是陈家的至交李一平先生”。《吴宓与陈寅恪》一书中的相关内容证实了这个传说。该书 143 页转录吴宓先生 1961 年 8 月 31 日日记，时吴宓从重庆远道到广州探望老友陈寅恪。“日记”中有这样一段话：

> 李一平君有接洽龙云投依人民政府以立和平收取云南之

---

① 陈寅恪这次上庐山详情见陈小从《松门别墅与大师名流》61、63 页；又：陈寅恪致傅斯年函提及他上牯岭为老父祝寿事，见《陈寅恪书信集》64 页，北京，生活·读书·新知三联书店，2001。

② 见《学林漫录》初集 11 页，北京，中华书局，1980。张求会《中央高层迎请陈寅恪居庐山讲学的原始证据》，载《关东学刊》2019 年第 5 期；陈小从《松门别墅与大师名流》66 页。

功。政府询其所欲得酬，李一平答以二事：（甲）请移吴梅师柩，归葬葵州——立即照办；（乙）请迎著名学者陈寅恪先生居庐山自由讲学——政府亦允行，派一平来迎。寅恪兄说明宁居中山大学校康乐便适（生活、图书），政府于是特致尊礼……

这个传说另有一说，见台湾地区学者高阳《双山一手陈寅恪》一文：

最近看到大陆上有一篇追念寅恪先生的文章。据说毛泽东曾请周恩来向陈寅恪建议在三处中选一处：一是北京，二是广州，三是庐山。散原老人原在庐山有别墅，周恩来已派人修得焕然一新。①

对照上述三种说法，内容大体一致，但以吴宓《日记》所载最有价值。虽然说者和记者可能都省略了内容，有的是彼此共喻不必说，有的是一时忽略未及说或未及记，但所说和所记都是肺腑之言。至于陈寅恪在中华人民共和国成立初是否流露过欲上庐山讲学授业的想法，已无从考证。不过，这则材料至少可以说明，在熟悉陈家的李一平看来，庐山是比较适合陈寅恪治学颐养的地方。假如寅恪先生晚年不是在广州而是在庐山，义宁陈氏的庐山缘和庐山的文化史都将翻开更厚重的一页。

---

① 见高阳《高阳说诗》109页，沈阳，辽宁教育出版社，1998。

第七章　白头终负作山民

——陈隆恪与庐山

1 陈隆恪，字彦和。陈三立次子，兄弟大排行老五。光绪十四年戊子（1888）正月初四日生，1956 年初殁。

隆恪年少时开蒙读书情况尚不太清楚，其祖父陈宝箴光绪十七年（1891）至二十年在武昌任湖北按察使期间，曾请多位幕僚（赵启霖、范仲林、周大烈）教长孙陈衡恪。其时隆恪已四到七岁，推想常情，他应该在此期间开蒙受教。① 现有材料可以证明的是光绪二十一年陈宝箴任湖南巡抚后陈家设有家塾（见陈方恪自填《履历表》），而更多明确记载的上学情况是光绪二十七年（1901）其父陈三立挈家定居南京举办家塾。隆恪与弟寅恪、方恪，妹康晦、新午、安醴等一起先后入读，教师有陶逊（宾南）、王景沂（义门）等。

---

① 据李开军考证，光绪十八年（1892）陈家曾聘请姚纪（伯纲）任馆师。是年十二月十七日，姚永概记："得范仲林信，言伯纲近为陈右民廉访课小孙。"姚永概与姚纪为本家。时陈衡恪年十七，与姚纪相若，而隆恪五岁，所谓"课小孙"，似以隆恪更为合适。见氏著《义宁陈家的馆师（上）》，载《国学茶座》第五期，济南，山东人民出版社，2014。

光绪三十年（1904）夏，陈隆恪17岁时考取官费留日，①十月与弟寅恪一同赴日。父陈三立送至上海，作《十月二十七日江南派送日本留学生百二十人登海舶隆寅两儿附焉遂送至吴淞而别》两首七绝。

关于隆恪在日本的情况，目前所知只是些片段。据其女儿陈小从忆述，隆恪初入庆应义塾，宣统三年（1911）转入东京帝国大学财商系，1912年夏毕业。现据《清国留日学生名簿》《弘文书院清国留学生名簿》"陈衡恪（二十六岁）""陈隆恪（十七岁）的登记"，推断隆恪先在东京弘文学院就读四年，1909年八月升入东京庆应大学理财科，1909年八月《清末各省官费自费留日学生姓名表·各校各生履历清册》登记："姓名：陈隆恪。籍贯：江西义宁州。年龄：二十二。费列：江西。到东年月：光绪三十年十月。入校年月：宣统元年八月。学科：庆应理财科。年级：第一年。"至于宣统三年（1911）转入东京帝大财商系，还有待寻找发掘材料予以落实。

隆恪在日本共八年，归国时已25岁。这八年的留日经历和所学专业，为隆恪日后的从业方向打下了基础，对他一生的人事交游亦有影响。他通过长兄衡恪的关系，结识了不少文艺界名流，如李叔同、欧阳予倩、鲁迅等，鲁迅还为隆恪画过一幅速写，可惜后来遗失了。

隆恪回国后，先在家闲居六七年。时值军阀混战，政局紊乱。隆恪不愿夤缘附会，混迹浊流，有诗句云"甘旨惭无措，浮沉谢不能"，以申其怀。1915年十月初二日结婚成家。1920年秋，应留日学友赵幼梅之邀，赴东北奉天四平铁路局任科员。

---

① 李开军考证隆恪可能是自费留日，见李开军《陈三立年谱长编》中册663页。

1922年9月，直奉战争期间，隆恪离开东北来到北京谋职，租住一个小四合院，与长兄衡恪经常相聚。1924年冬，应文群之邀，赴南昌江西财政厅任职（文群是文廷式的族侄孙。文群的弟弟文倬，与隆恪是连襟）。1927年，任南浔铁路局局长；1928年，任汉口电讯局主任；1930年，任九江税局主任；继又任江西财政厅科长、秘书；1936年，任粤、闽、桂、黔四省统税局顾问。抗战期间，携眷辗转迁徙于江西萍乡、泰和、兴国、宁都等地。其间一度在迁移至泰和的江西省政府财政厅任专员，1944年任江西兴业公司秘书（属建设厅）。抗战胜利后，任南昌邮政储蓄汇业局副理。1948年秋，调南京总局任秘书。1951年，隆恪由知交李一平转圜，经齐燕铭介绍，任上海文管会顾问，与沪上名流徐森玉、夏敬观、汪旭初、江翊云、陈病树、吴健陶、李拔可、陈颂洛、汪辟疆、孙伯绳、李疏畦、杨千里、赵剑秋、吴眉孙、辛心禅、瞿兑之、何骈熹等旧雨新知诗酒文会，唱和往还，度过了他晚年一段愉悦时光。

综观隆恪的一生，可谓“内行修洁，实世其家”（李一平向中央统战部推荐隆恪信中语）。虽然未从事文化、教育事业，但精神气质仍然未脱书香子弟、传统读书人的藩篱。

隆恪少年时，祖父陈宝箴曾书写一扇面留给他。扇面的全文为：

> 读书当先正志。志在学为圣贤，则凡所读之书，圣贤言语，便当奉为师法，立心行事俱要依他做去，务求言行无愧，为圣贤之徒。经史中所载古人事迹，善者可以为法，恶者可以为戒，勿徒口头读过。如此立志，久暂不移，胸中便有一定趋向。如行路者之有指南针，不致误入旁径。虽未遽是圣贤，亦不失为坦荡之君子矣。君子之心公，由亲亲而仁

民，仁民而爱物，皆吾学中所应有之事。故隐居求志则积德累行，行义达道则致君泽民，志定则然也。小人之心私，自私自利，虽父母兄弟有不顾，况民物乎？此则宜痛戒也。四觉老人书示隆恪。

其时隆恪十二岁左右，已初识世事了。祖父的家训在他胸中当留下了深刻的印象。四觉老人训诫子孙，要求“学行统一，严义利之辨”，其中“自私自利，虽父母兄弟有不顾”之语，即使在今日，也仍有很强的针对性。家训中的观点，与“四觉”① 的内涵也是吻合的。

结合四觉老人陈宝箴题写的扇面内容，来分析隆恪一生的立身行事，始知隆恪的家族、乡梓情结深厚，是有木本水源的。他对家庭很负责任，大哥衡恪早逝，他自觉顶替长子的担子。1920 年代后，南昌西山、杭州牌坊山墓地，基本上由隆恪维持。

1937 年阴历八月初十日，散原老人在北平去世，柩厝长椿寺中，未及南运。抗日战争时期，隆恪一家避居萍乡乡间，每与妻女谈及老父灵榇，辄悲泪盈眶，亟盼早日光复，迎返杭州与母合葬，并替牌坊山设计一远期规划：有鉴于历代名人墓历久湮没，若要长保永存，则必须使墓园环境美化，多种梅树，与林和靖之孤山梅景遥相呼应。他又觉得牌坊山之名太俗，拟改为徘徊不忍去之徘徊山，且音亦相近。

---

① 陈宝箴晚年自号“四觉老人”，其由来是同治元年（1862）陈宝箴在老家竹塅筑书楼以读书励志，“以视、听、言、动之四目，恻隐、羞恶、辞让、是非之四端，有时不能自觉也”，遂以此四目、四端名书楼。这个读书楼已倾圮，现只留下一个叫“四觉垴”的地名。

1948年阴历五月，散原老人之灵榇终于南返归葬杭州牌坊山。隆恪的那个美化墓园之计划，虽然由于种种原因未能实现，但我们可以从这件事体会到他的“孝思不匮”“慎终追远”的传统美德。

2 隆恪与庐山的“一面缘”，始于1917年由萍乡返南京，船经九江遥望庐山，留下《舟泊九江望庐山作》诗一首：

比屋遮江柳作围，蚀天山影抱云肥。
浮生对此空来去，一掬乡情稳载归。

这是他百首庐山诗的开篇。

1928年旧历五月，隆恪卸去南浔铁路职务，携妻女上庐山避暑，在牯岭赁屋以居，作数月勾留。次年旧历五月，任职汉口电讯局时，体质孱弱之女儿小从患百日咳久治不效。医生认为，如拖延下去，恐转肺痨，建议上庐山疗养。适三舅父俞寿臣在山置有别墅，其子女亦先后来山疗养，遂决定不妨一试，全家上牯岭。可喜的是，小从的咳疾竟不药而愈，体质亦逐渐增强。其母常叨念：“小从这条命是庐山捡回来的。”隆恪一家从此长住下来，开始了前后13年的山居岁月。

隆恪定居庐山不到一年，即迎老父上山颐养，“匡庐侍父窥洪荒，藜藿逢迎猿鸟悦”。散原老人自俞夫人去世后，行止在上海、杭州不定，且已到耄耋之年，需要一个安宁的生活环境。隆恪在庐山定居为迎养老父创造了条件，故陈仁先《次韵散原先生大雪后过访》诗说“我视女疾讨灵药，翁就子养栖岩堵”。陪侍老父山居时期，是隆恪一生中最值得珍视的几年。一家三代享天伦之乐，赏林泉之胜。山居除炎暑外，其他时候则游客稀少。隆恪总是以书遣日，而且诗兴大发。隆恪一生有两次诗兴大发时期：第一次是1925年在杭州，当时在外国留学的寅恪、登恪回国。这是陈家自俞夫人去世后，第一次兄弟们聚在父亲身边。隆恪辞掉了南昌的工作，专心在西子湖畔陪伴父亲，八个月中，得诗六十余首，其中不少是步散原老人出游原韵写成的。第二次即庐山侍父时期。从1929年冬到1933年秋共得诗77首，其中1929年十月二十一日至1930年清明节，得诗60首。在四个多月的时间里，完成这么多的诗作，无疑需要平和的心境和创作的激情，需要一种孕育诗情的氛围。散原老人的到来，把这种氛围推到了高潮。这只要把父子俩的同题诗作排比列目，就可以得到证实：

① 父：《己巳十月别沪就江舟入牯岭新居》，
子：《十月二十二日侍大人自沪入牯岭新居谨步原韵》；
② 父：《游黄龙寺观古木一银杏两柳杉也》，
子：《侍大人黄龙寺观古木用大人韵》；
③ 父：《雪霁访仁先芦林山居》，
子：《雪霁侍大人访仁先丈芦林》；
④ 父：《晴望》，
子：《谨次大人晴望韵》；
⑤ 父：《微晴步寻寿臣新宅》，
子：《三舅新居即事》；
⑥ 父：《雪夜蜀人杨德洵招饮》，
子：《雪夜聚饮杨德洵山居》；
⑦ 父：《长至后一日于晴雪光中挈隆儿夫妇及七龄女孙摄影纪以一诗》，

子:《长至后一日雪霁晴光中偕婉芬小从侍大人摄影山居庭前》;

⑧ 父:《己巳山居除夕适登恪自武昌至》,

子:《岁暮山中喜八弟至》;

⑨ 父:《庚午元旦》,

子:《庚午元旦》;

⑩ 父:《雪夜对月》,

子:《雪夜望月》;

⑪ 父:《上元夕携家踏雪径玩月听水》,

子:《上元夜同家人侍大人步月》;

⑫ 父:《二月二十二日杨居士德洵招饮》,

子:《二月二十二日侍大人应杨德洵之邀》;

⑬ 父:《雨霁步寻松树林还过山市》,

子:《雨霁偕家人侍大人散步松树林》;

⑭ 父:《三月三日同惕园互挈家人杂两稚子出谷口游眺》,

子:《三月三日偕婉芬小从及简叔乾眷属循涧径踏春》;

⑮ 父:《清明日携隆恪夫妇登恪小从过天泉洞御碑亭观天池》,

子:《清明日侍大人游仙人洞及大天池婉芬八弟携小从同行》。

清明节后，隆恪离山一段时间，前面已言及，隆恪1930年在九江税局任职。散原老人亦于十月下山，并从此封笔戒诗。虽然不久又重上山，但父唱子和的生动场面从此未再出现。

1933年阴历八月，散原老人离开庐山赴北平，就养三子寅恪家。1937 年阴历八月初十日，散原老人在北平去世，隆恪、方恪奔丧北平。将老父丧事料理完后，即偕登恪夫妇南返（登恪早在暑假时赴北平探亲）。当时，因战火蔓延，铁路阻断，只好改乘海船到上海，再转内地。过天津时，受到周叔弢、周一良父子饯宴。抵沪后，当年留日同窗陈群闻讯，即来旅舍造访，并设宴坚邀赴席，同席者除二三留日旧友，余皆沪上知名人士，并邀请杜月笙（杜未亲来，由代表出席）。陈群介绍道：杜月笙先生是上海的“老大哥”，陈彦和先生是我们这辈人中之老大哥。极尽吹捧拉拢之手腕。陈群当时已投靠日伪，并任要职，正极力搜罗班底人材。见到陈隆恪，如获至宝，遂大献殷勤，百般诱劝。隆恪托辞婉拒，席散后，回到旅舍，当即偕登恪夫妇连夜搭乘车辆，经金华、丽水赴赣，几经迂回，才于初冬返抵牯岭，如惊弓之鸟得返旧巢。情绪稍定后，他写了两首诗以纪此行：

丁丑冬南旋过沪友人招饮赋示同座

南渡凄然指陆沉，斜阳败垒气萧森。
相逢何世魂犹寄，一掷无涯梦可寻。
劫外盘飧今日尽，眼中形影故交深。
少年同学堂堂在，谁识当时未死心。

另一首是答赠诗友蔡公湛的五古长诗，诗中叙述了这次北上奔父丧的经历：

秋风摧草木，日堕形影离。
孤儿奔一哭，仓皇觅归途。
尘氛压南北，喋血神州污。

窜投戎马间，脱命欲何如。……

1938年上半年，隆恪在庐山闲居。时寇氛方炽，老父辞世，胸中很是压抑，仅作诗七首。《春日往视舅氏片叶庐》写道：

松影层层碎，泉声故故长。
群峰藏旧馆，片叶熟黄粱。
穿峡人何在？啼莺草自芳。
烽烟南北道，泪眼湿斜阳。

其时三舅父俞寿臣亦已去世，俞家的别墅片叶庐已很久没人居住了。诗中隐含着蒿目时艰、物是人非的苍凉之音。

1938年6月下旬，日寇进逼九江，马当、湖口、彭泽相继陷落。7月26日，九江失守。秋季，当局考虑到既要应付战事，又要维持冬季山上的生活所需，便决定强迫疏散居民，其时下山的道路，只有山南庐山垄一条小道可行。隆恪因事已先在阴历六月十四日下山，无法回山处理撤离事宜。喻夫人是小脚，下山极艰难，好不容易雇了一乘轿子，带着小从与几户邻居结伴下山。一路山石荦确，有些陡坡地段根本无法抬轿，喻夫人只得下轿步行。路两边难民弃婴遗尸，惨不忍睹。①

1946年5月，隆恪一家返山。八年睽离，重返旧居，隆恪用1929年老父上山诗原韵，写了五古长诗一首，以寄托自己的感慨。当时松门别墅一片狼藉，检视遗物，发现家什丢失不少，喻夫人与小从足足清理了半个多月。最痛心者，临行前藏在阁楼隐蔽处的一只樟木箱竟不翼而飞。箱里藏有右铭公奏

---

① 参见吴宗慈《庐山续志稿》293、640页。

折、散原老人未刊文稿及陈衡恪、王梦白、萧稚泉、徐悲鸿的画作。这是义宁陈氏文献资料的一次巨大损失。隆恪日后每念及此，便“塌然摧肺肝”，难以释怀。当地老乡告知：箱笼什物系本地宵小所窃。而有价值之文献、名人字画、文物则为日本人劫夺。日本人占领庐山时，确曾大肆搜刮文物，庐山文物遭受了一次空前的浩劫。如果陈家的这批文献尚在人世，相信终有浮出水面的一天。

隆恪一家返山后，在松门别墅又度过了两年平和安定的日子。时隆恪在南昌邮政储蓄汇业局任副理，曾与南昌的诗友结“宛社”唱酬。主要成员有程学恂、熊冰、熊柏畦、王易、涂世恩、吴天声等二十余人，多在百花洲聚集，品评诗作名次，或以诗钟为戏。这一时期隆恪在庐山、南昌两地往返不定，其间二妹新午一家及八弟登恪一家曾来庐山避暑，二侄封怀在庐山植物园任职，平静多年的松门别墅又一度喧腾热闹起来。妹夫俞大维其时任交通部部长，有意给他运动庐山管理局局长的职位。① 隆恪说我只能当三季，到了夏季就干不了。因当时盛传有位管理局局长靠扶宋美龄的轿杠上山而被提拔，隆恪素来不愿趋承献媚，故用诙谐之言来表示自己的鄙视。

抗战胜利后，庐山一度复兴。1946 年 7 月 15 日，江西省政府在庐山举办“暑期学术讲习会”，学员为各级教育机关工作人员，约请学者名流为讲师。陈家的世交和隆恪的朋友夏敬观、吴宗慈、程天放、符恺元、彭友善、程柏庐、胡先骕、吴辑民、涂公遂等均云集庐山。② 乱后重逢，倍感温馨，一群人经常聚会，

① 1936 年 6 月到 9 月，隆恪曾当选为“庐山参事会”的会员，为 20 个会员之一。见吴宗慈《庐山续志稿》224 页。

② 见吴宗慈《庐山续志稿》184、564—581 页。

饮酒赋诗。《庐山续志稿》卷五《艺文·诗存补》和隆恪《同照阁诗钞》保存了这些诗作。这里选录数首，以纪当时人文之盛。

程天放《雨夜集恺元寓庐棋酒尽欢赋呈同座诸公》：

秋雨敲窗苦寂寥，主人好客便招邀。
诗留天地钦文采指剑丞烟丈，饮吸江湖显玉标陈彦和兄豪于饮。
崖壑芳菲千品备陈封怀君为植物学家，谓山中草本逾千种，尘寰懊恼一秤消。
吾衰愧乏匡时策，且癖烟霞作寓侨。①

程柏庐《山楼小集赠剑丞霭林彦和简庵步曾翰叔莲舫芷町公遂韵武诸友》：

八方风雨来牯岭，一代兴衰系此山。
地涌万泉终汇海，天留五老正当关。
清游仙客随行脚，乱世词人见厚颜。
赢得干霄孤剑在，寒光掩映石林间。②

这段时间，隆恪的心情比较开朗愉快，所作诗除怀念兄弟、知交外，其余的都是和朋友聚会唱酬之作。其间李一平亦从云南回山，更增添了老友故地重逢的喜悦。因此 1946 年的夏季虽然短暂，但却可以视为隆恪山居岁月中的一个亮点。

1948 年秋，隆恪调邮政储蓄汇业局总局任秘书。离山前，

① 隆恪有和作《秋日符君棋酒招集山居次和其韵兼呈剑丞丈》，诗略。
② 隆恪有和作《柏庐先生宴集酒楼赋诗纪兴依韵和酬》，诗略。

隆恪在松门别墅设宴告别友朋，并赋诗一首，尾联云“筑屋披榛麋鹿散，惟凭薇蕨证初心”，表达了他对庐山和松门别墅的留恋。下山后，重阳节这一天，隆恪率妻女往南昌西山扫墓，这是陈家第三代最后一次祭扫。

正当隆恪携家赴南京时，恰值徐蚌会战前夕，遂改赴上海就总局秘书之职。上海解放前夕，邮汇总局迁往台湾，隆恪不愿赴台，与部分留沪同事参加了“保卫金库”行动，直至上海解放，解放军接管为止。尔后参加了学习班，几个月后，学习班结束，隆恪被分配在北京人民银行工作。但此时已发现患有膀胱癌，未去就职。1951 年，由齐燕铭介绍，上海统战部推荐，任上海文物管理委员会顾问，月薪 90 元，从此定居上海。按照隆恪生前的意愿，是想重回庐山终老天年的。1930 年代初，曾与至交李一平相约不离山。1947 年又在一首致李一平的诗中重提归隐庐山的旧约。然而生事蹙迫，以后一直滞留沪渎，未再返回旧居。晚岁怀旧，每于风晨雨夕，萦念故山，常把绵绵的思念浓缩在诗句中，如“流天寒籁念山扉，五老招携老不归”“知否匡庐猿鹤怨，含情为诵北山文”“听雨神游造化端，庐山燕市纵追欢”“此日匡君知下鉴，白头终负作山民”。而最令人感动的是《病中偶吟》一诗：

身世东西断梗飘，更无乡思托渔樵。
灯前乍现匡君面，心上松涛卷此宵。

如此一唱三叠，长歌咏怀，可证庐山在隆恪心目中占有多么重要的位置。在千百个深情眷恋庐山的“山民”当中，隆恪应是感情最强烈者之一。有道是“伤心人别有怀抱”，庐山既是隆恪乡土情结的栖息地，又是抱道守志的载体，是他生命意义的一部分。这是隆恪与其他“山民”的不同之处。他留下的一百余首涉及庐山的诗作，是一份重要的庐山山志史料，值得留心庐山文史者珍视。

3

谈陈隆恪，不能不谈他的诗。陈衍的《石遗室诗话》卷二〇云：“散原诸子多能文辞。余赠师曾诗，所谓‘诗是吾家事，因君父子吟’者也。”陈声聪《兼于阁诗话》“陈寅恪”条谓：“散原诸子皆工诗，皆不为其父之诗。”关于陈氏兄弟的诗风宗向是否与其父途辙相同，尚须进一步探讨。不过，散原老人对几个儿子作诗，并未着意真传，倒符合实际情况。对方恪，只说了句“做诗，七伢尚可以”；对寅恪，曾评其名作《王观堂挽词》为七字唱；[①] 对隆恪，某次偶然在刊物上看见隆恪的诗，颇为惊讶，说：“没想到隆伢也会作诗，而且不流于浮泛。”以后散原老人常到隆恪房间，看他放在书桌上的诗稿。及至年事已高，若有应酬，有时也让隆恪代笔。世传散原老人的诗作有的不见于《散原精舍诗》集中，大约便是这个缘故。

隆恪的诗作在文友圈子里传开后，一时名声播扬。胡朝梁1918年作《师曾弟彦和学诗甚晚而工索句因酬》：

> 二十学诗吾恨晚，三十学诗晚尤工。
> 君家旧是文章伯，海内今无六一翁。
> 问舍求田聊自诡，入山逃世倘能同。
> 千街槐树西风碧，归梦江南逐塞鸿。

又作《答彦和寄示近诗》：

---

① 见高阳《高阳说诗》105页。

少陵老作惊人句，有子工诗突过爷。
还诗欲寄兵曹斧，不使诗名在杜家。①

与衡恪、寅恪、方恪作诗微有不同的是，隆恪的诗兴，得力于岳父的引发。1915 年，隆恪新婚燕尔，时岳父喻兆蕃已归老田园。这位进士出身的老儒，特别喜欢笃实厚道的隆恪，便试着引导他学写诗词，曾送给隆恪一部《诗韵》。隆恪学的虽是财经专业，但文史素养自有根柢。旧时凡读过家塾的人对古文、诗词、对联、书法均不外行，何况陈家这样的书香门第的子弟。所以隆恪的诗才一经启发，便一发不可收拾，积 40 年心血，得诗千余首，并缮写装订成册，交小从保管。“文化大革命”期间，小从将诗稿拆开夹在政治读物中，细心呵护，使诗稿得以幸存。1982 年，小从携诗稿到上海，请六叔寅恪的弟子蒋天枢编选诗作。蒋先生阅完诗稿，给予很高评价，曾在致小从函中说：“没想到师伯的诗写得这么好。可惜当初不知道老人家就在上海，否则可以推荐到复旦来讲课。”1979 年，蒋先生撰《陈寅恪先生编年事辑》，在“1956 年”条下，叙隆恪夫妇逝世事缀一语：“当老夫妇俩在世时，枢因不知住处，未获往谒。追思往事，无限伤感。”

蒋天枢先生（1903—1988）是复旦大学中文系教授，我国著名的《诗经》《楚辞》研究专家。1927 年，考入清华学校国学研究院，从此向陈寅恪先生执弟子礼。1964 年，寅恪先生将自己一生心事——编辑自己的文集托付于他。1970 年代末，蒋先生不顾年老体弱，耗尽心血，终于编好《陈寅恪文集》七种九册，由上海古籍出版社次第出齐。在编辑先师文集的同时，蒋先生又

① 见胡朝梁《诗庐诗文钞》，1923 年刊印；又见 1918 年 5 月 22 日《大公报》。

撰写了《陈寅恪先生编年事辑》一书，作为《文集》的附录。从《事辑》一书中载录的大量义宁陈氏家族成员资料来看，蒋先生对义宁陈氏的深厚感情已不限于恩师陈寅恪一人。

蒋先生在继整理、编辑《陈寅恪文集》之后，又为隆恪先生的诗作出版操劳出力，是对义宁陈氏的又一次奉献。按照陈小从的计划，是想请蒋先生编选父亲诗作的，以蒋先生的功力，完全可以胜任。但蒋先生恳切婉辞，说师伯的诗他不敢选，只应允写一篇前言。蒋先生的尊师重道，再次感动了陈氏后人。1988 年蒋先生逝世，陈小从动情地写了《挽蒋天枢先生》一诗：

史海书山探秘珍，瓣香长系义宁陈。
立深寒柳堂前雪，坐揽清华苑里春。
白鹿传薪成《事辑》，屋乌推爱启芜榛。
谆谆细雨无声润，遗札犹含绛帐温。

隆恪的诗稿，经蒋天枢先生的联系、推荐，几经周折，最后由汪荣祖先生受蒋先生委托，带往香港，交给他的好友何广棪先生。俞大维得知此事后，极为赞成、高兴。1984 年，隆恪诗作由香港里仁书局出版，印数 500 本，诗集名《同照阁诗钞》。何广棪为此写了《读陈隆恪先生〈同照阁诗钞〉随笔》，发表在台湾《传记文学》第 41 卷第 2 期上。文章结尾说："笔者前出版有关寅恪先生诸书，颇蒙前国防部长俞大维先生奖誉。大维先生与陈氏昆仲谊在表亲。今闻诗钞将面世，定必快慰莫名，欣然于怀。"

隆恪诗稿共 1 117 首诗。《同照阁诗钞》选录其中古、近体诗九百三十余首。书前附蒋天枢先生的《前言》，李一平 1959 年

《读彦和兄遗诗感赋一律》；书后附俞启崇《〈同照阁诗钞〉后记》，陈小从《〈同照阁诗钞〉编后记》。陈小从在记文中叙述了诗集得名的由来：

同照阁者，匡山故庐松门别墅中一亭阁。阁三面轩窗，日辉月映，晶莹敞亮，故名之曰“同照”，为先君与家人侍杖起居之所。先君常燕坐吟啸于其间，听松涛、观云海、送夕阳、迎素月。顾盼俯仰，怡然自乐，尘襟涤而遐想生，情景触而歌咏成，此殆同照阁所以答主人之眷爱者欤？先君九泉有知，得悉以“同照”名其诗集，谅亦为之欣然也。

陈小从在整理、抄录父亲遗稿时，曾赋诗二首：

风树悲无极，辜恩二十年。
蜗居虱病榻，痴梦挂云泉。
坐废尘生甑，安贫荼变甜。
无能擒二竖，怅立晚窗前。

束阁藏箱廿载余，墨痕斑灿泪痕枯。
传经徒慕伏生女，继业难绳曹大姑。
覆瓿文章珍敝帚，枣梨事业付前途。
椿萱有慰应含笑，痴女犹希读父书。

《同照阁诗钞》出版后，陈小从又赋诗志感：

同照阁中暖夕阳，终欣瑰宝焕明光。
杜陵有史诗名重，蔡琰传书宿愿偿。

阅世经纶殉铅椠，嶙峋风骨满吟囊。
洛阳纸贵他年事，文库欣添梨枣香。

这一文三诗，寄托着小从对老父的无限深情和哀思。

《同照阁诗钞》的出版面世，对隆恪诗作的流传和学界研究义宁陈氏文化世家起了很大的作用。1990 年代刊行的几种陈寅恪传记涉及陈氏家世和陈氏兄弟时，均称引《同照阁诗钞》中的相关诗作。影响甚大的成书于 1993 年的钱仲联《近代诗钞》，选录隆恪诗作 54 首；杭州大学毛谷风编著、华东师范大学出版社出版的《二十世纪名家诗词钞》选录隆恪诗作 6 首。2007 年，中华书局出版了由张求会整理的《同照阁诗集》。该书搜集齐全，点校精良，是目前较好的陈隆恪诗作读本。2009 年，江西人民出版社出版了由陈小从选编、刘经富整理的《陈隆恪分体诗选》，并附《陈隆恪先生年表》。随着学界研陈的不断深入，《同照阁诗钞》将进一步为人们所认识、所评价，其作用和价值将日益显示光大。

4 如上所述，义宁兄弟俱能诗，但学术界对他们诗作的研究，目前尚没有形成规模，只是作为散原老人在诗史上的附庸和陈寅恪传记中的附录。实则衡恪、隆恪、寅恪、方恪的诗作在近现代诗史上均有自己的一席之位。对隆恪诗作的评价、认识，以陈声聪、钱仲联、蒋天枢三家的说法最有价值。陈声聪说：“彦和之诗，亦不主一家，大体近涩。论功力，有过于师曾、寅恪，而聪明微不及师曾，才气微不及寅恪。”① 钱仲联将隆恪列为“同光体赣派”，认为“陈氏诸子都能诗，但与三立趋向不

① 见陈声聪《荷堂诗话·补谈义宁兄弟》169 页，福州，福建美术出版社，1996。

同，惟隆恪能传三立衣钵。诗风宗向以宋诗为主”。[1]“《同照阁诗钞》遣词炼句之巧，置之散原集中，如出一手。其有关世运隆污者，尤可见其襟抱，不仅为赣派之护法神也。”[2] 蒋天枢说：

> 彦和先生，生平所历，坎坷多于平途，一寓托之于诗。晚清百余年来，世道俶诡变幻，先生时撷之以入诗，以故同照阁诗于晚清以还世道隆污反映者实多。此留心近世史者所宜观览也。（见《〈同照阁诗钞〉序》）

上述三家的见解、评述都是理解、欣赏隆恪诗作的津梁，具有指导性的作用。比较起来，蒋天枢先生的说法具有更深刻的内涵、更广阔的视野。如果我们按照蒋先生的思路，把《陈宝箴遗诗》《散原精舍诗》《陈师曾遗诗》《陈寅恪诗集》《同照阁诗钞》作为一个整体来通览考察，就会发现《同照阁诗钞》蕴含的义宁陈氏家世、家史资料尤为厚重。陈三立、陈衡恪、陈寅恪诗作中的许多本事、人物、地点、事件，很多都可以在《同照阁诗钞》里找到出处，得到印证。《同照阁诗钞》直接反映重大历史事件和政治人物的诗作虽不多见，但义宁陈氏从陈宝箴到隆恪三代人的身世浮沉无疑是近代中国历史转型过程中的一个缩影。站在这个角度上来理解蒋先生的评述，尤觉得蒋先生独具慧眼，寄托遥深。读《同照阁诗钞》虽然用不着像解读陈寅恪诗那样，需要索求“今典”或“密码系统”，但也不可就诗论诗，使玄机邻于

---

① 见钱仲联编著《近代诗钞》“陈隆恪”条，第 3 册总 2073 页，南京，江苏古籍出版社，1993。

② 见钱仲联《近百年诗坛点将录》，载《梦苕庵论集》356 页，北京，中华书局，1993。

浅白。

蒋天枢先生对《同照阁诗钞》的认识，与他在撰写《陈寅恪先生编年事辑》一书时，采择衡恪、隆恪的诗作来印证陈家的家世不无关系。《事辑》共选录隆恪诗作17首，开了用陈家第三代的诗作来注解家庭成员行踪、往来的先河。紧接着，何广棪先生在《读〈同照阁诗钞〉随笔》一文中，将与寅恪相关的22首诗作全部抄录。此外，《同照阁诗钞》中尚有十余首与长兄衡恪相关的诗和十余首与八弟登恪相关的诗。总的说来，这数十首涉及同胞兄弟姊妹的诗作除抒发手足之情外，还有一个重要的主题便是追怀祖德，眷恋故居。

光绪二十四年（1898）的戊戌政变事件，对陈家来说，既是世变，又是家难，不可能不给陈氏兄弟留下创痕。据寅恪回忆，陈家返乡之初，住在南昌磨子巷，有一天收到一封匿名信，中有“翩翩浊世佳公子，不学平原学太原”两句诗，暗讽陈三立不识大体，利令智昏，妄想自立为王。[①] 以游戏之笔，居落井下石之心。陈家的第三代，除衡恪、覃恪外，隆恪、寅恪、方恪、登恪以及衡恪长子封可均在巡抚抚署长大。因此，对那个度过自己童年的故居的怀念，便成了隆恪一生挥之不去的心事之一。1916年，隆恪前往萍乡探视新婚妻子路过长沙，作《长沙将见六弟于旧抚署计侍先祖去此二十年矣抚念今昔怆然感赋》：

风云开济几人存，万古灵标照棘门。

落眼层楼温梦寐，攀天双桂拾秋痕东西两内院各植桂树一株，大可合抱，童时常与诸弟嬉游其下。

① 见石泉《寒柳堂记梦未定稿（补）》，载王永兴主编《纪念陈寅恪先生百年诞辰学术论文集》26页。

廿年兴废供弹指，往事迷离共断魂。
改服康屯知继起，西山葱郁护朝暾。

1946年阴历五月，隆恪携家重返庐山，检视遗物，发现旧时一张照片幸存，不禁怅触万端，写了《题五十年前余九龄时与六七两弟康九两妹于长沙抚署后园又一村摄影》七绝一首。照片摄于光绪二十二年（1896）。隆恪生前曾多次与女儿小从忆述湖南抚署的童年往事。陈小从曾将这些回忆写成二十余首绝句，记以脚注，给后人留下了一份陈氏兄弟童年生活场景、情趣的重要资料。

《同照阁诗钞》中，最强烈、最集中体现隆恪的故家乔木意绪的诗作，是他的谒墓诗。1943年，章士钊在成都撰《论近代诗家绝句》，吴宓在昆明撰《读〈散原精舍诗〉笔记》，两人不谋而合地都认为散原老人崝庐谒墓之作，是《散原精舍诗》中隐含家世家国之痛最强烈的诗作。这个家世家国之痛的基调，也传给了陈氏兄弟。我们看衡恪和隆恪的谒墓诗，也是如此。

1959年，陈小从将父亲抗战以后的诗作摘录抄寄给李一平先生，李一平答以一律，中有“江南月是传家物，笔底怀耽誓墓贫”两句。李一平不愧是陈家的至交，这两句诗敏锐地抓住了隆恪诗作的重要部分。这一联诗的出典是，光绪二十八年（1902）的冬至，陈三立从金陵赴南昌西山扫墓，写了七首五绝，第五首为：“贫是吾家物，宁敢失坠之。江南可怜月，遂为儿所私。”1924年，隆恪在《春日感赋》诗中，悲诉慈母、长兄的殒逝，中有“江南夜月照谁家”之句，可证隆恪对父亲谒墓诗中具有特定内涵的“江南夜月”的意象也是冥合心契、不敢须臾忘之的。

义宁陈氏的先茔共有四处。修水老家竹塅村：有陈家从福建迁修水开基祖鲲池公墓；陈宝箴的祖父克绳公墓；父陈伟琳墓；弟陈观瑞墓。至于陈宝箴的祖辈、父辈其他成员墓，则限于篇幅，难以一一列举。湖南平江金坪里（与修水接壤）：有陈宝箴的母亲李夫人墓；陈宝箴的长兄陈树年墓；陈宝箴的次子陈三畏墓；陈三立的前妻罗夫人墓、陈三立殇子同良墓。南昌西山：陈宝箴夫妇墓；陈三畏夫人张氏墓；陈衡恪前妻范孝嫦墓、汪春绮墓；陈三立堂侄荣恪墓、儒恪墓，以及陈家的几位姻亲墓。杭州牌坊山：陈三立与继妻俞夫人墓；陈衡恪墓。

修水老家和平江金坪里的先茔留下陈宝箴较多的痕迹，不少碑文即出自陈宝箴的手笔；而陈三立的痕迹则主要留在西山先茔，平江次之；到了隆恪这一辈，祭奠怀思的则主要是西山先茔和杭州先茔了。修水老家、平江金坪里、南昌西山先茔均有墓田和墓庐，作为岁时伏腊维修先茔的费用和守墓人的报酬，当地民间流传着不少陈家修坟和陈家后人上坟的遗闻轶事。从陈三立到陈小从，公孙三代留下了两百多首与先茔有关的诗、词，一个家族的家史就这样通过祖墓先茔一代又一代地传递延续下来。

今本《同照阁诗钞》共录存隆恪涉及西山、杭州先茔的诗作二十余首。时间集中在 1924 年至 1929 年卜居庐山前和 1949 年至 1956 年逝世前两个时期。体式有五古、七律、五律、绝句，不管什么体式，大都写得哀婉凄恻，而且愈到晚年，愈增沉重。1949 年清明节，隆恪作诗志感，有“人间已失偷生地，宿草无涯涕泪前”之句，大约他已预感到再不能步老父后尘，每年的清明、冬至上坟祭扫了。1952 年又值清明节，隆恪在病中作诗，有“已阻墓门陈麦饭”“没世深恩涕泪私”之句。

1953 年的冬至，已经病重的隆恪写了两首五律：

葱郁西山下，先公拜墓时。

运移犹此日，身老亦孤儿。
宿草春能探，丰功世欲遗。
峭庐肠断句，披卷昊天知。

短景支颐尽，寒飙掠鬓惊。
双碑胶瘖瘵，万劫腐心情。
塔耸招云气，江流咽雨声。
圣湖空自媚，扶病涕纵横。

两首诗一首写南昌西山，一首写杭州西湖牌坊山，是隆恪在这一年内写的最为低沉的诗章。两首诗的造语炼意，与其父的谒墓诗同一面目。《同照阁诗钞》中此类诗作从数量上讲并不多，但分量很重，每一首都流露出至性真情，具有极强的艺术感染力。

5 隆恪夫人喻婉芬是江西萍乡市福田镇清溪人喻兆蕃之女。由于陈隆恪一生受岳父家的影响甚深，因此对喻兆蕃及其家庭成员也须做适当的介绍。

喻兆蕃（1861—1920），字庶三，出生于书香门第，仕宦之家。祖父喻增高，由翰林官至左庶子，是萍乡著名学者之一，著有《澹香斋集》十卷。父恭和，优廪生，著有《友松山房集》。喻兆蕃年少时，读书于家塾松荫书屋。年二十，在县、府考试得第一名，以文名扬于乡里。光绪十一年（1885）考取举人。光绪十五年（1889）29岁时，考取进士（与陈三立为进士同年），留京任工部主事。光绪十八年（1892）丁父忧回籍。光绪二十一年（1895），陈宝箴保荐喻兆蕃到湖南会办矿务局，[①] 光绪二

① 见陈宝箴《请以喻兆蕃会办湘省矿务局片》，载汪叔子、张求会编《陈宝箴集》上册344页，北京，中华书局，2003。

十四年（1898）以知府衔分发浙江，任宁波知府和浙江布政使。光绪三十三年（1907）七月，因母丧丁忧回籍，入民国后未再出仕。

喻兆蕃亦能诗，可惜诗集已经散失，但从《同照阁诗钞》早期诗作中多有奉侍岳父出游、吟咏喻兆蕃故里清溪山川景色的和作来看，隆恪做诗导源于岳父确非虚语。细细品味他历年所作的与清溪风物人事、岳父家中成员相关的诗，使人感到隆恪的精神、心性得自岳父家的熏陶化育颇深，并不仅仅限于向岳父大人学写诗。

喻兆蕃有二子五女：

长子喻磐（1883—1939），字相平，光绪癸卯年（1903）举人，我国现代著名女歌唱家喻宜萱的父亲；

长女喻筠（188？—1940），字逸君，曾在南昌创办“女子公学”并自任校长。适萍乡贺鹏武（字逊飞），贺系前清末届举人；

次女喻雅（1888—1967），字南士，适萍乡文倬；

三女喻徽（1891—1956），字秀群，一字婉芬，适义宁陈隆恪；

四女喻彤（1892—1965），适莲花朱毓璋（朱益藩之子）；

五女喻彝（1898—1967），字蕴初，适山阴俞大经；

次子喻崧（1901—1965），字叔峻，娶萍乡贺国昌之女。

喻兆蕃的思想很开明，教女一如教子。儿女自幼即延师授读，与当时只注重女红、女德教育不同。这里抄录喻宜萱的一段回忆录，以供参照：

> 我出身旧式的书香世家，祖辈有好几代是文人学士。祖父喻兆蕃是前清翰林，父亲喻相平是清朝末届举人……在新

> 思潮的影响下，他不顾祖父的坚决反对，毅然决然只身一人东渡日本留学，就读于早稻田大学。……我的几位姑妈都相当有学问，赋诗、作画、书法样样能行。按我家的惯例，刚刚懂事的我……迈进私塾的门槛后……摇头晃脑地诵读四书五经。……①

隆恪夫人喻婉芬就是在这样的书香氛围里成长起来的一个通诗能文的大家闺秀。她视野开阔，见识明达，谈吐不凡。有诗稿一卷，不幸在乱离中丢失，现只存留下来一些谜语、诗钟、联语，见出这位贤妻良母的文史素养。

谜语：“三宿而后出昼”，打一中药名（谜面出处在《孟子·公孙丑上》，谜底为“王不留行”）；“小人在朝”，打中药名二（谜底为“使君子”“当归”）。

诗钟:(限平、满二字)

一唱　平生意气干霄汉，满腹经纶达古今；
二唱　持平先具宰国手，戒满须从战栗心；
三唱　秋水满溪知润广，春风平布受恩多；
四唱　水蔬易满持躬士，雨露难平失路人；
五唱　闲将岁月平平过，常把春醪满满斟；
六唱　风吹柳絮雪平顶，月照梅枝花满身；
七唱　海洋大小何年满，陵谷高低几度平。

诗钟（咏物格）：

---

① 见喻宜萱《乐苑生涯漫忆》，载政协萍乡市委员会《萍乡当代科技文化名人》90 页，南昌，江西人民出版社，1997。

扇子·七夕

酷暑相依真伴侣，
初秋期会好姻缘。

烘笼·雪

六出花飞丰岁兆，
一盂火伴暮天寒。

砚·毛笔

砚田有获皆君力，
脊土丰收尽汝功。

诗钟（嵌字格）：

旧　京

旧雨频年消息断，
京华何日捷书传。

绕梁旧燕巢仍在，
迁播京国社已圩。

隆恪、喻夫人、小从联句：

久雨盼一晴，久晴又苦热。（父）
晴雨本无心，人间分怨德。（女）
九州遍烽燧，斗室敢云仄。（母）
小窗透凉风，大地共秋色。（母）

灯火代星明，远射庭院黑。（父）
乍离炎暑境，又困蚊蚋域。（女）
前溪忽怒号，何故常默默。（父）
淅沥竟成秋，好梦卜今夕。（女）
还疑洗甲兵，梦醒居乐国。（父）

隆恪与喻夫人订婚很早，两家定亲时，隆恪尚在日本留学。结婚却很迟，喻兆蕃很喜欢隆恪，一再催促陈家完婚。1915 年十月初二日隆恪至萍乡与喻婉芬结缡，隆恪从此与萍乡福田清溪这块土地结缘。1938 年，隆恪一家避难回到清溪，在这里度过了六年的田园生活。这六年是隆恪一家相对稳定的时期。其时喻相平及三位姊妹均由外地回到故乡，一大家子暂时栖息团聚在一起。清溪风景优美，民风淳朴，隆恪乡居之暇，常到周边山水佳胜处游玩，写了不少诗篇。喻夫人则常常温习少年时代读过的文史书籍，喻兆蕃丰富的藏书这时发挥了家庭图书馆的作用，隆恪与喻夫人经常手不释卷。夜晚则辅导女儿小从作诗、联句、对对子，隆恪有一句“桃源鸡犬在萍乡”的诗，反映了他一度平和的心境。不过，诗人并没有忘怀世事，他关注时局的变化，惦念萍飘梗泛的弟妹亲人。特别是想念庐山时，情绪便不能自已，他移居一处叫“遗经书屋”的住宅，便想起松门别墅：“鞠育随播迁，不识故乡乐。及侍五老群，婉娈一庐托。”萍乡下了雪，便想起庐山的雪景：“庐山雪拥絮，此地真撒盐。”一次听说中国军队打了胜仗，便想着不久可以返回庐山：“陶然待续匡庐梦，入耳松风愈有情。”与朋友登山临水，心却飞到了庐山旧居：“憩坐松风下，涛声吹断续。恍坠匡庐居，情境忽相触。”大年三十赋诗，感叹“残灯留焰梦松门”。这些诗句，虽然没有晚年怀念庐山时的沉重，但也充溢着“旧山松竹老，阻归程”的无奈与焦灼。

隆恪夫妇晚年皈依三宝。中国昔日的读书人与禅家学说或多或少都有一些联系。他们羡慕那种“内刚外柔，和光同尘”的人生哲学，作为思想精神上的支柱，以适应艰难动荡的生存环境。隆恪夫妇作为这一群体中的一分子，自然不能脱离时流。“无山而隐，不褐而禅”便成了老夫妇俩半生行述的“卒章”。

1956年初，隆恪在患膀胱癌六年后辞世，夫人喻氏时患乳癌，半年后病情加剧亦逝。夫妇落葬于离隆恪父母、长兄墓地不远的杭州九溪牌坊山附近的杨梅岭。

第八章　梦里家山庐阜月

——陈小从与庐山

1 陈小从（谱名封玖）1923年阴历六月十四日出生于北京。小从出生之前曾有五个同胞兄姐，其中三个流产，两个兄长夭折。[①] 小从也是七个月的早产儿，生下来体重仅两斤半，不哭不睁眼，不会吮吸。小脸只有鸭蛋大（小从老人自嘲诙谐语），大人三个手指并拢就可以盖住她的脸。因为太弱小，像

① 据小从晚年口述，之所以如此，主要有两个原因：一是她母亲有习惯性流产的妇科病；二是与当时“物竞天择、优胜劣汰”观念在上流社会流行有一定关系。陈家的育婴法，婴儿生下来后三日内仅喂钩藤水，据说是为了排除胎毒（这与修水老家风俗一致）。婴儿单独放一室内，不许大人抱抚。正常足月的婴儿，或许能挺过来，但她的两个兄长都不足月，且出生在冬天，哪里经得起这样的“物竞天择”。父亲不忍婴儿啼哭不止，有时也抱在怀里取暖。但陈三立订的家规难违，不敢久抱。父亲这一辈和下一辈年长的堂兄都经受过这种考验。以后母亲常说，好在我生在北京，如果早几年生在南京大家庭里，就难说了。见陈小从《九秩忆往》，载氏著《吟雨轩诗文集》268页，北京，中华书局，2015。

只“小毛虫”，故父母谐音称“小从”。[①] 但这个“宁馨儿”不仅生命力超强，而且高年遐龄，为陈氏家族最高寿的两位成员之一（另一位是小从的二堂兄陈封怀）。

作为义宁陈氏家族的第四代，小从之前，已有六个堂兄了。1920 年代初的陈家，正是螽斯繁衍、安定祥和的年代，那时陈衡恪在美术界、文化界声誉日隆，寅恪在德国留学，登恪在法国留学；隆恪在北京一部门任职，与长兄衡恪时常相聚，品诗论画，探胜访旧，极得“伯氏吹埙，仲氏吹篪”之乐。一家人正雍雍穆穆，如日东升，岂料俞夫人于 1923 年六月二十九日（8 月 11 日）病卒，八月初七日（9 月 17 日）衡恪又因侍疾和办丧事劳累过度相继而去。两个月不到，突然殂落两个重要成员，散原老人伤痛惨怛，由三个女儿陪侍前往杭州西湖泻忧解怀。

俞夫人和衡恪的棺柩先厝西湖净慈寺，至 1925 年阴历十月始落葬杭州西湖牌坊山。时隆恪已在江西省财政厅任职，离杭前，写了《牌坊山原叩别母兄新茔》一诗：

湖上飞霜落叶深，氤氲云气补空林。
横江光冷吹篪梦，回嶂天迷寝苫心。
忏悔余生通静寂，浮沉万象自追寻。
痴儿坐废头垂白，待听松风夜鼓琴吾母善抚琴，用仙人琴名自署神雪馆主。

① 小从长大后觉得这个名字不雅，闹着要改名。母亲说不能改，你公公的庐山诗中多次出现你的名字，将来你要沾祖父的光显名于世呢。见陈小从《吟雨轩诗文集》267 页。

1926年，隆恪夫妇携小从至牌坊山叩墓，隆恪所写五古长诗中有“循环梦幻中，再着此女小。咿哑奋跪拜，踉跄逐虫鸟”的句子。所谓“循环梦幻中”，是看到四岁的幼女跪拜虔诚，又被田野风光所吸引，因而触景生情想起二十六七年前自己与兄弟拜谒祖父祖母（位于南昌西山的陈宝箴夫妇墓）坟茔的情景。

这样，陈小从三四岁时就在杭州承担了为丧妻失子的祖父排忧解闷的角色。三年后，更获得一次不可多得的与祖父朝夕相处、膝下依偎的机会。

1929年阴历十月，散原老人移居庐山，其后长住四年，对孙女陈小从一生的影响是巨大的。这四年与祖父的形影不离，亲闻謦欬，决定了陈小从一生的走向。论陈家与庐山的关系，贡献大当推陈三立；时间久当推陈隆恪、陈封怀；受影响大当推陈小从，她是最大受益者。在山上，她陪伴祖父，得到老人抚爱呵护和熏陶润泽，受非凡的素质启蒙教育，并有幸接触上山的硕德名流，使眼界、胸襟不落凡俗。在庐山这个大环境里，她得到了一般儿童罕遇的诸多机遇，为日后成才成名打下了坚实的基础。陈封怀之子陈贻竹认为：“她或许是我陈家最后一位诗文颇有功力的长辈。到我们这一代已忘了‘本’，要重新捡起来实在不易，这是时代所致。”①

散原老人上山时，小从虚龄七岁。在雅人深致的老诗人眼里，含饴弄孙，与赤子同欢不仅是作诗的好材料，而且是一种人生境界。老人经常带着小孙女外出散步，一卷《匡庐山居诗》，穿插着小从牵衣蹑履、活蹦乱跳的身影。如《雪霁携稚子取径松树林历西北诸岭骋望》，从诗题上看，大约这次散步走得很远，

① 摘自陈贻竹1999年3月16日回复笔者函。

诗中有这么两句："弱雏谙还途，跃挹涧溜咽。"显然老人为仅有七岁的小孙女能起到带路的作用而欣慰。《晴旦散步眺门外诸山遂至俞三所置宅》："遂携调语雏，引步遵町疃（房屋隙地）。""引步"云云，也是带路的文雅说法。1930年正月元宵之夜，全家踏雪玩月听水，老人在诗中写道："稚子跃且呼，夜气破凝结。指就灯火窗，摹记肝肺热。"这又是一个归途中，小孩子记得自己家里的方位而激动地指路还家的场景。小从童年的聪明伶俐，从这些细微的生活小事中日渐显示出来。

此处披露一段陈小从回忆：

> 在我六岁半的那年初冬，听说父亲要去上海接祖父来山，高兴得直蹦，拜别慈祥的祖父已有二年多了，我非常想念他。父亲去上海奉迎，我随母亲也下山到九江迎候，然后又一同乘轿上山，入住离俞家三舅公的"片叶庐"不远的一所平房。祖父来临，给我这做小孙女的添了不少"自找麻烦"的事。例如：吃饭时，要挑好菜夹到公公的碗里；替公公把烟卷装上象牙烟嘴，并替他点烟；晚上要等公公上床后，帮他脱袜子，掖好被头，放下蚊帐，然后口里唱着"公公明天见，早睡早起身体好……"，才随着奶妈回自己房间里去。有时等得两眼迷糊也硬撑着不肯离去，坐在椅子上打瞌睡。公公有迟眠习惯，看着心里不忍，只好提前上床，还说："咯个伢崽，何以咯样古板噢?"公公出游或散步，我则成为"小导游"，一路上，指指点点，叽叽喳喳，说个不停。
>
> 八岁时，入劳用宏家主办的家塾读书。每天到下午放学时，公公就凭窗遥望。我一进家门，第一件事就是向公公报到。晚餐后，就是祖孙的消闲娱乐时间。公公有时教唱客家

童谣，[1] 有时打谜语。记得公公出的一条谜语：“白鸡子，髻颠颠，来时饱，去时空。（打一用物）”我猜着了，是小茶壶。我也回敬了一字谜：“日下人。”公公却没猜着。我说：“是个‘是’字。”公公一想着：“对了，日下人三字凑起来正是个‘是’字。”连声夸奖“打得好！打得好！”那时，庐山一到夏天，游人增多，松门别墅就宾客盈门。秋冬两季山上就冷清了。有客人问：“老人家，山上冷不冷清？”公公指着我说：“有咯个伢崽在身边，就不会冷清？”

2 前面已经介绍过，散原老人《匡庐山居诗》103 首诗中，有 32 首七绝。其中有四首七绝，是老人留给孙女的佳作。

散原老人上山没几天，便往游天泉洞（即仙人洞，洞内有一滴泉），作《天泉洞》诗：

断壑天成瓮盎形，山人寻胜亦题名。
何当倚杖听泉滴，洞口挑云赠女婴谓女孙小从。

最后一句是神来之笔，挑云赠孙，极富童心雅趣。

冬至后一天，老人与隆恪一家在雪霁晴光中照相[2]并题诗：

---

① 现存陈小从晚年忆诵的一首：月光光，照玉堂。玉堂背，好作菜。菜开花，好作瓜。瓜有大，孙崽偷去卖。瓜有黄，孙崽偷去尝。阿公打，阿婆争，争得丫丫急颠颠。走有路，树有杈，跌死个老娭毑。

② 这张照片小从保存至今。1989 年，小从用祖父和父亲诗作的韵脚作诗两首：“团圞佳境霁岚扶，光景如新尚可呼。甲子重周人换世，衰颜曾是影中雏。”“山居留影记前尘，舐犊含饴集一身。晴雪光中慈抱暖，重帷荫护幼芽春。”

日气腾腾万景扶，衔晴乌鹊镜中呼。
窜居亦拥团圞影，雪壑冰枝带一雏。

隆恪亦作一诗纪实：

晴悬玉宇脱纤尘，穷谷偷安避世身。
一念绸缪化冰雪，天寒岁暮影浮春。

1930年2月间某日晚饭后，散原老人照例携小从散步，看见樵夫担柴回家，作《携小从晚步》诗：

飞光楼观磊嵬高，处处烟横跨涧桥。
只向担头看落日，樵归鱼贯出山腰。

四首绝句中的最后一首为《看落日女童孙倚窗呼曰火烧云戏缀其语成一绝》：

落照红拖血色裙，雏鬟呼看火烧云。
只贪雪岭同灰烬，安步联为五老群。

这首诗和诗题，就像是一幅色彩瑰丽、场景生动的风景画。六十多年后，身为祖母的小从，也作了一首风调相同的七绝《小孙宇翔见开水沸腾呼曰奶奶水冒烟了回忆幼年呼落霞为火烧云戏成一绝》：

火烧云句忆当年，今见孙呼水冒烟。
晚醒童心历甲子，坐看髫龀换华颠。

公、孙两首七绝，读来都声口毕肖、童趣盎然。

陈三立这四首七绝都清新明快，山川胜迹与人情至性和谐地结合在一起，1935 年散原老人在北平时，曾将这四首绝句书写成四条屏留给小从，成为老人晚年书法的重要手迹。

童年毕竟有童年的世界。当时牯岭长住人家少，地广人稀，不可能像山下那样有成群的伙伴。1931 年，陈小从的表弟俞启崇，走进了小从的童年世界。

俞启崇与陈家有两重亲戚关系。

俞启崇的曾祖父俞文葆，原籍浙江山阴（今绍兴县）。俞文葆与陈宝箴都是咸丰元年辛亥（1851）恩科举人。俞文葆是在顺天参加的乡试，后定居直隶宛平县，故俞家有时又称宛平人。俞文葆中举后，一直在湖南兴宁、东安做知县，有子女四人：长子俞明震（1860—1918），字恪士；次子俞明观（1862—1897），又名明鼎，字用宾；女俞明诗（1865—1923），字麟洲，陈三立夫人；三子俞明颐（1868—1937），字寿臣。① 俞寿臣光绪三十年（1904）前后曾任湖南学政。1912 年民国成立后，与兄俞明震长住上海塘山路，与郑孝胥、夏敬观、高梦旦等人同为商务印书馆的董事。夫人曾广珊，是曾国藩次子曾纪鸿的独生女。曾广珊有《鬘华仙馆诗钞》，由女儿俞大缜影印传世，在亲友中流传。

传说俞寿臣因赋《咏严子陵钓台》诗中有“汉宫无处钓斜阳”句，得到湘乡曾府的赏识，被招为东床。

俞文葆后因患病家居，家境窘迫。长子恪士一面找些差事，一面应科举考试。光绪十六年（1890）中进士，选庶吉士，授刑部主事。曾任江南陆师学堂总办，亲送鲁迅、伍仲文等一班学

① 俞家成员情况，见俞明震《乡试朱卷》，载俞明震著，马亚中校点《觚庵诗存》153 页，上海，上海古籍出版社，2008。

生以及陈衡恪赴日留学，鲁迅后来一直尊称他为“俞师”。

俞文葆的次子俞明观，即俞启崇的祖父。先在陈宝箴的巡抚衙门管钱粮，以勤勉见称，陈宝箴保荐他为湖南洪江县知县，36岁时以病卒。释敬安《八指头陀诗文集》有《秋夜哭俞用宾大令》诗一首：

> 仁者得其寿，斯人独不然。
> 微官初挂籍，一病竟凋年。
> 野寺秋云冷，空江夜月悬。
> 平生念知己，泪洒绿萝烟。

由于俞明观早逝，儿俞大经、女俞大蕊由大伯父俞恪士抚养；儿俞大绪、女俞大慈由叔叔俞寿臣抚养。

俞大经（1895—1930），号半江，即俞启崇的父亲，不幸亦于36岁下世，葬于南昌西山，陈三立亲为俞大经撰书墓碣“岩峦回爽气，月夜出吟魂”。俞大经的妻子喻彝，与陈隆恪的妻子喻婉芬为亲姊妹。陈、俞、喻三家交叉有婚姻戚谊。按父辈的关系，陈三立是俞启崇的姑祖父；按母亲的关系，陈隆恪是俞启崇的姨父。

1930年俞大经去世后，留下俞启崇兄弟三人。喻彝含辛茹苦，撑持门户，散原老人特书写《匡庐山居诗》集中的一首七绝给她，以嘉许她的志节操守：

> 山枯万木斗槎枒，佳色微将晚菊夸。
> 霰雪插庐江海外，独留白发对黄花。

1931年，俞启崇随外祖母欧阳夫人上庐山，小从、启崇两位表姐弟，得以结言笑晏晏的总角之交。散原老人经常带两个小孩外出散步、出游，徜徉行吟于松林小径之间。

启崇于 1933 年离开庐山，与小从度过了三年的童年岁月。1946 年，启崇重上庐山，分别时，两人赋诗话别，小从步韵和作《送启崇表弟之汉口用其韵》：

逆风醒雾暮山寒，万里烟峦人倚栏。
竹马光阴温旧梦，沧桑世事忍重看。
云泉遗躅怀陶白，文运将衰赖柳韩。
明日拂云山下去，又飞征雁息江干。

启崇 1957 年武汉大学中文系毕业后，分配在湖北蒲圻市一中任教。教学之余，撰文吟诗，有《柳风亭集》诗文稿①传世。

启崇退休后，正值文化学术界掀起“陈寅恪热”，他参与了表姐陈小从致力于弘扬义宁文化世家的活动，成为得力的帮手。正在他老骥伏枥、大展身手之际，却因病魔于 1993 年去世。

陈小从满含深情写了十首悼念诗，痛心在义宁陈氏研讨风气大潮初起之时，天妒英才，人琴俱亡，失去一位重要成员。

3 在中国历史上，世家大族所办的家塾、书院不胜枚举。绵延至清末民初，这种“大夫无恙时，刻意教子弟”的传统，仍然是家族教育的主流，这从义宁陈氏依靠家塾培养子弟聘请名师言传身教的举措中，可以感受到洙泗弦歌、风乎舞雩的书香气息。

① 俞启崇《柳风亭集》，北京，台海出版社，2006。“柳风亭”是俞启崇表伯陈衡恪为俞大经刻的三方印章中的一方。启崇特别喜欢“柳风亭”印，故以之名自己的文集。

但到了陈小从这一代，已不能像父辈那样，先入家塾，再入新式洋学堂，再放洋留学。在陈家的第四代中，以陈小从的就学条件最差。没有像家族中其他堂兄妹一样，获得较高文凭。她的童年、少年时代，几乎都随父母亲的“糊口四方”而行止不定，忽南忽北、萍飘梗泛，不能安稳、系统地读完小学、中学、大学。[①] 因此，小从的学历很难完整地用新式教育的“小学”“中学”“大学”来界定，然而她成才了。在未来的成长岁月里，小从所接受的教育，以传统“家塾”形式为主，仍然是一个世家子弟所接受的诗词文史、金石书画。在这方面，陈家良好的文史氛围和浓厚的家学渊源，发挥了极大的作用。正如李一平所说：“小从虽然没有按部就班地受正规教育，但家中有位学识高深的大诗人（祖父）和一位好导师（父亲）。由于没上学，得以长期陪伴祖、父，继承家学，达到今天的程度。”这固然由于家学渊源，但与她的天生悟性突出不无关系。

在小从成长的过程中，有两个重要时期，奠定了她一生文史生涯的基础，使她受益终生。一是 7 岁到 11 岁在庐山在祖父陈三立膝下承欢四年；一是 15 岁到 20 岁随父母在萍乡外祖父家庭乡居六年。在这两个阶段，陈小从受到了传统家塾教育方式方法的浸染、锤炼。

所谓“家学”，严格地说，是指家族世代相传之学。《后汉书·孔昱传》说“（孔）昱少习家学”，因孔昱的祖父孔霸是大

① 她曾有两次进正规学校读书的机会，一次是 1937 年她 15 岁新午姑姑托人将她推荐给某校美术系入读，该校派人上庐山进行了面试，决定录取。可惜因战事影响，没有读成。另一次仍是新午设法帮助让她进入南京中央大学艺术系旁听，可惜两个月后就随父亲单位迁上海了。见陈小从《吟雨轩诗文集》273 页。

儒孔安国的孙子，世代研治《尚书》，故孔昱自称家学。近代刘师培一家四代研治左氏《春秋》，刘师培遂通经学、小学。义宁陈氏的家学渊源，很大程度上是指诗词一道。作为一个诗词世家，义宁陈氏为它的成员提供了丰厚的土壤和养料。

小从七岁时，因庐山上学不方便，又因要陪伴祖父，只好在家随祖父和父母认字。开蒙第一课是祖父亲自书写的“一去二三里，烟村四五家。门前六七树，八九十枝花”。这首五言诗，将一到十的数字巧妙地嵌进自然风景中，又不露勉强硬凑的痕迹，既朗朗上口，又有诗情画意。已故北大教授周祖谟先生说他小时候就很喜欢这首有平仄、有韵脚的小诗，对他日后学习古典文学很有帮助。尔后父母又教小从对对子，师出“两枝红蜡烛”，生对“一盏清油灯”；“莲如君子”，对“草似小人”。

平时则跟随祖父到牯岭消夏社参加一种“押诗条”的娱乐活动。其方法规则是用古人诗句，中空一字画圈，在旁边纸条上写出五个可能用的字，将谜底藏在下面隐蔽。桌面上放一张大纸，上书一二三四五，由一人坐庄，其余为猜客押宝。猜中者庄家陪筹，不中者庄家收筹。

例如“聚仙亭上●凭栏”，待押的五个字分别为：久、偶、忆、且、一（谜底为第五字），用纸套遮住，猜中者赏钱三倍。①当时庐山南来北往的游客中，不乏精通文墨的人，题诗作对是当时读书人都会的。散原老人以此消遣为乐，有时小从也能赢一两回，捧一把糖果回家。这种“猜诗条”的游戏，比“打诗钟”

① 具体情景见陈小从《松门别墅与大师名流》39 页；参见闵孝吉《苣斋随笔》“散原翁轶事（其二）”条，载李开军《陈三立年谱长编》下册 1455 页；黎泽济《文史消闲录》346 页叙述猜诗条规矩，南昌，百花洲出版社，2002。

可能要低档一点，但对积累词汇磨炼思维不无好处。在山中“城市”的环境下，没有琐事、俗务打扰，心思就多用在文学上。推敲是很费心思的，经常推敲、锻炼，就为日后成为诗人做好了准备，很难说小从的诗才不是从这里诱发起步的。

1938 年 5 月，因日寇逼近九江，小从随父母离开庐山，间关远道来到外祖父的故里——位于赣西边境的萍乡县福田乡清溪村。

清溪可谓一方风水宝地，这里古木萧森、溪流蜿蜒，约有百户瓦砖房舍、栉比相连之“屋场”，是以喻姓为主之族居群体。

小从晚年回忆：

> 外祖父的故居“松荫书屋”（俗称松荫堂）占地好几亩，有正房、厢房、厅房几十间，① 并有藏书楼、花园等，宽敞宏伟，外祖父喻兆蕃曾撰门联“田园饶乐趣；山水有清音”。这幢大屋自外祖一九二〇年年冬逝世后，因子女都在外面做事，一直空着。直至 1937 年卢沟桥事变前后，家人才纷纷回里归聚在这栋百年老屋。大家除了拉家常、叙天伦之乐外，平时一项主要的文化活动即作诗唱和。大舅父、大姨父这两位清末举人和我父亲都是诗坛高手和“书篓子”，在他们三位大诗人的影响下，连不常写诗的三姨夫（文倬）和我母亲也都加入了“唱和”队伍，将我和几位正处于求知欲开启阶段的表兄弟引向中国传统文化的殿堂。

① 笔者 2014 年春曾亲往访察，方知清溪古村在城镇化的浪潮中未能幸免。“松荫书屋”已经颓垣残壁，惟存大门和小半边屋宇。

我们几位小辈因时局不靖暂时未能出去上学，于是大人们商酌决定聘请喻家一位老秀才喻道周先生教我们读老书，如《论语》《孟子》《古文观止》等，时间一年多。道周先生在课余也出作文题和诗题。开始，作文题还能胡乱写几句，经呈父母修改交卷。遇到诗题，则茅塞填胸，一句也凑不上。到了寒冬腊月，先生出了个应景诗题“赏雪”，小从长期积累，一旦启发，写出“寒风吹絮飞，千里共一色。群山掩苍翠，枯木挂剑戟。举步登阁望，寒气逼肝膈。红梅犹自放，惆怅松与柏”的诗句。父亲大喜过望，说：“咳！这下子我可放心了，前些时我与你娘正在发愁呢，为什么公公是大诗人，他的孙女却与诗无缘呢？现在可开窍了。”父亲大喜之余，赏给一部诗韵。

乡间闲暇，父亲便教小从学诗，先从五言古诗入手，进而学习格律诗。平时辅以对对子、猜字谜、打诗钟。这些游戏笔墨虽说属于旧时供文士雅客遣兴消闲的雕虫小技，但可以启发初学诗者如何遣词造句、巧思润饰，是六艺之外的另一方小园地。尤其对引导初学诗者的兴趣，有不可小视的推动作用。① 小从晚年所作的《述怀》诗对此有生动的描述：

吾母画荻课诗书，吾父把手教平仄。

① 诗钟是一种流行于清末民初的文字游戏，它的要求比普通的对对子要高，因为要限时、限格。游戏时，用线系上一个铜钱，再系上一根一寸长的香，下面放一个铜盘。当大家选好题目后，用火将香点燃，然后开始作对。香点完时，线也烧断了。铜钱掉到盘内，发出声响，每个人都得交卷，故名“诗钟”。

屡言声律无强求，熟读佳构能自得。
语贵真实忌虚夸，好诗句句出胸膈。
偶呈佳句频颔首，一字不实辄指摘。

小从 18 岁时，作《春夜闻雨》七律：

清明时节雨绵绵，缱绻乌云暗碧天。
细雨檐声清客梦，虚窗灯影静蚕眠。
洗添云外千峰碧，剪取山中一段泉。
一掬幽闲无尽意，付教吟抱为陶甄。

“静蚕眠”原句为“静鹤眠”。父亲隆恪阅后指出，“鹤”字乃虚假语，现代人已无养鹤习惯，乃易以“蚕”字。隆恪这“一字师”确实当得好。“鹤”字在这里既不合平仄，也不合农村的日常生活，有点山人气。“静蚕眠”就把农家雨夜静谧平和的气氛凸显出来，似一幅农家小写意画。这一字之易，集中体现了隆恪平时教导小从“作诗要务真实，忌虚夸，写眼前景，说心里话”的诗学观点。以后隆恪又告诫小从做诗要“避俗避熟”，这比“务真实，忌浮夸”的要求又进了一境。“避俗避熟”本是陈三立从黄山谷那里承继下来的诗诀。黄山谷对诗的根本要求是“不俗”，这是他“士大夫可以百为，惟不可俗，俗则不可医也”观点的延伸。

陈衍曾将陈三立的诗风列入“生涩奥衍”一派，指出“三立诗避俗避熟”，“为诗不肯作一习见语”。“避俗避熟”的主张和实践，需要深厚的学养功力，只有那些凌轹一时，才不世出的人才能达到。江西诗史上，有三个开宗立派的诗人——陶渊明、黄山谷、陈三立，后两人的诗风都是“避俗避熟”的，表现出地域文化强劲的承袭关系。隆恪要求小从“避俗避熟”，也启发我们从陈三立、陈隆恪、陈小从的诗作中，探寻出这个诗词世家在诗风宗向上的某种内在联系和一致性。

小从的第一首诗作，是十岁时在庐山所作的一首四句五言诗。这四句天籁之作是：

薄冰浮在水，乌云满天飞。
云散太阳出，远客归不归？

这四句稚气盎然的诗，从诗意到语言都是孩童的，就像远古的岩画那样浑朴天然。稍后几年一首《夜雨》则懂得运用诗的技巧，来寄托自己的情感了：

一帘秋雨送新寒，风树萧萧小院闲。
遥忆旧时游眺处，孤云黄叶满荒山。

抗战胜利后，1946 年阴历五月，小从一家回到久别的庐山，小从写了两首五律，题为《庐山山居秋兴》：

一雨顿知秋，山寒木石幽。
人随黄叶散，我为白云留。
境静能迟客，松高不碍楼。
何须重借酒，倚立自忘忧。

八载流离苦，归来喜可知。
四山围落日，一壑响风枝。
径僻人行少，山深月上迟。

憧憧无限思，微雨夜灯时。

两首诗似以第一首写得更好一些，诗意如瓶注水，毫无濡滞。短短八句中一气盘旋而下，对句用流水对和散行意对，使律句在对仗中有直行而下的气势。颔联“人随黄叶散，我为白云留”，紧扣题意“庐山之秋”，别移他处不得。这两首诗确实是小从诗作中允膺上选的佳作，曾刊于浙江古籍出版社 1990 年出版的《当代中国诗词精选》。陈声聪先生的《荷堂诗话》“陈小从”条，也把这两首诗作为首选。1988 年，诗坛发起“当代中华诗词精选”活动，小从这两首代表作入选。

小从正式学诗那一年，为自己的书房取了个雅号“吟雨轩”，典出祖父壮年时游庐山的一首诗作中的一句：“高磴烟如扫，荒林雨自吟。”“吟雨轩主”不废吟事五十多年，2015 年，中华书局出版她的《吟雨轩诗文集》。这是继《陈宝箴集》《散原精舍诗文集》《陈衡恪诗文集》《同照阁诗钞》《陈寅恪诗集》《陈方恪诗词集》之后的陈家第七部诗集。小从历经数十年寒暑，笔耕砚田，成为陈氏家族第四代中能诗者。陈声聪先生感叹“名德之后，诗教传之孙女，信泽长而流远也”。

陈声聪先生《荷堂诗话》介绍近现代知名旧体诗人 150 人，开卷第一人即陈宝箴，中间列陈小从，结尾列陈衡恪、陈隆恪。这是他继《兼于阁诗话》后，对陈氏世家以诗传家认识的升华。郑逸梅《艺林散叶荟编》第 1228 条谓范彦殊为范肯堂长子，能诗，继承家学凡十代；曾克耑有《颂橘庐诗》，继承家学凡十一代，有近代海内两大诗世家之称。实则陈家的诗词成果和声誉亦足以使陈家享近代诗世家之荣。学界对陈氏家族代出诗人的认识可以分为两个阶段，第一阶段以陈衍《石遗室诗话》、汪辟疆《光宣诗坛点将录》《光宣以来诗坛旁记》为代表，以及李审言、胡朝梁、杨声昭、吴宓、俞大纲诸人的评述，对象主要集中在陈三立、陈衡恪、陈方恪父子三人；第二阶段以胡迎建《近代江西诗话》、陈声聪《兼于阁诗话》《荷堂诗话》为代表，以及钱仲联的《近代诗钞》，评述对象从原来的陈三立、陈衡恪、陈方恪扩大到陈寅恪、陈隆恪、陈宝箴、陈小从。正如陈小从晚年所写《述怀》长诗中的一段所说：

> 吾家三代皆好诗，曾祖父辈优为之。
> 佳话每推曹氏继，一门吟诵世所知。
> 至我乃成强弩末，犹企老树发新枝。

从一开始对对子到写出有意境、有文采的诗作，最后成为一个著名诗人，陈小从的求学经历告诉我们一个事实，传统的文史教育模式留下了经得起历史检验的成功经验。过去蒙学中丰富的文史内涵的教学方法很值得我们借鉴。据我国目前尚健在的一些学者的回忆，他们小时候学的《古文观止》和《唐诗三百首》，为他们日后走上文史研究的道路打下了扎实的基础。这就像《红灯记》里李玉和的那句唱词“有了这碗酒垫底，什么都能对付”。然而，不知为什么，我们的语言教学与传统的文史之学发生了严重的断裂。几十年来，我们在对传统教育的严厉批判中丢掉了传统教学方法的精华，比如背诵精思、点读批注等。在应试制度的指挥棒下，学生学的是考试有用、一辈子没用的东西，以致有的专家痛感中小学语文教学的功效极低极差，甚至赶不上过去三年私塾的效果。

综上所述，可以看出陈家的家学渊源对陈小从影响最大、受益最丰的是诗词一道。不过陈家除擅长诗词外，别有绘画的遗传，也对小从产生了很大影响。陈氏一家大都爱好绘画，据传陈三立早年亦能画，曾给同乡韩师完画过一幅花卉，题字“风流处士家”（可惜此画被日军侵犯修水时焚毁）。陈三立长子衡恪成为一代名家自不待说，其他如隆恪、登恪也能画上几笔写意画。康晦、新午、安醴则曾拜萧稚泉为师，学绘山水。第四代如衡恪之子封可擅山水画，封怀则喜画花卉，封雄擅长漫画。小从自幼耳濡目染，潜移默化，亦喜绘事。抗战期间僻处母亲故里萍乡乡间，从师无门，仅靠几册画谱揣摩练习，尤喜人物风俗画。她的少年涂鸦之作，有幸得父亲垂青，为之题诗于上，《同照阁诗钞》中有不少这类诗作。1951 年，小从经李一平介绍给徐悲鸿，入中央美院学习。一年半后，因病告假归沪，又因父母老病侵寻，无人照料而辍学。以后，一直在中学任美术教员。此外，小从年少时，还学过篆刻、剪影，至今保留一帧在萍乡时为父亲的剪影头像。这虽然是一些游艺小技，但也反映出一个人的灵性通感、天籁人力。

4 陈小从的诗词创作中的一个重要内涵，就是浓烈的家世、家史情结。在这一点上，她承继了父亲的遗脉。她晚年的一首七律曾吐露心迹：

眼昏犹喜近书帷，忆海钩沉往迹随。
霭霭余霞扶晚景，迟迟寸草报春晖。
岳珂宿愿光潜德，孺子留亭挽俗颓。
无限松门松菊慕，西山庐阜两徘徊。

她的五言、七言古体，都是感情充沛、词气厚实的怀旧之作。而长篇大简的长诗与组诗，几乎都与陈家的家世家史有关，如 1976 年《忆庐山》组诗七绝 12 首；《先祖散原老人逝世五十周年祭》五古长诗；《庭闻忆述》七绝 10 首；《北游燕京趋谒先君挚友李一平历数五十年间往事归成六十韵以献》五古长诗。①

作为一个成熟的诗人，小从的诗作还呈现出不主故常、风格多样的一面。除了具有宋诗面貌的诗作外，也写过具有晚唐诗境情韵的篇章。现代旧体诗词创作在新文化运动和西方学科建制的冲击下，诗道日卑，整体水平规模已然衰退，但并没有一退到底。就女诗人而言，仍然崛起了像沈祖棻、丁宁、叶嘉莹这样的名家大匠。在新旧学制转型的年代，民间仍有不少闺秀才女学会了吟诗填词度曲，证明着中华文化爝火不熄。陈小从的成长经历，就是一个具有说服力的典型范例。

笔者于1980年代后期，开始接触小从的诗作，捧读循诵，稍有感会。2010年承她垂爱，委托笔者整理其诗文稿，得以将全稿通读数遍，体会愈深。总的说来，诗稿众体皆备，且各体都有佳作。

在她最初提供给笔者的诗作稿件中，有四首名为《杂感》的组诗（兹录两首）：

初犊安知忌虎威，拼将热血唤风雷。
柴干星火易为燎，蛙盛天仓忍化灰。
四海新潮摧故垒，百年积习恋成规。
前人惯道儒冠误，又被儒冠误几回。

无端六月似深秋，风雨飘摇正未休。
屈子行吟芳草妒，贾谊罢对鬼神愁。

① 关于陈小从的诗作、词作、成果，参阅俞启崇《人随黄叶散，我为白云留》一文，载2000年4月1日《文汇读书周报》。

瑶琴独抚无兼韵，花雨缤纷只乱眸。
明日前程晴也未，洞庭波阔可宜舟？

这四首七律小从一时失忆具体写作年份，笔者以为是她中断写诗20年后的开篇之作。从诗的格调来看，仿佛李商隐无题诗的风味，又有她祖父散原体的沉郁慷慨。用词雅洁，旨意深微，气象博大，见出作者的情怀襟抱，折射出1970年代末知识分子压抑、迷茫、躁动的社会情绪。后来她来信告知写作时间是1989年，而且是10首。诵读这10首曲折深沉的无题诗，令人想起清末民初引起士大夫群体共同情绪、交相仿作的伤春落花辞。

此外，小从亦工填词，置之她伯父陈衡恪、叔父陈方恪的词集中，亦不遑多让。《吟雨轩诗文集》收入她20首词作。兹录三首以见其余：

《菩萨蛮》（1943年在泰和21岁作）：

盈盈落照溶溶雾，故山犹记凭栏处。年岁易抛人，睽违惊几春。　　云霞谁作主，怅望风光午。何日寇氛平，开樽洗劫痕。

《满江红》（丙戌重返故山感赋用元人萨都剌金陵怀古韵，1946年在庐山24岁作）：

十载飘流，凭谁语，叵君消息。喜归去，园林无恙，白云犹昔。少日心情难再觅，探幽曲径还堪识。到晚来，枕上听松涛，声声急。　　无限事，纷如织，悲浩劫，追前迹。剩寒泉喧石，乱峰围日。烛底徘徊温旧梦，门前幽濑收残泣。更倚栏，极目暮云平，遥天碧。

两首词都以庐山为背景，抒发别离之苦，相思之殷。

《水龙吟·春节》（1978年在武昌56岁作）：

> 又逢腊尽江城，天公作美如人意。收清宿雾，劝回瑞雪，放晴天气。会友招朋，添灯照夜，人欢除夕。也蒸糕酿酒，权随俗习。情怀淡，知老矣！　欣看儿辈嬉戏，乍唤醒多少回忆。灯舞长龙，花喧夜市，旧游堪记。不怕鬓丝，但祝春好人亦聚。待诗怀再整，霜毫染就，写春光媚。

即事抒怀，抚今追昔，似有晚年李清照的影子。

陈小从诗作另一个显著特征是凡上乘之作，都与庐山有着内在关联。可以这样说，是庐山的山川清淑之气，玉成了她的诗才禀赋。1954年冬，小从重返庐山故居,[①] 作《逆风吹雾顿成玻璃世界洵奇景也》绝句三首：

> 踏山游屐忆当年，不道云泉尚有缘。
> 消受名山无上景，水晶枝衬蔚蓝天。
>
> 万松抟雾作冰芽，负曝晨曦喜可赊。

① 陈小从这次上山是为处理松门别墅而来。小从回忆：我家1948年下山后，开始二哥封怀住了一段时间，后来房子请人看管。1956年初父亲隆恪去世后，我再上庐山，将房子售给江西一个文化部门。为什么要卖？一是庐山管理部门要求装修，二是地税、契税很多。售价4 000元，由六叔分配，说兄弟不要。六叔要我开列一份使用清单，我列了父母生前应还债务、老保姆应付工资、父母去世丧葬费用等数目。余款给康姑。康姑无儿无女，原来一直跟九姑新午，后来到我家，后来跟七叔方恪，1962年去世。

了识身心如幻后，何妨病眼看空花。

征衣初自浣征埃，曾共沧江月影来。
踏碎琼瑶归路晚，夕阳扶梦上楼台。

父亲隆恪收到小从从庐山寄来的这三首诗后，作了一首《小从自牯岭写寄咏冰雾凝结木石晶莹奇景诗遂口占一绝以报之》七绝，可见隆恪对小从这三首绝句的认可嘉许。

1979 年夏，小从上山探访松门别墅。自 1954 年后，整整 25 年，小从未再上过庐山。这是她一生中离山时间最长的一次。二十多年的沧桑岁月，她的家族发生了很大变化。她的上辈人都相继去世，只有庐山的故居和故居前面的松林小径、伏虎巨石依然如故。小从赋诗两首：

山灵休诵北山文，蕙帐空兮剩梦痕。
岩草溪花如有待，同将无语答黄昏。

草树呼醒旧梦赊，万松围处认吾家。
倚栏人换朱栏改，怅立松门对落霞。

只有怀揣着一肚子往事和笔力老到的人，才能写出这样故家乔木、繁华梦逐、哀而不伤的好诗。

1984 年夏，小从重上庐山，作五律一首：

寺废僧犹健，来寻过去心。
石痕留謦欬，松韵奏徽音。
往事流年蚀，尘劳华发侵。

匡山居不易，空羡采菊人。

庐山的一切，对小从来说是那样熟悉，又是那样陌生。庐山，永远是小从怀旧的渊薮，心灵的归宿。

现在，让我们重温一下距今80多年前小从所写的那首小诗：

薄冰浮在水，乌云满天飞。
云散太阳出，远客归不归？

当年侍杖承欢的稚子，如今真的成了远客。小从七岁时随父母上山，至1948年离山，中间除1935年在北平，1936年在广州，和抗战时避难萍乡、兴国乡间外，在庐山共度过了13年的山居岁月，其中七岁到十一岁在祖父膝下承欢，成为她一生永难磨灭的记忆。庐山给予她太多的亲情，太多的往事，太多的思念，以致花甲之年赋诗抒怀时得句“梦里家山庐阜月”“已惯他乡恋故乡”。她是把庐山作为第二故乡来瓣香礼赞的。对于陈三立、陈隆恪父子来说，定居庐山只是故乡归途中的一个驿站；而对于七岁就上山的陈小从，庐山的山水风光就是故乡的面孔。咏庐山、怀庐山便成为小从大半生精神生活中一段永不消失的悠长旋律。

5

我国近现代文化学术史上颇有一批凭幼学功夫而跻身学术之林的学者专家，如余嘉锡、邓之诚、钱穆、张星烺、启功、沈从文、童书业、陈直、宋云彬、龙榆生等。他们传奇般的幼学经历，深厚的文史学养令我们心折神往。陈小从即是其中一员，而且在晚年际会“陈寅恪热”的学术风气，宣传弘扬义宁陈氏的家世史实，取得了令人瞩目的成果，可谓“抱持寸草心，祖德扬芬芳。矢志传薪火，重任弱肩扛。伏案争朝夕，老发少年狂。廿年文字功，硕果竟琳琅”。在这二十多年里，她要写研陈文章，要写回忆录；整理曾祖父遗文遗诗，整理父亲的诗作；与研陈的专家学者们通信；还系挂着老家修水的人和事。她充沛的精力、旺盛的势头，令人敬佩。①

1980、1990年代之交文化学术界兴起“陈寅恪热”后，陈小从和堂兄陈封雄得风气之先，感应世局时势，比较早地出场弘扬父祖的道德文章。小从偏重于介绍曾祖陈宝箴、祖父陈三立、父亲陈隆恪的事迹和搜集整理他们的诗文。封雄偏重于介绍叔父陈寅恪的经历和父亲陈衡恪的事迹。尤其是陈小从，传薪续脉、寸草春晖之类的心迹吐露在其诗文中比比皆是，传达出重任在肩、时不我与的自期与焦灼。对于陈小从来说，积极参与纪念父祖的活动，搜辑有关父祖的文献材料，创作、发表诗词，已不关乎自己一人的价值荣辱，而多了一层接续家族书香文史断裂链条的精神道义。

正是在这样的背景下，陈小从开始频频发表诗作，参加故里江西的诗词社团活动，一度颇为活跃，知名度随之提升。1981年，小从作《辛酉冬月赴南昌西山探视曾祖峥庐墓茔》诗：

碑碎庐倾剩草莱，松风为奏陆沉哀。
一盂麦饭迟三纪，百日维新重九垓。
数典益惭昆裔弱，寻根却幸我能来。
牛眠佳壤葱茏在，忍听山翁话劫灰。

安徽师范学院教授吴孟复先生读到此诗后，深有感触，和诗

① 见刘经富《百年相思一肩挑——记陈小从》，载2000年2月24日《修水报·周末》。

寄意：

龙鸾象豹列斑斑，峰有萧仙惜未探。
有客还家寻冢墓，想翁呼月拥栏杆。
九江云物思千里，一代风骚在此山。
借箸试谈天下事，从来汉鼎重渔竿。

此事可证小从诗作在学界的影响。

一分耕耘一分收获，她晚年孜孜矻矻，坚持不懈，撰著、出版了三本专著。依出版时间先后，第一部为《图说义宁陈氏》（济南，山东画报出版社，2004），提供了不少陈氏家史家世资料。同治十年（1871），陈宝箴以候补知府就官湖南，挈眷定居长沙，从此融入近代都市文明的潮流中。此后几十年间，陈家辗转迁徙于武昌、南昌、金陵、杭州、上海、庐山、北平。光宣民初之际，以陈宝箴、陈三立的声名之高，交游之广，拍照应是很多的。但在 1938 年夏日寇占领九江，陈隆恪夫人携女儿陈小从匆匆离开庐山，离山前来不及将家藏文献及相册带出，一大箱文献、书画及相册遂不知去向。幸亲友处仍存有数十帧照片，先后检出寄给小从，加上一直在北京居住的伯父陈衡恪家所藏老照片，遂形成了现在《图说》的基本框架，所谓天不丧斯文。它所提供的有关陈氏家族史资料仍很丰富。照片、配诗、文字说明以及注解，构成了义宁陈氏家族后三代简史。《图说》共刊出照片 136 帧，大体按所摄时间的先后编次。它以光绪二十二年（1896）陈寅恪五兄妹儿时在湖南巡抚署内后花园的合影为第一照，以 1994 年江西召开“陈宝箴、陈三立父子学术讨论会”，后裔上庐山瞻仰先祖遗迹为终止符，时间跨越了近一个世纪。诚如小从在《后记》中所附诗：“百年岁月痕，多少沧桑迹。图说义宁陈，聊佐史家笔。”《图说》既是她对先人寸草春晖的回报，也是对文化学术界的一大奉献。①

第二部为《松门别墅与大师名流》（南昌，江西美术出版社，2006）。1998 年，笔者开始撰写《陈三立一家与庐山》一书，得到小从老的鼎力支持，提供了大量的原始材料和珍贵照片。没有她的鼓励和回忆，这本书不可能成稿。而《松门别墅与大师名流》又再次提供了《图说义宁陈氏》《陈三立一家与庐山》未载的老照片和文字资料。她对家族的弘扬、对祖父辈的史料挖掘贡献是不可磨灭的。②

第三部为《吟雨轩诗文集》。这是继《陈宝箴集》、陈三立《散原精舍诗文集》、《陈衡恪诗文集》、陈隆恪《同照阁诗集》、《陈寅恪诗集》、《陈方恪诗词集》之后陈家的又一部诗集。义宁陈氏文化世家的文史书香传统，终由第四代中的翘楚赓续传灯。③ 小从女史的诗稿面世，为这个家族内部的文化传承脉络做了有力的支撑。

至此，小从晚年共出版了《图说义宁陈氏》《松门别墅与大师名流》《吟雨轩诗文集》三书（还有一本家印本《陈小从画稿》，尚有大量信札待整理）。这根脆弱的芦苇，不仅年高德广，还以自己的天赋才气，为义宁陈氏增光添彩。“夕阳无限好”“人间重晚晴”，她身上吸纳的两个书香门第的精神养料，到晚年终于厚积薄发、光彩夺目。

---

① 见刘经富《用图片展示的家族史——读陈小从〈图说义宁陈氏〉》，载刘经富《陈寅恪家族稀见史料探微》225—231 页。

② 参见张求会《陈小从对“陈寅恪研究”的贡献》，载 2017 年 5 月 25 日《南方周末》。

③ 见刘经富《世家薪火续传灯——读陈小从〈吟雨轩诗文集〉》，载 2016 年 6 月 29 日《中华读书报》。

中国的传统文史学问素重师承传授关系，所谓“自学可以成才，无师难于贯通”，书香门第尤其具有家学渊源的优势。父子相承，兄弟同好，正是典型的家族文化的特色。钱穆先生曾撰文论述魏晋南北朝时期家族教育与学术文化的关系，说：“当时门第传统，共同理想所希望门第中人，上自贤父兄，下自佳子弟，不外两大要目，一则希望其能有孝友之内行，一则希望其能有经籍文史之学业修养。此两种希望，合并成当时共同之家教，其前一项之表现则成为家风，后一项之表现则成为家学。”

清末民初以后，传统的四部之学向西方学科结构模式的七科之学（文理法商医农工）转化，家学传统渐渐式微。义宁陈氏的封字辈，绝大多数走上了文理分科的专业化道路。为什么在社会呼唤传统文化回归之际，在陈家具有高学历的众多后裔中，首先想到弘扬门风祖德的是没有新式教育学历的陈小从？为什么在中国社会一改革开放首先去杭州祖茔扫墓、到南昌西山查访曾祖茔墓现状、上庐山怀旧祖居的是陈小从？一如她的诗句“无限松门松菊慕，西山庐阜两徘徊”。为什么一个受过四部之学煦育的文人，会比接受七科之学的专家具有更强烈的传统文化薪尽火传的情结与担当？这种“陈小从现象”，可以作为我们思考分析当代文理不相往来，“油是油，水是水”学科设置弊病的个案。

第九章 长与匡君伴古今

——陈封怀与庐山

1 陈封怀（陈衡恪次子）光绪二十六年（1900）四月十八日出生在南京。生母范孝嫦生下封怀后不久即去世。父亲陈衡恪光绪二十七年（1901）入上海法国教会学校就读，光绪二十八年（1902）又赴日本留学，直到1909年才回国，所以封怀是随祖父母长大的，在金陵度过了青少年时代。

陈封怀开蒙上学的情况，由于资料缺乏，所知不是很详细。从他晚年对南京陈家家塾的回忆描述来看，应该上过陈家家塾并入的思益小学堂。开蒙入学时祖父陈三立送给他一方刻着“知白守黑”格言①的砚台。1919年至1921年，陈封怀就读金陵中学，其日后成名事迹见载于南京市金陵中学建校120周年校庆纪念文集《桃李坐春风》上编《校友风华录》86至89页（南京，南京大学出版社，2008）。

由于陈封怀的青少年时代是在南京度过的，所以他得以经常参与大家庭的活动，与几位叔叔关系密切。1914年到1918年间，隆恪、寅恪、方恪、登恪在家相聚较多，加上封怀，一

① 语出《老子》第二十八章：“知其白，守其黑，为天下式。”

家人常游览金陵的名胜古迹。见于文字记载的有1917年8月21日，散原老人携寅恪、登恪、封怀游燕子矶，写有七古长诗纪游；1918年3月，隆恪、寅恪、登恪、封怀游牛首山。由于封怀的年龄在“封”字辈中较长，与祖父母和几位叔叔在一起接触较多，故他对家族中的往事了解比陈家其他人更多更深。1980年代初，他的回忆录（封怀口述，堂妹小从笔录整理）成为研究陈寅恪的第一手资料，蒋天枢《陈寅恪先生编年事辑》引录颇多。可惜他不业文史，不做考据，许多与陈氏家族相关的有价值的史料都湮没无闻了。“陈寅恪热”起来后，他曾慨叹如果大哥封可在就好了，大哥知道的家族往事比八叔登恪知道的还要多。

1922年，陈封怀从金陵大学的附属中学——金陵中学毕业，[①] 升入金陵大学农学院植物农艺科。[②] 至1924年，因闹学

---

① 光绪十四年（1888），美国基督教美以美会在金陵干河沿1号（今中山路169号）创建汇文书院。书院内设博物院（文理科）、医学馆（医科）、圣道馆（神学）等。光绪十八年（1892），汇文书院分为大学堂、中学堂、小学堂。1910年，汇文书院与宏育书院合并为金陵大学堂，中学堂更名为金陵大学附属中学（简称金大附中）。

② 金陵大学的前身是由在华传教士创办的汇文书院（1888年创办）、宏育书院（1906年由1891年创办的基督书院和1894年创办的益智书院合并而成），1910年合并成金陵大学堂。金陵大学设有文、理、农三学院，“三院嵯峨”。1952年全国院系调整，金陵大学文、理两学院和当时的南京大学（其前身是国立中央大学）文、理两学院合并，并以此为基础，在金陵大学原址组成了今日之南京大学（鼓楼校区）。农学院与南京大学农学院合并成立南京农学院（今南京农业大学）。后又将原南京大学、金陵大学森林系合并成立华东林学院（今南京林学院），金陵大学实际存在64年。见张宪文主编，金陵大学南京校友会组编《金陵大学史》，南京，南京大学出版社，2002。

潮，次年转学东南大学农科植物系，1926 年毕业。在读期间，受到植物学家陈焕镛先生、胡先骕先生的引导，对植物学产生了浓厚的兴趣。他本来是想学文科的，但遭到父亲的反对。父亲认为他英文很好而中国文史稍逊，建议学医或学农，最终走上了从事植物学研究的道路。1927 年至 1929 年，陈封怀先后在上海吴淞中国公学、辽宁沈阳文华中学任教；1929 年至 1930 年在清华大学农学院生物系任助教；1931 年，任北平静生生物调查所研究员。①

至此，陈封怀的人生道路与事业方向已基本确定。他没有像自己的父辈那样，成为治中国文史的学者专家，虽然这方面陈家有着深厚的家学渊源。陈家第七代“封”字辈，除陈小从习传统文史外，其他的均习新学。陈衡恪长子封可习德语，次子封怀习植物学，三子封雄习新闻，六子封猷习化学；陈寅恪长女流求习医，次女小彭习生物，三女美延习化学；陈登恪之子星照习工程技术。从旧学、新学的转变过程中，我们可以感知风气转换、学随世变的脉息运会。从文化世家蜕变为人文素养薄弱，到底是社会潮流所致还是“君子之泽五世而斩”的宿命？

1934 年是封怀一生中具有转折意义的一年。前年秋季，他上庐山接祖父下山至北平，那时六叔寅恪正在清华大学任中文、历史系合聘教授；继母黄国巽与三弟封雄、六弟封猷亦住在北平。北平因散原老人的到来一度成为陈家家事活动中心。但封怀没有留恋北平古都的生活和家族的天伦之乐，再次来到庐山。他所在的单位与新成立的江西农业院联合创办“庐山森林植物园”。正当盛年的封怀选择了庐山，选择了植物园事业。义宁陈

---

① 见李春晓《树和它的年轮——记陈封怀》，载 1983 年 11 月 20 日《羊城晚报》。

氏的庐山缘，由于封怀的介入，显示出它的连续性。

2 植物园最早起源于16世纪时的欧洲。在文艺复兴运动发源地——意大利，率先出现了早期的比较正规的波杜瓦植物园和比萨植物园。此后，随着植物科的进步，植物园逐年增加，分布范围日益扩大，进入20世纪，总数骤增到四五百座。其中英国皇家植物园——丘园，收集植物近五万种，号称世界之最。

中国是拥有五千年文明史的国家，为人类文明作出过卓越的贡献。但是到了近代，老大帝国，贫穷落后。仅就植物园事业而言，到1930年代之前，中国这么辽阔的国土，这么丰富的植物，却仍然没有一座中国人自己创办的具有现代科学意义的植物园，而许多外国的植物学家却纷纷跑到中国来，大量搜集、研究中国的植物，拿大量的中国植物去充实外国的植物园，这在某种程度上讲，也是一种“国耻”。因此，当时我国植物学界几位责任感极强的先驱，下决心非得在中国创办一座像模像样的植物园不可。①

我国历朝历代虽有规模宏大的皇家林苑和帝王陵寝风景林，但那不是真正科学意义上的植物园。19世纪末20世纪初，在近代西方文明和西学东渐的影响下，自然科学作为西方的一个重要组成部分，在我国得到广泛传播。从1860年代开始，成了先进知识分子注意的中心，学习和介绍西方自然科学，已形成一股风气。鲁迅先生早年就因为植物学比较直观，标本容易采集，而对植物学极感兴趣，曾有编纂《植物志》的想法，并做了前期的准备工作。在这个文化思潮的背景下，我国产生了最早的一批植

① 见吴应瑜编《义宁陈氏五杰：陈宝箴、陈三立、陈衡恪、陈寅恪、陈封怀史料》261页，修水县政协文史委印，内刊，2005。

物学家、林学家、植物学学科的奠基人，如陈嵘、陈焕镛、胡先骕、钱崇澍等。他们都曾放洋留学，回国后都致力于培养植物学人才，我国的第二代植物学家秦仁昌、陈封怀、蔡希陶等均出自他们的门下。同时也产生了我国最早的小型植物园，即陈嵘先生创办的江苏第一甲种农业学校“树木园”。但这个植物园只有五六亩面积，形成不了规模。真正科学意义上的植物园，是在中国植物学起步二十多年，植物学界业已形成之后，才在神州大地出现，这就是庐山植物园。它的创建与胡先骕有着极大的关系。

胡先骕（1894—1968），字步曾，江西新建县人。胡家是新建的名门望族。胡先骕曾祖胡家玉，道光二十一年（1841）辛丑科探花。叔祖胡湘林，光绪三年（1877）丁丑科进士，钦点翰林。父亲胡承弼，光绪二年（1876）举人，官内阁中书。胡先骕五岁入家塾。1909 年考入京师大学堂预科。1912 年由江西省选送赴美留学，选择森林植物学这一在当时不被国人重视的学科，就读美国加州柏克莱大学农学院森林系。1916 年获硕士学位。同年回国，返回南昌。1917 年被聘任庐山林业局副局长兼技术员。这是胡先骕第一次与庐山接触。在一年多的任期内，胡先骕对庐山的山形地貌有了大致的了解，为日后计划在庐山创建植物园种下了前因。1918 年到 1923 年，胡先骕在东南大学生物学系任教授，并任系主任。1923 年秋，再度赴美留学，入哈佛大学，攻读植物分类学博士学位，1925 年顺利通过博士学位论文考试。同年归国，继续在东南大学任教授。1928 年，胡先骕在尚志学会和中美文化基金会的资助下，在北京创办了“静生生物调查所”。所址西城石驸马大街 85 号，为尚志学会会长范旭东所赠。范旭东是我国著名民族实业家，他一生热心支持科学事业，愿以其兄范静生的名义，将私人宅第捐助，故得名“静生生物调查所”。到 1932 年，“静生生物调查所”已发展到五十余人，设有动物植物标本室、陈列室、实验室、图书馆，并定期出版科研刊物。这时胡先骕已由原来植物部主任升任所长。在他的领导下，静生生物调查所在国内自然科学界的知名度越来越高，胡先骕创办一个植物园的愿望也越来越强烈。他曾派陈封怀到北平的香山、昌平的妙峰山选择园址。陈封怀为了寻觅可供建造植物园的“息土佳壤”，曾骑着毛驴四处奔波，但所到之处不是被高墙大院占据，便是水源不足，环境恶劣，多次怅然而返。

1933 年冬，植物园的园址问题有了转机，其时江西省准备成立农业院。胡先骕在第一次筹办理事会上提出了在庐山创办一所植物园的设想、建议，获得理事会的赞成。1934 年春，江西农业院正式成立，经省政府批准，同意由北平静生生物调查所与农业院共同创办“庐山森林植物园”，经费由两家各认其半。①

1934 年 8 月 21 日，“庐山森林植物园”正式成立，胡先骕主持了建园盛典。当时正值中国植物会和中国科学社在庐山开年会，我国著名科学家竺可桢、任鸿隽、梅贻琦、辛树帜、傅焕章、陈焕镛、钱天鹤、李继侗、李良庆以及有关人士和军政要人代表一百多人出席了成立大会。

“庐山森林植物园”园址确定在含鄱口北麓，离牯岭约四千米，包括三逸乡和七里冲两段地。三逸乡谷地位于月轮峰和东西横卧如屋脊的含鄱岭之间，海拔一千一百米左右；七里冲谷地北为大月山，南为五老峰。这里环境幽静，群山环拱，下瞰鄱阳湖，气候宜人，清溪一道，终年不干。占地一千两百余亩，是世

① 见吴家睿《静生生物调查所纪事》，载《中国科技史料》1989 年第 1 期。

界上亚热带最为理想的山地植物园。①

“庐山森林植物园”的创办，是我国植物学史上的一件大事。它的首创意义，在我国植物园事业的发展壮大过程中，不断地显示出来。

庐山森林植物园的创设“旨趣”，分为纯粹植物学研究与应用植物学研究两个方面。前者指全国植物的调查、采集、栽培，以供系统分类研究之用；后者指全国森林调查，造林学、木材利用研究，花卉园艺植物繁殖与推广，以及世界各国经济植物的引种与栽培等。

庐山植被昔日颇为茂盛，然而，近现代由于砍伐等原因受到了极大的破坏。至 1934 年庐山森林植物园选址含鄱口谷地，其植被多以灌丛为主，植物景观单一而显荒凉。不过由于其特殊的地形地貌、气候条件和地理位置（交通、政治因素等），选址仍为当时中国的首选。建园初期，因条件所限，园景布置未经全面规划设计，园林建设主要有两个方面：一是办公用房、职工住宅、温室、地下温框的营造；二是苗圃、茶园、草本植物分类区、水生植物区、石山植物区的建设。主要工作是引种、育苗和植物资源调查。由于胡先骕先生在当时植物学界的影响，聚集了一批学界精英来为此项事业努力，因此，在短短的四年中，四千多亩的荒凉山地辟成园址，初具规模，并引种植物三千一百多种，繁殖苗木数十万株，其中包括不少名贵品种，如西南高山松杉树种，高山草原地带的杜鹃、报春、龙胆、百合等，这些工作为以后的园景布置提供了很好的物质基础。同时由于植物引种、植物资源调查和研究成果，此时的庐山植物园在国内外产生了极

① 见汪国权主编《庐山植物园的创建与发展》52、53、57、64 页，北京，中国文联出版社，2010。

大的影响，与25个国家46个植物科研教学园区建立了交流关系，实现了胡先骕要把庐山植物园办成世界一流植物园的初衷。①

3 “庐山森林植物园”的第一任主任是秦仁昌，陈封怀则恰好在建园之初，考取了“庚款基金会”留学考试，赴英国爱丁堡皇家植物园，从学于史密斯教授及古柏博士，研究报春属植物和森林园艺学，获硕士学位。② 爱丁堡植物园中的植物配置、园路布置、玻璃温室群以及岩石园分区等都深深影响了陈封怀，从他回国后的园林规划中隐约可见爱丁堡皇家植物园布置的影子。③ 由于他学习刻苦、作风严谨，且聪明过人，深受师长和同行的赞赏。临近归国时，有人以植物没有国界，植物学也没有国界为由，劝他留在英国研究报春花。这情形与陈封怀的老师陈焕镛的一段经历非常相似。陈焕镛曾以毕业论文获特别优秀奖的出色成绩结束了在英国的留学，学校极力挽留，希望他留校任教，甚至说中国既没有植物园，也没有标本室，更没有植物志，植物学这门学科还没有建立起来，回去没有用武之地。陈焕镛回答说：“这就更需要我回去，植物园、植物学、标本室都要在我们这一代人手里创立起来。”步陈焕镛后尘的陈封怀，这样答复了好意挽留他的人：“植物学没有国界，而我有国籍。报春花发源于中国，我的根也在中国。”

---

① 见易官美、邱迎君《论庐山植物园空间景观的继承与发展》，载《中国植物园学术年会论文集》，2008。

② 陈封怀曾就读于教会学校——金陵大学，外文基础很好。在爱丁堡取得硕士文凭后，却没有申请读博，这使导师史密斯感到诧异。后来陈封怀解释说，他当时除了研究植物分类外，还有考察植物园的任务，若攻读博士学位，研究范围会定得很窄，不利于回国后开展植物园工作。

③ 见潘俊峰等《爱丁堡皇家植物园对武汉植物园景观优化的启示》，载《安徽农业科学》2017年第7期。

1936年冬，陈封怀回到了庐山，任植物园副主任兼技师。庐山森林植物园创建之初，因经费拮据仅有两名技师、一名技工、三名练习生，连工人在内，共18人。他们挤在一栋小屋里，晴天外出劳动，雨天和晚上在室内读书、研究，生活十分艰苦。由于全体人员的努力，加上国内学者鼎力支持，每年仍引种了上千种植物。到1937年底，引种植物已达三千一百余种，有160亩的苗圃、3栋温室、40个温床，还设置了各类植物标本区，压制标本两万余号。在建筑工人宿舍、技师住宅的同时，又建造了实验、标本、图书、种苗储藏等室。其中植物标本室的设置别具一格。当时各大学生物系及研究机构设置的标本室，均广泛搜集一般植物标本。对于富有经济价值的植物标本，则未曾专事搜集。庐山森林植物园则致力于经济植物标本的搜集，以期建成一座完善的经济植物标本室。陈封怀归国时，又从爱丁堡植物园带来了六百余号栽培植物标本。一生致力于蕨类植物研究的秦仁昌教授，调任庐山森林植物园主任后，静生生物调查所收藏的蕨类标本亦随之南迁。加上与世界各国交换的标本和各国赠送的标本，大大丰富了植物园蕨类标本室的收藏，使庐山森林植物园的标本室一举成为“东亚蕨类植物标本收藏最完备者之一”。

正当秦仁昌、陈封怀率领全园职工，准备在五老峰旁拦截溪水，蓄水成湖，建立水生植物区，建经济植物博物馆，事业蒸蒸日上时，日寇进犯江南，大江南北狼烟四起。马当失守，九江被围，庐山濒危……秦仁昌、陈封怀决定撤离庐山。离山前，将一百六十余箱图书仪器、两万余号标本寄存于牯岭美国小学。由秦仁昌率部分职工先下山，到云南与胡先骕率领的静生生物调查所的员工会合。秦仁昌一行到云南后，迁到云南西北部的江雪山下，建立了“庐山森林植物园丽江工作站”。陈封怀在庐山一直坚持到最后关头，庐山的居民逃难殆尽，山下已传来隆隆炮声，大路已不能通行。在工人的再三催促下，陈封怀才噙着泪水告别庐山，从山南一条小路摸下山去，经南昌、长沙到云南与秦仁昌会合。

抗战胜利后，战前纷纷撤离的单位、人员复员返回原地。“庐山森林植物园丽江工作站”的员工回到昆明，此时云南大学聘请秦仁昌为林学系和生物系的教授兼系主任，另一位技师冯国楣也被挽留在昆明植物所工作。陈封怀则已于 1941 年返回江西，在胡先骕任校长的国立中正大学生物系任教。北平静生生物调查所和江西农业院遂改聘陈封怀为庐山森林植物园主任。恢复植物园的重担，落在了陈封怀的肩上。①

1946 年夏，陈封怀回到了魂系梦绕的庐山。一别八载，乱后归来，庐山已今非昔比，萧条破败。日军在占据庐山六年多的时间内掠夺文物，毁坏名胜古迹，拆毁房屋 480 栋，毁坏寺庙 52 座，杀害山民三千多人。战前庐山拥一万多人口，战后仅余其半。日军对庐山森林的破坏更是惊人，全山被日军砍伐的树木达 10 万株，损失达 90% 以上。植物园内到处都是炸弹的深坑，断梢的树木，上千亩土地成了荒山、荒谷。战前植物园有实验室、办公室等十余栋房屋，概于沦陷期间被日本人拆毁。原有名贵苗木三千一百余种三十余万株，枯萎殆尽，其他家具杂什更无一存在。唯有标本、图书经政府向日人交涉，追回约 80%，② 但因经费奇缺未能从北京运回庐山。

陈封怀忍住悲愤，与妻子张梦庄在瓦砾中找了间仅存四壁的房子，盖上茅草，住了下来。抗战期间，留下的工人们为了谋

① 见汪国权《中国现存植物园哪座建立最早?》，载《植物杂志》1991 年第 4 期。

② 见吴宗慈编纂《庐山续志稿》200 页。

生，都已分散了。陈封怀叩开了一扇又一扇工人的家门，向他们讲解自己的打算，不久工人们陆续回来。当时，既没有事业经费，也没有钱给工人们发工资。为了解决迫在眉睫的经费问题，陈封怀组织工人进深山、攀悬崖，采种挖苗，向外出售，种类有乔木、行道树、灌木、绿篱、攀缘、球根、盆景等。第一年，借7 000元印刷种苗目录，发往国外植物园和有关机构，当年获得数百美元的订金，作为工资发放；第二年扩大对外销售，获利2 000美元；第三年，获利10 000美元。远在北平的胡先骕也汇款相助。那时五叔陈隆恪一家，也回到了松门别墅。封怀常携妻儿与五叔一家相聚。生产自救的成功，师长的相助，妻子的温馨，给封怀忧郁的心情，带来了温暖与安慰。

陈封怀的妻子张梦庄，是一位颇得陈家尊敬的“贤内助”。①这里抄录陈封猷、陈小从给笔者函，以见其贤淑：

> 关于二嫂张梦庄，她是姨母黄国厚的女儿，1909年生于长沙。1923年我父亲去世后，我母亲极端痛苦困难，姨母便从长沙来京陪伴母亲，后来张梦庄也从长沙来京，就读于北京师范大学附属女子中学，住在我家，后经五婶（喻婉芬）介绍互看相片，双方同意与二哥封怀订婚。1928年，张梦庄中学毕业后考入清华大学西洋文学系，当时，封怀在清华大学生物系任助教（后转职北平静生生物调查所任研究员），1932年夏，两人喜结连理。二嫂是个才女，文学、美

① 陈封怀年轻时，二姑新午曾想做媒把他与姻亲俞家表妹俞珊（1908—1968，俞明震孙女，俞大纯之女）撮合成亲，俞珊亦曾示好于他，但他婉拒了。后遇继母黄国巽的外甥女张梦庄（1909—1978），两人遂亲上加亲，携手结缡。

> 术、音乐、体育均爱好。中英文水平很高，二哥许多中英文作品多经她润色过，能画西洋水彩画和国画花卉，① 拉得一手小提琴，曾是清华大学篮球、排球校队队员。1933 年曾代表北平市赴南京参加全国运动会排球赛。二嫂为人新旧兼备，颇得祖父及众叔婶的好评，惜 1933 年染上肺结核病，抗战时间颠簸流离，营养匮乏，病情加剧。1978 年在广州发病去世。（陈封猷函）②
>
> 梦庄嫂既贤淑能干，又多才多艺，她对封怀哥在事业上起着举足轻重的作用。她是封怀继母黄国巽姊姊黄国厚之女，比封怀小 9 岁。1933 年在清华大学外语系毕业。结婚后，即随夫各地迁流，因患肺结核，故参加工作时断时续。主要是襄助封怀写论文等。她兼擅绘画，与封怀时常共案挥毫，有时也替封怀的植物论文画插图，我这辈人对这位二嫂是非常敬重的。（陈小从函）

在庐山植物园艰难困苦的三年恢复期间，陈封怀含辛茹苦，勉力支撑着植物园的局面。他还步行上山下山，定期到南昌中正大学兼课，用兼课的工资和出售种苗的有限资金，维持工人的基本生活和植物园的基本开支，与工人们过着十分艰苦的生活。经过几年的苦苦支撑，惨淡经营，到 1949 年中华人民共和国成立，终

---

① 胡先骕《为叔永题张梦庄女士所绘唐梅》：“枯干犹存窈窕枝，凌寒照影尽多姿。嘉君闺阁春风手，偏写唐梅黑水祠。”载胡先骕《胡先骕先生诗集》103 页，中正大学校友会编印，1992。

② 散原老人 1937 年 9 月去世后，张梦庄写了《思祖翁散原老人》《松门别墅》两篇纪念文章，为后人留下了珍贵的第一手资料。可惜她惜墨如金，写得太少。生二男：贻松、贻竹。贻松 12 岁时不幸夭殇，贻竹现为华南植物所研究员、博导。

于保存了国内当时唯一的植物园。特别是在 1948 年，庐山森林植物园繁殖了大量的水杉苗，在国内外产生了很大的影响。

4

1949 年 4 月 21 日，解放军在西起湖口、东到江阴的千里战线上，强渡长江天堑。4 月 23 日解放了南京。5 月 17 日，解放了九江。同日，红旗插上牯岭。庐山行政解体前夕，庐山管理局局长要求陈封怀随他们撤逃。当时的庐山管理局局长兼庐山防卫团团长，军政合一，颇有权势。陈封怀不为所动，坚持不走，保护了植物园。

1950 年，中国科学院成立。院长李四光函召陈封怀北上参加会议，并要他仍回庐山工作。同年 10 月，庐山森林植物园收归中国科学院植物研究所领导，改名“庐山植物园”，陈封怀继续任主任。1964 年，庐山植物园直接隶属于中国科学院。

中华人民共和国成立后，我国的植物园建设进入了一个前所未有的高潮，各地不断向庐山植物园求援，帮助他们建造植物园。陈封怀丰富的办园经验派上了用场。1953 年下半年，陈封怀应杭州建设局邀请，去杭州协助设计杭州植物园。1954 年，他奉中国科学院之命，率领七八位庐山植物园的工作人员去南京，创建南京中山植物园，并任园主任。1958 年，他又率领那几位援建南京中山植物园的部下奔赴武汉，参加武汉植物园的建设，并任主任。1963 年，陈封怀收到老师陈焕镛寄自广州的信，请他到广州创建华南植物园，任华南植物所副所长兼植物园主任。① 上面

① 华南植物园的前身是中山大学生物系为教学所需而建立的小型植物实验园地。1956 年，中科院和广东省决定筹建华南植物园，同年 11 月 26 日，时任南京中山植物园主任的陈封怀，应邀从南京赴广州，参加华南植物园建园筹备会议。1963 年春，经时任华南植物研究所所长的陈焕镛推荐，中科院决定，调陈封怀到华南植物研究所任职。据说陶铸也希望陈封怀到广州工作。

的这张“时间表”和几个植物园的名字把陈封怀的后半生履历联成一线。他本人也认为这几座植物园的创建可以概括他一生的业绩。他晚年在一首诗中写道：

植物学家丹青手，二绝一身学父祖。
匡庐云雾云锦开，秦淮河畔留芳久。
翠湖步月话古今，羊城赏菊怀五柳。
布景建园园中园，一片丹心待后守。

另一首绝句也表达了同样的意思：

五十年来建园圃，江南江北度生涯。
问道故乡何所在，园林无处不为家。

陈封怀从此进入了他事业的鼎盛时期。我国现有植物园一百多座，其中 1950、1960 年代建造的植物园，或请他做指导，或请他审查规划。更主要的是他身兼庐山植物园、南京中山植物园、武汉植物园、华南植物园这四座名园创办人的特殊身份，使他享有“中国植物园之父”的崇高声誉。① 陈封怀的声名还传到国外。1963 年下半年，他受朝鲜民主主义共和国邀请，赴朝鲜平壤协助建设朝鲜“中央植物园”。1964 年，他访问了西非加纳等四国，参加了在那里召开的国际生物会议，在会上做了题为《新中国植物园的发展》的报告，并访问了加纳的阿勃里植物园；1976 年 2 月，他又应邀率团赴泰国访问；1981 年 8 月，在澳大

① 见汪国权《陈封怀：中国植物园之父》，载《植物杂志》1994 年第 4 期。

利亚召开的第九届国际植物园协会会议上，已 82 岁高龄的陈封怀未能与会，但由于他在植物园事业中的贡献与成就，仍被增选为国际植物协会常务委员。①

1949 年 12 月和 1950 年 3 月，新成立的中国科学院分两次开展自然科学各学科专家的调查。以前中央研究院的院士为基础，经过审查、选择、补充，决定了 35 位投票人，请他们分别在他们所专长或熟悉的学科中推荐数人到 20 人的专家名单。陈封怀入选植物分类组专家名单，而且还是第二次调查的提名投票人。②1980 年，《中国科学家辞典》编委会编纂的《中国科学家传略辞典》（现代第 1 辑）收入《陈封怀传》。③ 1991 年出版的《民国人物大辞典》为陈封怀立条目。④ 2016 年，为纪念中国现代植物园奠基者之一的陈封怀教授，倡导科学、可持续的植物园建设与管理，引领植物园的发展方向，中国植物园协会经研究决定，从 2016 年起开始评选“最佳植物园”，被评上的植物园授予“封怀奖”。至 2020 年，已有西双版纳热带植物园、北京植物园、深圳仙湖植物园、上海辰山植物园获得“封怀奖”。⑤

在科研方面，从 1975 年起，陈封怀和他的学生胡启明集中精力对中国报春花科植物进行了系统研究，第一次全面清理了我国报春花科植物的种类，共 13 属 517 种，并进一步把研究范围扩大到整个东南亚地区。经过深入研究，论证了我国西

---

①② 见中国植物学会编《中国植物学史》142 页，北京，科学出版社，1994。

③ 见该书 195—198 页，内刊。

④ 见林友春主编《民国人物大辞典》1036 页，石家庄，河北人民出版社，1991；该辞典尚有陈三立、陈衡恪、陈寅恪条目。

⑤ 见胡启明、陈贻竹编《陈封怀教授诞生一百二十周年纪念集》26 页，华南植物园印，2020。

南山区是报春花属的现代分布中心和多样化中心，也是起源中心。他们的研究成果，集中体现在《中国植物志》第59卷（1989年、1990年由科学出版社出版）。这一研究与国外同类工作相比，深度与广度都处于领先水平。正因为如此，这一成果荣获1993年中国科学院自然科学奖一等奖。[①] 遗憾的是，这一殊荣表决通过时，终生为此追求不息，94岁高龄的陈封怀先生已辞世两天了。

在植物园的建园理论上，陈封怀提出了“科学内容与美丽的园林外貌相结合”的原则，所以他主持建造的植物园，注意中外结合，古今结合，既有丰富的科学内涵，又有美丽的园林外貌。这需要主持人具有较高的人文素养和强烈的造型艺术意识。这一点正是陈封怀的整体素质所具备的。他那身为民初大画家的父亲给了他绘画的天赋，使他能在工作之余，调弄丹青，怡情养性。他画庐山的苍松、金陵古城的垂柳、橘子洲头的霜叶、西非的棕榈、朝鲜的金达莱。他的雅好与他的专业结合得如此紧密，两者相辅相成，俱擅胜场。他那书香氤氲的家族给了他吟诗作对的最初的启蒙，使他能用旧体诗词抒情写意，在自己的画作上题上典雅工稳的辞章。“黄花白发相牵挽”题的是菊花；“池塘风止静涟涟，彩黛亭亭出荷莲。污泥育出芙蓉貌，清香出浊有根源”题的是荷花；“归心千古终难白，啼血万山都是红”题的是杜鹃花；“始有报春三两朵，春深犹自不曾知”题的是报春花；“近林知树色，隔涧听泉声”题的是山水小幅；“桃红柳绿江南春，夏日荷塘听蝉鸣。秋豪气爽看红叶，冬来飞雪松柏青”题的是四

---

① 见夏振岱《旷世巨著——〈中国植物志〉》，载《植物杂志》1997年第5期。按：中国科学院自然科学奖即国家自然科学奖的前身，1956年首次颁发，1982年改为“国家自然科学奖”。

时清景；“匡庐云雾映晚霞，秋风落叶满桠杈。日照高云红似火，含鄱岭下有人家”题的是庐山秋光秋色。他对中国传统文化样式有一定的积累，使人联想若不是他的父亲中年早逝，他也许会走上另外一条人生之路。

1974 年春末夏初，以园林为家的陈封怀，回到庐山植物园消夏小住。自 1954 年春正式调离庐山植物园算起，陈封怀阔别庐山已经 20 年了。在那些难忘的如火如荼的日子里，陈封怀以极大的热情，致力于我国植物园的建设事业。他的青壮年时期，为庐山植物园的创建和恢复洒下了汗水和心血，取得了辉煌成就。此后，他无论到哪里都带着庐山精神。虽然植物园已不再是庐山一家独有，但那些由陈封怀主持建造的植物园，基本上都保持着庐山植物园的精神风貌，它们与庐山植物园有着一脉相承的渊源关系，是庐山植物园精神的延伸。从本质上讲，陈封怀一刻也没有离开过庐山。因此，陈封怀重返庐山，就好像长途跋涉的旅人回到家中歇脚休憩，重拾故欢。这次消夏小住，陈封怀留下一幅《云雾花园图》和一首题画诗。

被列为我国十大名茶之一的庐山云雾茶，由于“托根高接南斗傍，坐令涧壑流芬芳。三十六梯不可到，天风细细吹旗枪”，因而芽叶肥壮，白毫显露。加上采制工艺精细，故香味醇厚，饮之怡神止渴，解乏明目，消食利尿，去腻醒酒。宋太平兴国年间，曾被列为贡茶。

庐山云雾茶本为庐山的寺庙僧徒所种植，产量向来不高。明清以来，寺庙多毁于兵灾火劫，呈衰落之势，云雾茶亦几至绝迹。1913 年，庐山森林厂在九奇峰下栽种十亩。庐山植物园成立不久，也把抢救云雾茶作为一项重要工作，陈封怀曾亲手引种栽培云雾茶。中华人民共和国成立后，庐山植物园重新在月轮峰下开辟茶园，大面积栽培试验，1957 年在庐山大面积推广。陈封怀对此十分感兴趣，泼墨挥毫，画了一幅月轮峰下郁郁葱葱的《茶园图》，并题七绝一首：

匡庐云雾绕天空，名茶育出此山中。
陆羽未尝真风味，红袍原在月轮峰。

这一图、一诗，为云雾茶增添了一段文化掌故，是一件不可多得的艺术佳作。

5 光阴荏苒，弹指又是十年，庐山植物园迎来了建园50周年大庆。1984年8月21日，来自全国各地的植物学专家、植物园工作者、林学家齐集庐山，参加了这一自然科学界瞩目的庆典活动。1980年代初期，是我国现代史上政治、科技、文化最活跃、最兴旺的时期之一，“尊重知识、尊重人才”成为时代的主流。科学技术的地位、作用得到重新诠释与肯定，广大知识分子释放出空前的干劲与热情。庐山植物园50周年大庆，是当时科技界的一件要闻，它为自然科学的重新崛起起到了推波助澜的作用。

电视台对庆典活动进行了报道。远在京华的秦仁昌发来贺电：“山青水秀，万物皆春，百尺竿头，更上一层。”这一年秦仁昌87岁，双腿伤残，已经十多年足不出户了。胡先骕教授已于“文化大革命”动乱中郁郁以终。三位创始人，只有85岁高龄的陈封怀亲上庐山，躬逢其盛。那天他的兴致很高，在会客室里与植物园的同仁高谈阔论，一会儿中国话，一会儿又夹杂着几句英语；说中国话时，一会儿讲庐山话，一会儿讲南京话，一会儿讲武汉话，一会儿讲广州话——这地道的“南腔北调”，显示出一位耄耋老人丰富的经历和饱览世事的聪明机智。那天陈封怀题写了一首贺诗：

老树延年数十春，坎坷岁月到如今。
苍松不畏寒冬冷，待到春风又发新。

如果我们把这首诗放在 1970 年代末 1980 年代初的社会大背景下来解读，当有更深的体会。“老树逢春”的诗意，既是庐山植物园的形象写照，更是长期受压抑的知识分子欢呼科学春天到来的心声。这是陈封怀留给庐山植物园的最后一首诗。

又过了十年，陈封怀教授 94 岁高龄，在广州走完了他漫长的一生。他是我国科学家队伍中的长寿者之一，是陈氏家族中年寿最高者。庐山植物园为迎葬他的骨灰，做出了一个重要决定——在胡先骕墓的两侧，安葬秦仁昌（1986 年去世）、陈封怀的骨灰，建造三位创始人的墓地。

早在 1968 年 7 月，胡先骕在生命垂危之际，遗言安葬庐山植物园。1984 年 7 月 10 日，在胡先骕逝世 15 年之后，中国科学院、江西省科委和庐山植物园建造了胡先骕墓。这一天，中国科学院植物研究所所长俞德浚和陈封怀教授以及胡先骕的学生、亲属共一百余人，参加了胡先骕墓揭幕仪式。

胡先骕墓的建造，是庐山植物园 50 周年大庆活动中重要的一环。大庆的前一年，植物园便邀请陈封怀上山，拟定庆典方案，方案中就已列入落实胡先骕临终遗言，迎葬胡先骕骨灰，建造胡先骕墓的计划。1983 年 10 月中国植物学会在太原召开 50 周年年会，主持人俞德浚在会上正式宣布，将在庐山植物园建造胡先骕墓的决定。胡先骕墓在园庆一个月前建成，无疑给 50 周年大庆带来了庄严肃穆的气氛，激起参加园庆的人们缅怀创业者们不朽业绩的强烈共鸣。

以胡先骕墓为基点，庐山植物园踵事增华，设计了“三老墓”墓园。“三老墓”的建成、开放，增加了庐山植物园的历史文化景观。庐山植物园的三位创始人，中国现代植物分类学的先驱胡先骕、享誉国际的蕨类分类系统创立者秦仁昌、享有“中国植物园之父”之称的陈封怀都长眠在庐山植物园的青山翠柏之中。他们都是我国现代植物学研究的开创者，当年秉持“科学救国”的宏愿，放弃了优越的国外生活，投身祖国的植物学事业，孜孜以求几十年不改初衷，为我国的科学事业做出了辉煌的成就。因此，这里是激励植物工作者献身科学的生动教材，也是激发青少年从小树立远大志向，不畏艰辛，探求未知，乐于奉献的殿堂。①

时至今日，我们不得不佩服当年建造三位创始人墓地的决策，具有深邃的眼光和对事物判断把握的超前性。它使庐山植物园增加了文化的内涵，加重了园史的分量。今天的庐山植物园，已是繁花照眼，锦绣满园。为了适应科研和科普的需要，植物园建立了松柏区、树木园、草花区、岩石园、温室区、药圃、自然保护区，一年四季，都有醉人的绿和炫目的花。在庐山人心中，植物园是山中的瑰宝；在游人心中，它是怡情养性净化心灵的圣洁之地。作为个体生命能够托体名山，已属不易，况且是这样一座蜚声中外的名园；作为庐山植物园，它承继了中华民族慎终追远、见贤思齐的传统美德，给三位创始人安排了最好的归宿。这一决策的意义已经超出了事物本身。它大大提高了庐山植物园作为群体所拥有的道德、人格力量，因而也大大提高了庐山植物园的知名度。

胡先骕、秦仁昌、陈封怀墓坐落在植物园松柏区水杉林内，墓地的山形地势显然经过精心选择。它枕山面湖，前方是一个通

① 见易官美、邱迎君《论庐山植物园空间景观的继承与发展》，载《中国植物园学术年会论文集》。

向鄱阳湖的山垭口。三位“一生爱好是天然”的学者，大化之后复归自然，幕天席地，返璞归真。牛眠吉壤，无意求之而偶然得之，未尝不是一种机缘，一种福分。生前长别离，身后常相伴，三位志同道合的读书人，可以含笑九泉了。

1994年9月，陈隆恪之女陈小从，陈寅恪之女陈流求、陈美延，陈封怀之子陈贻竹，陈覃恪之孙陈中一、陈中兴在南昌开完“陈宝箴、陈三立父子学术讨论会”后，上庐山探视松门别墅，随后又来到庐山植物园祭扫陈封怀墓。陈小从口占七绝一首：

> 埋骨名山慰平生，奇花异株饱含情。
> 松门落照含鄱月，长与匡君伴古今。

对于陈封怀教授来说，长眠在先祖故居附近的庐山植物园，既是义宁陈氏庐山缘浓彩重墨的一笔，也是对他平生事业的最好纪念。

第十章　松门松菊何年梦

——庐山建立“陈三立故居纪念馆”的价值与意义

1 作为一个有着奕世声名、三代承风的文化世家，陈三立一家与庐山的联系是多方面的，非本书所能穷尽。但当我们了解了陈家四代与庐山的天缘辐辏和发生在松门别墅的往事遗迹之后，就不难理解寅恪先生在《忆故居》诗中所寄托的对松门别墅的深切怀恋。诗云：

> 渺渺钟声出远方，依依林影万鸦藏。
> 一生负气成今日，四海无人对夕阳。
> 破碎山河迎胜利，残余岁月送凄凉。
> 松门松菊何年梦，且认他乡作故乡。

诗前还有一段非常重要的小序：

> 寒家有先人之敝庐二，一曰崝庐，在南昌之西山，门悬先祖所撰联，曰“天恩与松菊，人境托蓬瀛”。一曰松门别墅，在庐山之牯岭，前有巨石，先君题“虎守松门”四大字。今卧病成都，慨然东望，暮境苍茫，因忆平生故居，赋

此一诗，庶亲朋览之者，得知予此时之情绪也。

这首诗作于1945年4月。这一年既是寅恪诗作最多的一年（共得诗32首，超过了任何一年），也是他情绪大起大落的一年。此年正月，他的双眼突然失明。8月，日本宣布投降。万方多难，八年乱离，终于盼到了山河澄清、举国欢庆的时刻。寅恪写了八首歌呼抗战胜利的诗作，可作那一时期的诗史读。同时又被目盲所带来的生命悲剧意绪所笼罩。欢乐和悲怀交织在一起，使他这一年内的诗作呈现出“以乐景写哀，哀更进一层”的况味。

1945年秋，寅恪抱着极大的希望，赴英国伦敦治疗眼疾（因眼疾太重未能治愈），与江西南昌同乡熊式一相遇。熊式一是位作家，他送给寅恪一本自己写的英文小说《天桥》。寅恪写了两首七绝，第一首：

海外熊林语堂各擅场，王前卢后费评量。
北都旧俗非吾识林著《瞬息京华》，爱听天桥话故乡天桥在南昌城外。

不久，寅恪又写了一首读《天桥》的七律：

沉沉夜漏绝尘哗，听读佉卢百感加。
故国华胥犹记梦，旧时王谢早无家。
文章瀛海娱衰病，消息神州竟鼓笳。
万里乾坤迷去住，词人终古泣天涯。

这首诗与《忆故居》诗一样，诗前也缀有一序：

乙酉冬夜卧病英伦医院，听人读熊式一君著英文小说名《天桥》者，中述光绪戊戌李提摩太上书事。忆壬寅春随先兄师曾等东游日本，遇李教士于上海。教士作华语曰："君等世家子弟，能东游甚善。"故诗中及之，非敢以乌衣故事自况也。

两首诗的形式、诗意如出一辙，可视为姊妹篇。"松门松菊何年梦""旧时王谢早无家"是两首诗的"诗眼"所在，可以作为寅恪故乡思恋和家世情结的诗化表述。

"旧时王谢早无家"是寅恪步入中年以后，渐趋浓烈的一个人生主题。1937 年，他发表了《庾信哀江南赋与杜甫咏怀古迹诗》一文；1939 年，又发表了《读〈哀江南赋〉》一文。晚年在《寒柳堂记梦未定稿·弁言》中，再次述及自己童年时读《哀江南赋》的情景。寅恪之所以在著作中屡屡提及《哀江南赋》，是因为旧日的读书之家都讲究门风祖德，而《哀江南赋》特别强调这一点，世人传诵的"潘岳之文采，始述家风；陆机之辞赋，先陈世德"便是其中的名句。

1941 年，寅恪出版《唐代政治史述论稿》一书，书中有关"世家""门风"的论述颇多，如：

夫士族之特点既在其门风之优美不同于凡庶，而优美之门风实基于学业之因袭。故士族家世相传之学业乃与当时之政治社会有极重要之影响。①

凡山东旧族挺身而出，与新兴阶级作殊死斗者，必其人

① 见该书 72 页，上海，上海古籍出版社，1982。

之家族尚能保持旧有之特长，如前所言门风家学之类。①

1965年，寅恪开始撰写自传体性质的《寒柳堂记梦未定稿》。这是一部非常重要的有关义宁陈氏家世的著作。从现在残存的《弁言》《吾家先世中医之学》《戊戌政变与先祖先君之关系》三章来看，作者把自己的家族与晚清政局的荣枯升沉紧紧相连。对于湖南巡抚陈宝箴的后人来说，晚清数十年间的历史既是国史也是家史。故寅恪对自己的家族在近百年以来的遭遇，始终不能忘怀，在著作中再三提到自己的“身世”，并把自己家族的遭际与中国社会的“兴亡遗恨”联系起来，使“旧时王谢早无家”的人生主题蕴含着深刻厚重的历史内涵。

与寅恪的家世情结可以在他的著作中找到较多的痕迹相比，他的故乡、故居情结则较少表露。他一生共写了五首忆故居诗。除忆南昌西山、庐山故居诗外，另有两首忆北平西城浸水河旧居，两首忆清华园旧居。虽然五首诗都饱含着身世之感，但以忆西山、庐山故居诗最为投入、动情。它是1945年那个特定时空背景下的精神产物。诗人因双目失明而忧患暮境苍茫，怀恋先人故居，感怀家族兴亡，甚至萌生隐居故乡，以终老残余岁月的念头。“松门松菊何年梦，且认他乡作故乡”，这话说得何其沉痛！足以窥见故乡与故居在这位学术大师心目中的分量。作为历史学家，寅恪先生很少流露乡愁乡思；但作为诗人，一旦倾吐故园心事，便有着撼人心魄的力量。

1964年，陈寅恪75岁时，在一首言志诗中发出“圣籍神皋寄所思”的心声。“圣籍”“神皋”对文互义，喻指神圣的中国文化经典和滋养华夏文明的故土大地。陈寅恪的故土依恋与其中

① 见该书87页。

国文化苦恋紧密相连。他对中国文化是那样地一往情深，一切著述都是为了阐发它的最深刻的涵义。不但如此，他的文化痴情又与他的故土依恋紧密地连成一体，以至他无论怎样也不肯“去父母之邦”。中国文化传统中曾有一条绝对的“孝道”原理，叫作“天下无不是的父母”，陈寅恪则创造性地发展了这一绝对原理，使之成为“天下无不是的父母之邦”，陈寅恪这位超群绝伦的文化大师的全部伟大便在这里。[①] 如今他长眠在匡庐故山，这是对他“天下无不是的父母之邦”理念的最好诠释。

2 寅恪先生忆南昌西山、庐山故居诗序中提到的两处先人故居，其中南昌西山（今属新建区望城乡）崝庐与祖墓于 1949 年后被挖掘毁坏，只剩下一块墓碑，一对隆恪、寅恪、方恪、登恪兄弟曾抚弄攀骑过的石狮子和一些石构件，而庐山故居基本保存完好。比之樽已破矣的崝庐，可谓“天意怜幽草”“江山如有待”了。

美国学者 E·希尔斯认为，传统中往往蕴含着某种具体的象征物，体现着昔日的荣光与权威。我国历史上的世家大族亦往往如此。例如西晋、南朝著名家族谢氏的象征物是代表人物谢安隐居韬晦、待时而出的“东山”，谢氏成员的山水诗正是这个“东山精神”的衍生物；另一个著名的家族王氏的象征物则是一把预示着权位富贵的宝刀，那是王氏的始祖王祥的传家物。刀剑在古代是功名事业的象征，这“宝刀”的形象在王氏众多的子孙后代心中始终闪耀着光芒。这种近似图腾性质的、在家族内部承传不息产生强大凝聚力的象征物，在现代社会已不复存在，只有祖宅和故居还依稀体现着近世世家昔日的荣光。建筑的稳定性，决

① 余英时《陈寅恪晚年诗文释证》增订本序二，台北，东大图书有限股份公司，2004。

定了祖宅、故居适宜充当历史文化遗产的载体。正如俄国文豪果戈里所说："建筑是历史的年鉴，当歌曲和传说已经缄默时，而它还在说话。"

在我国，名人故居属于文物工作的范畴。我国《文物法》界定"文物保护单位"为七大类：革命遗址、古文化遗址、古建筑、纪念性建筑、古墓葬、石窟寺和石刻。名人故居大体属于"古建筑""纪念性建筑"一类。文物部门对名人故居，通常采取三种处理方式：或将故居列为"文物保护单位"；或将故居列入"文物保护项目"，视同"文保单位"管理，享受"文保单位"的待遇；或在故居旧址建立纪念馆，成立一个机构实体，属于博物馆系列。

我国现存的名人故居究竟有多少，恐怕难以找出确切的统计数字。但经常见诸报端、书刊和新闻媒体的近现代名人故居，亦不在少数。这里仅以文化名人故居为例，简述如下：

北京阜城门西三条 21 号鲁迅故居，即"鲁迅博物馆"。鲁迅先生在北京共居住了 14 年，有四处旧居，最后两年便在此度过，1956 年正式开放，是北京市文物保护单位。另三处旧居为宣武门外南半截胡同绍兴会馆藤花馆西屋；砖塔胡同；西城八道湾胡同 11 号。其中八道湾故居已列为北京市文物保护项目。此外，尚有绍兴鲁迅故居纪念馆和上海鲁迅纪念馆。

北京前海西街 18 号郭沫若故居。早年间是清恭王府的前院，后售给达仁堂作私宅。1963 年 11 月，郭沫若由西四大院胡同迁入，直到 1978 年去世。1982 年 8 月定名为"郭沫若故居"。同年 8 月被批准为全国重点文物保护单位。

北京东城区后圆恩寺胡同 13 号茅盾故居。1985 年定为北京市文保单位，建立"茅盾故居博物馆"，正式开放。1983 年，茅盾逝世两年后，中央批准全面修复茅盾故乡浙江桐乡乌镇茅盾故居，予以开放。

北京西城区护国寺街 9 号梅兰芳故居纪念馆。此前为清庆王府的马倌居所。1986 年 10 月正式开放。此外，1987 年，为庆祝梅兰芳诞辰 100 周年，在梅兰芳的故乡江苏泰州市修建了规模宏大的“梅兰芳史料陈列馆”。

北京东受禄街 16 号徐悲鸿故居纪念馆。原馆 1967 年因修建地铁被拆迁。1973 年重建于新街口北大街 53 号。

广东南海市康有为故居纪念馆。1983 年修复建馆，1986 年被批准为全国重点文物保护单位。1998 年南海市又修复了康氏宗祠。

扬州琼花观街安乐巷 27 号朱自清故居。1982 年定为市级文保单位。1993 年开放。

江苏吴江县黎里镇柳亚子故居。1982 年重修开放。

浙江海宁周家兜王国维故居。1982 年列为市级文保单位。1985 年经省、市拨款维修开放。

杭州西湖苏堤南端荔枝峰下章太炎纪念馆。1988 年建成开放。

安徽徽州绩溪上庄胡适故居。为县级文保单位。1988 年正式开放。

上海川沙县黄炎培故居。1990 年 5 月修复开放。

安徽徽州潭渡村黄宾虹故居纪念馆。1986 年修复开放。

杭州潘天寿故居纪念馆。1988 年扩建开放。

四川内江张大千纪念馆。1994 年建成开放。

绍兴蔡元培故居。1989 年 4 月修复开放。

成都市郊李劼人故居。1982 年成都市政府拨款维修，1985 年列为市保单位，1987 年成立李劼人故居文管所，正式开放。1991 年升格为省级文保单位。

江苏南通张謇纪念馆。2003 年 7 月于纪念张謇诞辰 150 周年之际利用张謇故居建成开放。2003 年 10 月，全国重点文物保护单位张謇墓园通过保护利用规划，开始修整完善。

福州严复故居纪念馆。2003 年 2 月经过一年多的修整，于纪念严复诞辰 150 周年之际开放。

值得注意的是，上述 22 处文化名人的故居有 13 处是在 1980 年代建立纪念馆、定为文物保护单位的。对于文物工作者来说，1980 年代的确是一个值得怀恋的时期。在当时尊重知识、倡导传统文化的社会大气候条件下，文物工作出现了百废待兴、蓬蓬勃勃的气象。1983 年，全国进行了一次空前的文物大普查。之后，各地公布了“文化大革命”前认定的文保单位和新核定的文保单位。一大批名人故居列为文保单位或建立故居纪念馆，都是 1980 年代的社会气候条件下脱颖而出、应运而生的产物。这股大潮一过，再想把名人故居定为文保单位或建立纪念馆，则需要机缘。文物与人的遇合一样，有时也得讲点因缘际会。

义宁陈氏的故居原有多处。包括修水老家竹塅祖宅；长沙闲园、蜕园；武汉湖北按察使署乃园；长沙湖南巡抚衙署后园；南昌西山崝庐；南京散原精舍别墅；庐山松门别墅；北平西城区西四牌楼姚家胡同三号。长沙、武汉、南京的几处故居旧址是否还有遗迹，不遑查考。北平故居至今尚存。那原是一个很大的四合院，现在已住满了二十多户人家。比照同在西城区已列为市级文保单位的徐特立故居，因旧城改造而另觅地方迁建的情形，既未列入“文保单位”也未列入“文物保护项目”的陈家北平故居运数难卜。南昌西山崝庐和祖墓初毁于“土改”，继毁于大集体时兴修水利。只有修水老家祖宅和庐山故居尚存留天壤间。

1983 年，修水县的文物工作者在全国性的文物大普查中，出于对乡贤的崇敬、景仰，对陈氏祖宅进行了初步的调查摸底，将陈氏祖宅命名为“陈宝箴、陈三立父子故居”，1986 年正式批准为县级文保单位，2006 年升为省级文物保护单位，2013 年升格为全国重点文物保护单位。陈氏祖宅始建于乾隆五十八年（1793），由陈宝箴的祖父陈克绳主持建造，取名“凤竹堂”，民间称“陈家大屋”，迄今两百余年，基本保存完好，是昔日修水民间随处可见的宗祠性质的民居建筑。义宁陈氏在这里休养生息三四代之后，达到了这个家族全盛时期，崛起了陈宝箴、陈三立两位杰出人物，陈家大屋愈发成为当地一带有名的建筑。大屋和陈宝箴中举后立的旗杆石，陈三立中进士后立的旗杆墩，以及散布周围山间陇头的数十座陈氏祖先坟茔，都是珍贵的第一手研陈资料。对于文物工作者和研陈专家学者来说，这是一个蕴藏着丰富史实、阡陌流金的地方。

与修水老家祖宅相比，庐山松门别墅的境遇稍好些。早在中华人民共和国成立初期，陈家的至交李一平，就邀同陈铭枢等人上书中央，建议将松门别墅创办为“陈三立纪念馆”，[①] 可惜没有结果。1993 年，负有言责的江西省人文工作者对日益蜚声学界的义宁陈氏开始有了感应。先是省内一批学者联名具文至省文物局，建议将庐山陈三立故居建成纪念馆，并修复西山陈宝箴墓，列入省级文保单位，予以保护。1994 年 9 月，江西省社科院、省诗词学会、省政协文史委联合举办了“陈宝箴、陈三立父子学术讨论会”。与会代表一致呼吁：尽快出版陈宝箴、陈三立诗文著作；尽快将松门别墅建成陈三立故居纪念馆，供游人参观瞻仰。会前，陈氏后裔驱车到西山，拜谒西山崝庐和祖墓旧址；会后，陈氏后裔上庐山，拜谒先祖故居，与庐山文物部门商议建立“陈三立故居纪念馆”事宜。1995 年元月，陈寅恪女儿陈流

① 见陈小从《松门别墅与大师名流》66 页。

求、陈美延致函“西南联大校友会”，请求支持解决两件事：“一、先祖陈三立庐山故居拟建立纪念馆事；二、先父陈寅恪生前有遗愿，将骨灰葬在杭州九溪牌坊山先祖父、先伯父（陈衡恪）墓旁。此事经数年努力，确有困难，不能实现，故我们去年与庐山方面商议，如先祖纪念馆得以落成，请求骨灰葬在庐山。”庐山文物部门为建立陈三立故居纪念馆做了大量工作，1995 年 2 月，《九江日报》《江西日报》《光明日报》《人民日报（海外版）》分别刊发了庐山将建立陈三立故居纪念馆的消息。2000 年 7 月，松门别墅跻身江西省第四批省级文物保护单位。

环顾宇内，与陈三立同时的维新人物如康有为、梁启超、黄遵宪、谭嗣同的故居，都已成为供后人瞻仰的胜地。其中康有为的青岛故居，一栋德式海滨别墅，已列为全国重点文保单位。庐山陈三立故居纪念馆的筹建，尽管进展缓慢，但终究有了一个合乎物理人情的解释与交代。已经充分认识到文化是本山优势的庐山，自然不会遗忘一个文化世家留下的文化遗产。义宁陈氏的庐山缘，仍将在新的历史条件下赓续延伸。

3 1995 年 10 月，《瞭望》周刊发表了《不要降低名人纪念馆的含金量》一文。这是那两年报刊发表的批评炒名人、造名人之风的一篇较有分量的文章。文章认为：建立名人纪念馆一定要严格进行挑选，即被选定的人必须是一块真金。在确定某人是否值得为他建立纪念馆时，要看他的人格、思想、学术水平在中国和世界历史上的地位如何？看他是否受到人们的爱戴与崇敬？看他与建立纪念馆所在地的关系是否密不可分？是不是属于书写当地历史时绕不开的人物。这篇文章对庐山值不值得建陈三立故居纪念馆具有启发、借鉴作用。

1980 年代以后，随着陈学研究的纵横开掘，人们对陈寅恪父亲散原老人的崇敬与日俱增。人们惊异地发现，比起今日文化界无人不晓的陈寅恪来，七八十年前其父散原老人享有更高的知名度。

陈三立一生经历了咸丰、同治、光绪、宣统、民国等时期，几乎与中国近代史相始终。一生出处进退，可圈可点，其中三件事影响最大：一是“维新公子”的得名；二是近现代中国诗坛的盟主地位；三是晚年的爱国情操。这是他一生行述的核心。

1936 年，著名掌故家徐一士撰写、发表了《谈陈三立》一文。文章开篇即言说陈三立“维新公子”得名的由来。“维新四公子”（又称“清末四公子”）有两说：一说陈三立、谭嗣同、徐仁铸、陶菊存；一说陈三立、谭嗣同、丁惠康、吴保初。两说都离不开陈三立，且以年辈居首。实则陶菊存、丁惠康、吴保初列名清末四公子尚可，列名维新四公子则牵强。此两说一经成立，即播扬中外，掌故笔记不绝于书。以徐一士《谈陈三立》传播较广。文章说：

> 其（三立）父右铭翁（宝箴）在湘南巡抚任，励精图治，举行新政，丁酉戊戌间，湘省政绩灿然，冠于各省，散原之趋庭赞画，固与有力。当是时，散原共谭壮飞（嗣同，湘南巡抚继洵子）、陶拙存（葆廉，陕甘总督模子）、吴彦复（保初，故广东水师提督长庆子）以四公子见称于世，皆学识为一时之俊者，而陈、谭二公子之名尤著。

1980 年代初，被遗忘的清末民初史事、人物重新挖掘面世，“清末四公子”的美谈给新的一代带来视觉刺激。首开记录的是台湾地区高阳的《清末四公子》一书，1980 年首印、1983 年重印，最近十余年多家出版社重印。该书书名虽为《清末四公子》，实则主要写陈三立，以丁惠康、谭嗣同、吴保初为附庸，凑成一书。接着是苏昌辽《清末四公子之一：陈散原》一文（载《南京史志》1985 年第 2 期）。维新公子成为陈三立头上一道耀眼的光环，为陈家的另一个美谈——“公子的公子”陈寅恪做了铺垫。

近年出版的袁进主编的《中国近代文学编年史》以 1910 年 9 月上海《国风报》刊登的《散原精舍诗》广告词“是编为义宁陈伯严先生著。专学宋人，熔铸万有，气象雄浑，意境沉着，有黄河奔流千里一曲之概，诚今时诗中之大家也”为切入点，重估陈三立诗作的历史地位。该著认为：以陈三立为代表的同光体诗派，与以黄遵宪、丘逢甲、梁启超为代表的诗界革命派，以柳亚子、陈去病、高旭等南社诗人为主的革命派，在清末民初的中国诗坛三足鼎立。三派之中，同光体诗派影响更大，成就更高，陈三立是清末民初“第一诗人”。①

此外，近现代旧体诗坛大家郑孝胥在某次聚会时，曾当着陈宝琛、杨钟羲、夏敬观、李瑞清等人的面，评陈三立诗为“国朝第一”。② 钱锺书在《围城》里借董斜川之口揶揄“陵谷山原”的陈散原为五六百年来成就最高者。无论钱氏是否正反褒贬，陈三立是近代最负盛名的大诗人，是旧诗界的“都头领”，应无疑义。

陈三立的诗歌创作以光绪二十七年（1901）四月他挈家定居南京为前后期的转折点。假如我们把散原老人后期的诗文创作按地域来划分的话，可以看出主要是由南京、南昌、杭州、上海、庐山五大板块组成的。特别是晚年在庐山栖息四年，留下那

① 见该书 360 页，北京，北京大学出版社，2013。

② 见李开军《商务印书馆〈散原精舍诗〉的编选、刊行和版本》，载《文艺研究》2023 年第 9 期。

么多诗、文、题辞、石刻，是他创作的一轮勃发，是他留给庐山的一笔珍贵的文化遗产和文史财富。加上他在庐山发起参与的社会文化活动，他在庐山与那么多的文化名流交往唱和，① 这一切都足以证明他确实是那一时期庐山乃至东南文化圈子里的中心人物。正如《庐山志·艺文·近代诗存》“陈三立”条按语所说的那样：

> 际兹世风板荡，俗学浇漓，幸硕果仅存，皤然一老，为群流仰止，不独为吾乡耆献之光，其高躅灵襟，亦正自与名山同垂不朽也。

《庐山志·艺文》选入古今文人数百家诗文，于名下缀按语者仅陈三立一例。

1937年阴历八月初十日，散原老人在北平去世。其时正值“卢沟桥事变”不久。7月28日，京郊有激烈战事，当晚二十九路军撤退，8月8日日军正式进城，津沽亦沦陷。日军进城后，老人终日忧愤，郁郁以终。散原老人逝世前的家国情怀，与他数年前在庐山上的关注抗战，构成了他晚年爱国情操的主要细节，在社会上广为传颂。② 1945年7月，修水县的各界人士联名上书省政府请求将修水中学改名散原中学，以纪念先贤褒奖忠烈，激励民族气节。③ 11月7日，省政府1 713次省务会议决定照准，

---

① 1932年，曹缵蘅在庐山写《累诣散原翁赋呈长句》诗，中有“自公专此山，遂为万流归”之句。

② 参见李开军《散原之死：想象与真实的时代叙述》，载《中国文化》2013年秋季号。

③ 见《江西省政府公报》1944年12月31日第1330、1331号合刊。

1946 年正式改名。1947 年 6 月 25 日，江西省参议会十位参议员以陈三立“早年参加戊戌变法，提倡改革，后致力于学术文章诗词，为一代泰斗。二十六年北平沦陷后坚拒敌诱绝食而死，大节凛然”为由，提请省政府公葬陈三立于庐山，并立纪念碑亭。8 月 11 日省政府会议通过，同意公葬陈三立于庐山。① 尽管这个决议因陈家 1925 年 10 月营葬俞夫人、陈衡恪时已在杭州西湖牌坊山俞夫人墓旁预留散原老人生圹而未实行，但这个决议反映了江西朝野士民要求迎葬一位赣产大贤回原籍的强烈心声。庐山，本应是散原老人的归骨之所、长眠之地。历史曾经做过这样的安排。

4 与大江、大湖浑然一体的庐山，是大自然奉献给人类的杰作。在几千万年发生的地壳运动中，出现了庐山这样傲然挺立的块垒式山峰，构成了山体周围的断崖峭壁和幽谷飞瀑，形成了瑰丽多姿雄浑壮观的自然景观。但庐山的魅力并不单纯体现在自然风光本身，更多的体现在人文景观和自然景观的完美结合上。这一点，1996 年 12 月，联合国教科文组织认定庐山为“世界文化景观”时，对庐山的山水之美与人文之盛的和谐合一做出了最准确的界定：

> 庐山的历史遗迹以其独特的方式融汇在具有突出价值的自然美之中，形成了具有极高美学价值的、与中华民族精神和文化生活紧密相联的文化景观。

庐山被联合国教科文组织批准为“世界文化景观”而列入《世

① 见吴宗慈《陈三立小传》，载吴宗慈编纂《庐山续志稿》364 页；《江西省政府公报》第 1534、1535 号合刊。

界遗产名录》，大大提高了庐山在世界范围的知名度。对于圈子外的人来说，他们也许不能准确地说出庐山获此殊荣的名目和细节，但庐山是中国五岳之外一座著名的历史文化名山，这个概念却深入人心。我国古代流传着“武当论剑，庐山论文”和“五岳之外有匡庐，犹六经之外有庄骚”的说法，这是古人对庐山文化特色的形象化的体认，而把“文化”奉为庐山的山魂，则是今人对庐山文化特色的共识。这个共识把庐山文化特色提高到了前所未有的高度。

对事物进行抽象概括，必须建立在被抽象客体所提供的大量基本事实之上。把文化奉为庐山的山魂，并不是庐山的文史工作者凭空蹈虚，夸饰乡土，而是对形成庐山文化特色的背景材料进行分析、综合所得出的结论。具体而微，这个氤氲、空灵、富于美感而又实实在在的山魂，主要是由“庐山是座诗山”“庐山是座宗教山”“庐山是古代书院教育的圣地”“庐山是西方文化影响中国腹地的独特代表”“庐山是近现代名人云集的中心之一”这几个要素构成的。这些要素有力地支撑了“江西旅游打庐山牌，庐山旅游打文化牌”的构想。在人文景观和文物古迹非常丰厚的庐山，山水已优入文化圣域。庐山人寻寻觅觅，“众里寻他千百度”，终于找到了自己的根，体悟到了庐山固有的精神品质。

陈三立的故居松门别墅就在庐山的一片文化氛围中脱颖而出。在庐山大大小小的名人别墅中，松门别墅并不豪华、气派，却有着丰厚的文化内涵，连同它的所在地——月照松林，都有着巨大的人文价值。以陈三立、陈寅恪的声名，凡经行处自成名胜。庐山文物部门敏锐地抓住了这一点，他们在《陈三立故居纪念馆实施方案》中，不仅简要介绍了陈三立的生平事略，他在庐山的活动和影响，而且介绍了陈三立的家族，他的家族祖孙四代产生了五位杰出人物的独特文化现象。《方案》决定将继续收集陈氏家族的资料文物，撰写陈列大纲，以丰富松门别墅的文化内涵，体现了人文与自然的完美结合。

行文至此，我们可以判定，庐山若要以文化作为推动各项事业的龙头，散原老人陈三立确属于书写当地历史时绕不开的要角，并且可以顺延到“义宁陈氏文化世家”。而在这个文化世家的形成发展史上，陈三立同样是绕不开的关键人物。

1998 年 5 月，钱文忠发表《神州袖手人甲子祭》一文。文章以陈三立在义宁陈氏家族中所处的承先启后的位置立论，认为近代以还，“名父之子”已经不多见，“名子之父”则更寥寥，更不用说二者兼于一身了。这需要有数代积累的家世条件，而且每代都必须至少在立功、立德、立言的一个方面有足以彪炳千秋的成就。这个前提条件难度极大，但散原老人足以当之。他不仅是名父之子，也是名子之父。而且由于他本人享有大名，比“名父之子”和“名子之父”更进一境，是“名父之名子”“名子之名父”。此论尖新独特，慧眼别具。仅用了一个支点，就托起了一个一门儒素、数代清华的百年家族。这是世人继“维新公子”之后，奉献给陈三立的又一个具有特定涵义的专有名词，为庐山创建“陈三立故居纪念馆”提供了视角与动力。庐山创建“陈三立故居纪念馆”的价值与意义，定将被人文名山与文化世家结缘所迸发的光芒所证明。

5 义宁陈氏作为一个文化世家受到世人的广泛关注和崇敬，是以学术界对陈寅恪学术、人格的研究为开端的。

1978 年 5 月，陈寅恪逝世九年后，广东省理论刊物《学术研究》在复刊号率先刊出陈寅恪晚年的重要著作《柳如是别传》的《缘起》部分。同年，上海古籍出版社编印的《中华文史论丛》复刊号在国内首次刊发陈寅恪晚年的重要论文《论再生缘》。1980 年至 1982 年，上海古籍出版社出版了蒋天枢先生编辑整理的《陈寅恪文集》。至此，沉寂了多年的史学界，冲破了极"左"的束缚，重新审视、评价"资产阶级反动学术权威""旧史学的代表人物"陈寅恪。其时中国社会正面临着巨变，人们一时还没有更多的余裕来注视这样一位仿佛很遥远的人物。但在这一方独特世界，坚冰已经被打破，对陈寅恪的研究从此浪高一浪。

1988 年 8 月，中山大学举办了"纪念陈寅恪教授国际学术讨论会"，会后出版了论文集；1989 年 12 月，北京大学中古史研究中心编辑了《纪念陈寅恪先生诞辰百年学术论文集》，由北京大学出版社出版；1992 年 3 月，清华大学出版社出版了《吴宓与陈寅恪》，1993 年 4 月出版了《陈寅恪诗集》；1994 年 3 月，中山大学召开了第二次陈寅恪学术讨论会，出版了论文集《〈柳如是别传〉与国学研究》；1994 年 8 月，北大历史系教授王永兴主编了第二本《纪念陈寅恪先生百年诞辰学术论文集》，由江西教育出版社出版；1997 年，香港三联书店出版了香港教育学院李玉梅博士撰写的《陈寅恪之史学》；1998 年，北大出版社出版了王永兴所著《陈寅恪先生史学述略稿》；1999 年 11 月，中山大学举办了第三次"纪念陈寅恪先生国际学术讨论会"，由浙江人民出版社结集出版论文集。

然而，使陈寅恪走出学术殿堂，进入千家万户的书，主要是几本陈寅恪的传记。这方面人物传记之类的著作比纯学术性的出版物有着它不可忽视的优势。

1992 年起，随着"国学热"的兴起，陈寅恪被多家出版社列入出书选题。至 1996 年，仅陈寅恪传记，就有汪荣祖的《陈寅恪评传》（百花洲文艺出版社 1992 年出版）；陆键东的《陈寅恪的最后 20 年》（三联书店 1995 年 12 月出版）；吴定宇的《学人魂——陈寅恪传》（上海文艺出版社 1996 年 8 月出版）；蒋天枢的《陈寅恪先生编年事辑》（增订本），1997 年上海古籍出版社重版。1996 年一年之内就有三种“陈寅恪传记”流传，在读书界掀起了一股“陈寅恪热”，被读书界称为“陈寅恪年”。特别是《陈寅恪的最后 20 年》，在读者中间引起了巨大反响。这本以陈寅恪晚年的人事关系为切入角度的书，采择大量的原始文件材料，以人物为经，以事件为纬，再现了传主晚年的中国文化情怀，凸显了传主毕生恪守的“不曲学阿世”的高标峻格，营造了一种“独为神州惜大儒”的情境气氛。此书在 1996 年一年就再版了四次。这本书给读书人心灵带来的震动，它在传记文学领域内开拓性的写法，都有着值得肯定的原创含义。

从 1989 年到 1999 年，国内学术界对陈寅恪的研讨，在 1980 年代平缓了数年之后，掀起了一轮热潮，产生了五种纪念文集、四种陈寅恪传记和多种相关著作，这还不包括港台地区出版的陈寅恪研究著作的“半壁江山”。至于 1980 年代以来发表的研究陈寅恪的单篇文章，则如山阴道上，目不暇接，足以编出一本目录索引，嘉惠学林。

把陈寅恪研究分成纯学术和人物传记作品两大块，主要是便于行文表达。实际上这两者之间既有区别又有交叉，难以截然划开，两者都有一个共同点，即把 1980 年代对陈寅恪生平学术做一般性的评价，上升到对陈寅恪人格、思想的探讨，进而深入他的家族，深入这个家族对一代国士儒宗产生了什么样的影响。这反映出学术界用新的历史文化观来诠释一位 20 世纪文化巨子的学术取径与思考。

1980 年代，学术界对义宁陈氏世家的研究还没有形成共识。与这个家族的声名密切相关的“戊戌维新运动”“同光体诗派”还刚刚从极“左”的阴云笼罩下解脱出来，人们还来不及进行认真的梳理和研究。陈宝箴、陈三立、陈衡恪、陈寅恪，对于大多数中国人来说，是几个并非耳熟能详的名字。人们面对的是一个特殊的没有俗世声名的家族。

进入1990年代，学术界对义宁陈氏的介绍、研究有了长足进展，1990年，傅璇琮先生发表《陈寅恪思想的几点探讨》一文，用义宁陈氏的家世渊源来解释陈寅恪的文化观念和政治思想；1993年，刘梦溪先生发表《陈寅恪的“家国旧情”与“兴亡遗恨”》一文，用义宁陈氏家世资料来解读刚出版的《陈寅恪诗集》；1994年，钱文忠先生在《略论寅恪先生之比较观及其在文学研究中之运用》一文中指出：“研究‘陈学’并不意味着仅仅研究寅恪先生，我们面对的是‘义宁陈家’这一近现代文化史上占有举足轻重地位的文化家族。”1995年，葛兆光先生发表《世家考》一文，从新发现的义宁陈氏家世资料生发开去，阐述昔日世家显族的道德精神和文化传统。

义宁陈氏世家就这样一步一步地走进读者的视野之中，从学术殿堂走向十字街头。人们从对陈寅恪传奇性的经历，如留学列国、通多种文字、清华国学研究院四大导师之一、教授的教授、记忆力惊人等表现出由衷的钦敬，到开始注意“国之瑰宝”“文化巨人”的背后原来站着一个家族。这个家族早在清末民初就已声名远播；这个家族与近代几个著名的家族都有姻亲戚谊，与现代许多显赫的人物都有着直接或间接的关系，在近现代人物网络中，占有相当的位置；这个家族的公孙三代四人——陈宝箴、陈三立、陈衡恪、陈寅恪的事略都载入《辞海》，这是入选《辞海》众多人物中的一个特例。

按照古人“三代承风，方为世家”的说法，一个家族必须三代薪火相传，每一代都崛起了有影响力的人物，中间不能隔代，文化底蕴悠久深厚，才称得上“世家”。按说收录在《辞海》中的近代书香门第不止义宁陈氏一家，但要不只有两代，要不虽有数代但中间隔代，只有“义宁陈氏”从陈宝箴、陈三立到陈衡恪、陈寅恪严丝合缝地符合这个条件。因而《辞海》为“陈宝箴、陈三立、陈衡恪、陈寅恪”分立条目，开了《中国大百科全书》《中国近现代人物名号大辞典》《中国近现代人名大辞典》《民国人物大辞典》《世界名人词典》（目前在世界范围内，像陈家祖孙三代四人同上《世界名人词典》的现象也属罕见）为他们分立条目的先河，为这个家族率先进入文化世家行列提供了重要依据。

6 按说中国近现代由官宦之家渐次转入书香门第的世家显族颇多，但“义宁陈氏”不以权势、富贵名世，只有文化一脉，绵延四代，却是它区别于其他世家的特色。1943 年，吴宓在一篇文章中赞扬义宁陈氏：

> 一家三世，为中国近世模范人家。……父子秉清纯之门风，学问识解，惟取其上，所谓文化贵族。……故义宁陈氏一门，实握世运之机轴，含时代之消息，而为中国文化与学术德教所托命者也。

评价之高，解识之深，至今难出其右。

中国古代向来有用地望、籍贯代称名人的风俗习惯，这个传统一直延续到近代。人们称康有为为“南海”，梁启超为“新会”，谭嗣同为“浏阳”，翁同龢为“常熟”。1980 年代以来，随着“陈寅恪热”的兴起，“义宁”的声名再度在山外响起。人们称陈三立为“义宁公子”，称陈寅恪为“义宁先生”，称他的学术为“义宁学说”，称他的人格、思想为“义宁精神”。“义宁”因了陈三立、陈寅恪的存在，从一个地名演绎成一个具有丰富内涵的文化符号，嵌入千千万万读书人的心扉。

一个地方能够拥有一位顶尖人物，已足以为父母之邦增光添彩，何况一个华彩世家，而且，这是一个由远离城市、交通闭塞的山村里走出的英才群体，确实是一个值得研究、探讨的文化现象。这是一个可以把“江西”二字写大的文化世家，是江西人民的骄傲与光荣。

江西原本是一个产生文化大师的省份，在这方面，地处赣西北的修水曾有不俗的表现。南宋初人吴曾（虑臣）称颂修水虽山川深重，然代出伟人。其中黄山谷及其家族是杰出代表，明、清时期修水士人奉黄山谷为修水的“人文初祖”，一代又一代的读书人，无不从黄山谷处汲取精神养料。这源泉汩汩流淌到清末，修水蔚起了另一个书香门第——陈氏家族。黄氏家族从开基祖到黄山谷为六代，陈氏家族从开基祖到陈寅恪也是六代。黄山谷以人品高洁流芳千古，说“士大夫可以百为，唯不可俗。俗则不可医也。……何谓不俗，平居无异于俗人，临大节而不可夺，此不俗人也”。陈寅恪也以人格、气节振响士林，宣称“默念平生，固未尝侮食自矜，曲学阿世”。这真是一种难以言喻的巧合，中国历史文化中坚韧的地域渊源脉络关系，在这里得到充分的显示。

但当历史的车轮驶入我们这一代，社会体制已发生了巨大变化，家族制度已经解体，旧时王谢之家已失去凭依，人文传统已经断根脱节。江西更是雪上加霜，1930 年代的红白相争，损失了一批人才，接着红军长征又带走了一批，1952 年全国高校院系调整又敲锣打鼓送出了一批。江西文化已中气不足，气度每况愈下，人们已习惯用“领袖小道”“红色江山”来标榜言说“江西”。近百年来，再也没有崛起一两位文化大师，没有产生一个有影响力的学派。一个地区，一个群体，一个学科，有没有人文传承是大不一样的，例如清华国学研究院办了三届，培养了八十多个弟子门生，这批人后来大都成了学术界的中坚力量。研究院四大导师中，梁启超是广东人，王国维是浙江人，赵元任是江苏人，只有陈寅恪是赣产。这是我们自己的人文资源。但江西学界反应迟钝，没有发现义宁陈氏巨大的学术资源价值，抓住机遇，及时创建、成立纪念馆和研究所，领头进入研陈领域，造成日后“陈家在江西，陈研在省外”的“出口转内销”现象。可谓“家有至宝而不识”，令人汗颜。

纵观我国近代文化学术史，可以看出，义宁陈氏不仅是我国近世人文学术的重要一源，也是江西近现代道德文章的一面旗帜。环顾江西近现代的人文学术资源，义宁陈氏确实可以在全国站得住，也经得起时间的检验。作为义宁陈氏故里的江西文化人，理应接竹引泉、勺水润根，义不容辞地挖掘弘扬这一笔独特的地域历史文化遗产，担负起薪火相传的时代使命，发出本土文化人的声音。

在这一点上，修水县作为义宁陈氏的故里，走在前面。1983年，修水县的文物工作者在全国性的文物大普查中，对陈氏祖宅——陈家大屋进行了初步的调查摸底，命名为“陈宝箴、陈三立父子故居”，成为县级文保单位。1989 年 12 月，修水县政协文史委开始着手《一门四杰：陈宝箴、陈三立、陈衡恪、陈寅恪史料》一书的筹备工作。1994 年 6 月，与省政协文史委合作，列为《江西文史资料》第 52 辑，以内刊形式赶在 9 月省社科院召开“陈宝箴、陈三立研讨会”之前在县印刷厂印 2 000 册。2000 年，修水县政府开始酝酿在县城建造“陈宝箴、陈三立、陈衡恪、陈寅恪、陈封怀五杰纪念广场”，2002 年落成，“陈门五杰”的称谓从此名成义立。与山外蓬蓬勃勃的“陈寅恪热”相比，故乡的纪念虽然慢了半拍，但毕竟“春从天涯悄悄来”，还是来了。如果说《辞海》为陈宝箴、陈三立、陈衡恪、陈寅恪列目无意中成就了一个特例的话，那么“五杰广场”是故乡人民为陈氏家族创造的第二个特例。全国以一个家族成员命名的文化广场迄今尚无第二家。在修水，只有黄庭坚家族和陈寅恪家族可以承受如此重典。2017 年，修水县又启动将陈氏祖居——陈家大屋开辟成“陈门五杰事迹展览馆”计划，两年后就绪，正式开放展览。

但与修水县同属一个行政区域的庐山却出师不利，“松门别墅”建成“陈三立纪念馆”遥遥无期。从 1950 年代初李一平提出建议，迄今已过去七十余年。从 1995 年 2 月《九江日报》《江西日报》《光明日报》《人民日报（海外版）》分别刊发庐山将建立陈三立故居纪念馆的消息，迄今亦过去 30 年。如果说 1950 年代初将“松门别墅”建成“陈三立纪念馆”的条件还不具备的话，那么，1990 年代是最好的时期，各方面条件都已成熟，可谓天时地利。错过了这一机遇，就“一失足成千古恨，再回头已百年身”了。这不是庐山的文物工作者和文化人不努力，他们为推进此事的进展做了大量前期准备工作，一度提上省里相关部门、庐山管理局的议事日程。最终仍然“行百里者半九十”，功亏一篑，背后定有难言之隐、无可奈何之情。

幸好在这艰难竭蹶的局面中，陈寅恪夫妇安魂庐山，为庐山棋失一着弥补了部分遗憾。2001 年以后，关心、推动松门别墅建陈三立故居纪念馆和迎葬寅恪先生骨灰上庐山的人们意识到建纪念馆的难度超过骨灰安葬，开始考虑分两步走的方案。先妥安寅老骨灰，再借助陈寅恪的巨大声名促建纪念馆。2002 年，在江西研陈学者的关注、推动、出点子下，由庐山植物园具体实施操作，完成了一大工程。2018 年 3 月，陈墓成为江西省文物保护单位。

陈寅恪墓落户庐山，是文化学术界的一件盛事，为义宁陈氏的庐山缘增添了砝码重量。虽然他一生只上过一次庐山，1950年代初政府同意他上庐山居住讲学也没有成为现实。但他与庐山的关系仍然“剪不断理还乱”，存在诸多既偶然又必然的因素。1945年他在成都写的忆南昌西山、庐山故居一诗成为他平生诗作的佳作，在这首诗中出现了概括升华他风骨志节的名句“一生负气成今日，四海无人对夕阳”，塑造了傲骨嶙峋、器宇轩昂的“义宁先生”形象，这都是拜庐山所赐。他一生讲学四方，萍飘梗泛，最后的归宿还是心心念念的故山吉壤，仿佛禅家看重的前世因缘，冥冥之中指引游子浩然还乡。“宏伟庐峰埋傲骨，故居遥对魂不孤”，作为现当代人的个体生命，能够眠息故里名山，拥有单独墓园，何等壮美幸运。允当含笑九泉、流芳千古。

江西自古以来山川锦绣，名山众多，但若要在其中选拔一座作为赣山的代表，得分最高的当属庐山。1996年，庐山以自然、文化双遗产申报世界遗产，证明了庐山不仅在江西而且在中国名山中的崇高地位。若仅就山水风光而言，江西其他的名山也有得一比，但庐山制胜的法宝是其他名山无法超越的历史文化积淀。在庐山长达六千多年的人类活动中，庐山得到了丰厚的人文遗产回报。山水名胜不仅要有自然风景，还得有人文、有历史，所谓“入目三分景，七分在内涵”。庐山，不仅因其特有的地质构造，形成了具有突出科学价值、生态价值和美学价值的自然风景环境，而且因为具有悠久的历史，丰厚的人文，曾经几度成为辐射中国南方地域文化的中心。特别是从19世纪后半叶开始，伴随着中国历史环境的巨大变化，庐山进入了中西合璧、异质文明融合创新的历史时期。人文，是庐山的“魂”，牯岭的“根”。

同样，江西自古以来不乏书香门第、簪缨世家，但近代以还，能够名传中外、连接古今的世家大族，权衡之下，义宁陈氏可以当之无愧。人文是庐山的魂、庐山的根，也是义宁陈氏的魂，义宁陈氏的根，“三代承风铸精魂，文化托命生死以”是义宁陈氏的内在本质和外在标志。透过历史的烟云，我们看到这样一个社会现象：一个文化世家和一座人文圣山竟然一拍即合，紧密地联系在一起。两者交相辉映，底蕴互补。庐山的人文氤氲，为陈氏家族提供了诗兴诗料，成就了篇篇佳作华章；义宁陈氏的家学渊源，也提升了庐山的书香品味、学术含量。人文与自然，城市与山林，演绎了一段世家与名山交融结缘的佳话美谈。

历史过程中总隐藏着某些千丝万缕的因果关系。当 19 世纪末期即光绪朝后期庐山的山门刚刚被欧风美雨冲开之时，陈三立就得风气之先，从武昌连续三年上庐山寻幽览胜、感受新风。当庐山在 1928 年到 1935 年最兴旺时期，陈三立再次从上海移居牯岭四年，从而带动了义宁陈氏第三代、第四代与庐山的水乳交融。从义宁陈氏文化世家的肇基者陈宝箴到压卷者陈小从，这个家族四代与庐山关系的递传往复，就值得作为个案研究、揄扬。

因此，庐山仍须一如既往、再接再厉为创建“陈三立故居纪念馆”而不懈努力。在 1990 年代文化学术界掀起的“陈寅恪热”中庐山错失良机，但“亡羊补牢，未为晚也”，随着时势的变化和档案材料的解冻，关于陈寅恪的话题言说热潮还会出现。① 以“预流”精神未雨绸缪积极完成创建“陈三立故居纪念馆”的时代任务，乃题中应有之义。近代以来庐山在吸纳融合中外优秀文化方面表现出大手笔、大格局，以义宁陈氏文化世家的声名远播和这个家族在庐山的心路履痕，庐山理应重视这一笔珍贵的历史文化资源和遗产。当庐山一馆、一墓格局形成后，与陈氏故里修水的一场、一馆连成一片、彼此呼应，当可以为江西学

① 见刘经富《对“陈学”的反思与展望》，载氏著《陈寅恪研究编年》251—260 页，上海，上海古籍出版社，2022。

术研究提供一个增长点和园地，为挖掘整理义宁陈氏蕴藏的文化遗产做出更大的贡献。把松门别墅建成“陈三立故居纪念馆”的价值与意义就会凸显出来。

明朝正德年间，时任江西提学副使的李梦阳，到白鹿洞书院进行整顿。告别书院时，李写了一首《别诸生》的诗，中有“地因人胜古有语，呜呼万物随兴废。文采昔贤今尚存，讲堂寂寞对松门①”之句。诗意感叹前贤李渤、朱熹创建主持白鹿洞书院时，书院气象阔大，声闻远近。其中“地因人胜古有语”一句，道出了人事与自然相互关系的义理真谛。千百年来，庐山以它的雄奇俊秀，倾倒了无数贤人才士。历代文人学士络绎不绝来访游历，所著诗文游记的传播流布，对庐山的繁盛和成名起了极大作用。庐山拥有陶渊明、李白、白居易、苏东坡，他们那千古传颂、脍炙人口的庐山诗章，是庐山一笔巨大的无形资产、精神财富。庐山还拥有陈三立、陈寅恪，他们的文化品位、人格思想，将给庐山文化注入新的内涵。一个文化世家与一座文化名山之间隐含着的文化底蕴，正等待着人们去挖掘、发现、弘扬。

庄子的声音从遥远的云端缓缓传来：天地有大美而不言，万物有成理而不说！

---

① 松门，指松门山，坐落在鄱阳湖中，与白鹿洞书院遥遥相对。

陈三立家族九代世系图

主要参考文献

一、原始文献

《庐山志》，吴宗慈编撰，胡迎建等校注，南昌，江西人民出版社，1996 年版

《庐山续志稿》，吴宗慈编纂，庐山山志办整理，1992 年内刊

《癸酉庐山雅集诗草》，曹纕蘅辑，北京，中华书局，1934 年版

《陈宝箴集》，汪叔子、张求会编，北京，中华书局，2003 年版

《散原精舍诗文集》，陈三立著，李开军校点，上海，上海古籍出版社，2003 年版

《同照阁诗集》，陈隆恪著，张求会整理，北京，中华书局，2007 年版

《吟雨轩诗文集》，陈小从著，北京，中华书局，2015 年版

《图说义宁陈氏》，陈小从著，济南，山东画报出版社，2004 年版

《松门别墅与大师名流》，陈小从著，南昌，江西美术出版

社，2006 年版

《陈宝箴诗文笺注·年谱简编》，刘经富编著，北京，商务印书馆，2019 年版

《陈三立墨迹选》，刘经富辑释，上海，上海古籍出版社，2020 年版

《陈寅恪家族史研究：从客家棚民到文化世家》，刘经富著，上海，上海古籍出版社，2022 年版

《洪宪纪事诗本事簿注》，刘成禺著，太原，山西古籍出版社，1997 年版

《世载堂杂忆》，刘成禺著，沈阳，辽宁教育出版社，1997 年版

《胡先骕文存》，胡先骕著，张大为等合编，南昌，江西高校出版社，1995 年版

《郑孝胥日记》，劳祖德整理，北京，中华书局，1993 年版

《邵元冲日记》，邵元冲著，王仰清等标注，上海，上海人民出版社，1990 年版

《冒鹤亭先生年谱》，冒怀苏编著，上海，学林出版社，1998 年版

《琴志楼诗集》，易顺鼎著，王飙校点，上海，上海古籍出版社，2004 年版

《珠泉草庐师友录》，廖树蘅著，廖志敏整理，南京，凤凰出版社，2016 年版

《李一平诗选》，李一平著，昆明，云南教育出版社，1996 年版

二、研究专著

《庐山史话》，周銮书著，南昌，江西人民出版社，1996 年版

《易佩绅易顺鼎父子年谱合编》，陈松青撰，长沙，湖南师

范大学出版社，2018 年版

《从桃花源到夏都——庐山近代建筑文化景观》，欧阳怀龙主编，上海，同济大学出版社，2012 年版

《庐山别墅大观》，罗时叙著，南昌，江西美术出版社，1995 年版

《庐山草木随笔》，汪国权编著，北京，中国林业出版社，1990 年版

《庐山植物园的创建与发展》，汪国权主编，北京，中国文联出版社，2010 年版

《陈三立年谱长编》，李开军撰，北京，中华书局，2014 年版

《陈三立评传·作品选》，刘纳编著，北京，中国文史出版社，1998 年版

《我的父亲张元济》，张树年著，上海，东方出版中心，1997 年版

《艺林散叶荟编》，郑逸梅著，北京，中华书局，1995 年版

《荷堂诗话》，陈声聪著，福州，福建美术出版社，1996 年版

《徐悲鸿年谱》，李松编著，北京，人民美术出版社，1985 年版

《清末四公子》，高阳著，北京，华夏出版社，2004 年版

《义宁陈氏五杰：陈宝箴、陈三立、陈衡恪、陈寅恪、陈封怀史料》，吴应瑜编，江西省修水县政协文史委印，2005 年版

三、研究论文

《世界自然和文化遗产——庐山》，张启元撰，中华书局《文史知识》1998 年第 1 期

《山水胜地，文化名都——话说九江四题》，罗龙炎撰，中华书局《文史知识》1992年第9期

《牯岭开辟记》，李德立撰，载吴宗慈编撰，胡迎建等校注《庐山志·山政》上册，南昌，江西人民出版社，1996年版

《昨天笔会的一件往事》，陈封雄撰，1980年9月9日《羊城晚报》

《谈陈三立》，徐一士撰，《近代稗海》第二辑《一士类稿》，成都，四川人民出版社，1985年版

《散原之死：想象与真实的时代叙述》，李开军撰，《中国文化》2013年秋季号

《百年相思一肩挑——记陈小从》，刘经富撰，2000年2月24日《修水报·周末》

《用图片展示的家族史——读陈小从〈图说义宁陈氏〉》，刘经富撰，中华书局《书品》2004年第6辑

《世家薪火续传灯——读陈小从〈吟雨轩诗文集〉》，刘经富撰，2016年6月29日《中华读书报》

《对“陈学”的反思与展望》，刘经富撰，载刘经富《陈寅恪研究编年》，上海，上海古籍出版社，2022年版

《陈小从对“陈寅恪研究”的贡献》，张求会撰，2017年5月25日《南方周末》

《论庐山植物园空间景观的继承与发展》，易官美、邱迎君撰，载《中国植物园学术年会论文集》，2008年版

《中国近代避暑地的形成与发展及其建筑活动研究》，李南撰，浙江大学2011年博士学位论文

《庐山文化遗产的保护与利用研究》，郑艳萍撰，广西师范大学2006年硕士学位论文

索　　引

五画

六画

七画

八画

九画

十画

十一画

十二画

十三画

十四画

十五画以上

后　记

1997年8月，我在修水县文化局分管文物工作时，上庐山开了一个文物工作会。会议结束后，我在庐山同行的陪同下，于蒙蒙细雨中，游览了月照松林景点，瞻仰了心仪已久的陈三立故居——松门别墅和位于庐山植物园内的陈封怀墓。庐山的朋友谈了拟将松门别墅建成“陈三立故居纪念馆”的设想和进程，让我看了一些文件材料。下山回县后，经过思考，我觉得有必要将陈家在庐山的往事写出来，为庐山顺利地建成“陈三立故居纪念馆”提供资料线索，尽到自己一个地方文史工作者的责任。

写作主要按两条线进行：一条线叙述陈家四代人与庐山的关系；一条线叙述义宁陈氏的家世、家史。“义宁”即今江西修水县，是“义宁陈氏一门五杰”——陈宝箴、陈三立、陈衡恪、陈寅恪、陈封怀的故乡。清同治初年，陈宝箴以举人身份入曾国藩、席宝田戎幕，立下战功，从此踏上仕途，累擢至湖南巡抚，领导了在晚清史上影响巨大的湖南新政，是晚清有魄力、有建树的封疆大吏。《清史稿》卷四六四立《陈宝箴传》；其子陈三立（字伯严，号散原），“清末四公子”之一，“同光体”诗派的代表人物；陈三立长子陈衡恪（字师曾），我国近代大书画家；三子陈寅恪，我国现代史学大师；二子陈隆恪、四子陈方恪为著名诗人；

五子陈登恪，武汉大学外文系和中文系教授；陈衡恪次子陈封怀，我国著名植物学家。“义宁陈氏”作为一个家族的徽号，曾经声名远播。我国现代著名学者吴宓教授称义宁陈氏为“文化贵族”。

庐山是一座举世公认的文化名山，历史文化遗产非常丰厚，其中历代名人特别是近现代名人与庐山的关系占了相当大的比重。名人与名山交相辉映，已成为庐山文化内涵中的一大特色。因此，我的写作力图揭示一个文化世家与一座文化名山接缘融合的文化底蕴。

我不知道这本小书是否能圆满完成这个任务。按照我从事地方文史研究所获得的经验体会，“读万卷书，行万里路”，即把书面文献材料与实地印证结合起来，是一个搞文史的人应该遵循的原则和底线，但这次我却没有做到。随着资料滚雪球般地运动，我惊讶地发现，书海里竟有那么多有关庐山的书，庐山本土的文人亦出版了那么多著作，几乎可以汇辑成一本目录索引。如果我在动手之前，就知道这个事实，八成会被它吓退。焉知那些我未曾经眼的书里没有我所需要的材料。加之我不是庐山人，也没有在庐山工作过，以一个局外人来写庐山的事，有如我家乡的一句俗谚：“手背上捉脉。”我由此体悟到凭积累拼内力的难能可贵，这种学养需要在未来的煮字生涯里修炼提高。

本书的完成，得到了陈小从先生的鼎力支持，没有她的鼓励和回忆，本书不可能成稿。寅恪先生的早年弟子卞僧慧先生，年届九秩，“举目茫茫”，仍艰难地为我审阅全稿，整整写了五十多页审稿意见并赐大序。庐山植物园汪国权先生，除寄赠许多珍贵资料外，还拨冗赐序。庐山文管所的干部邹秀火、陈岌，上海书友徐俊，为我寻觅、复印、抄录了大量相关资料，在此一并深致谢忱。

刘经富

2000 年 12 月于修水

再版后记

拙著《陈三立一家与庐山》2001年4月由作家出版社出版后，承师友指出书稿本身的错误和校对上的疏忽，劳祖德（谷林）先生纠正尤多。2002年8月我调南昌大学工作后，研究条件有所改善，又发现了不少新的材料。二十多年来庐山和陈家都发生了一些变化，其中最大的变化是陈寅恪夫妇骨灰于2003年5月归葬庐山植物园。这些都是促使我下决心重印，并将书名改为本书《义宁陈氏与庐山》的原因。感谢我任课的学生王小飞、顾含悦帮助编制了《索引》，张国功先生在繁忙的编务中挤出时间，帮助审读了全稿。庐山文管所主任李革民提供材料和信息，一并致谢!

刘经富

2004年7月于南昌

增订本后记

拙著《陈三立一家与庐山》2001年4月出版发行后，曾分寄各地与陈寅恪及其家族研究有关的师友。他们在回信中，给予鼓励、支持，如刘梦溪、蔡鸿生、喻为蕃、喻宜萱等先生。嗣后，辽宁教育出版社编辑出版的《万象》杂志2001年第9期100页和南京的民刊《开卷》杂志2001年第10期23页刊载了拙著封面书讯。自己赠书和刊物书讯，使这本小书产生了一点点影响。南京图书馆资深馆员、陈方恪的“小同事”沈燮元先生来信，我们因此结交。北大著名教授汤一介先生来信，请提供一册，因他的父祖曾在庐山有三栋小楼，与庐山有些渊源关系，他正在写一本关于自己家世的书，想从《陈三立一家与庐山》一书中获得一些资料。

2004年承南昌大学经费资助，拙著得以在中国文史出版社再版，增补了一些新发现的材料，改正了原书中的一些史实和校勘上的错讹。书出版后，中华书局编辑出版的《书品》2005年第3期《书苑撷英》刊载书讯、评议：本书资料丰富，论述扎实，语言流畅。每章的标题也很有特色，都是取陈氏的一句诗文作为标题，颇为契合义宁陈氏“文化世家”的称号。

这次再次增订此书，主要是基于以下三个原因：

一、由于这是我写作出版的第一本书，经验不足，出现了许多史实和校勘上的错讹。校勘上的错讹经过 2004 年的重印基本上予以改正，但史实错讹仍延续下来。最大的学术硬伤有两个：1. 本书第五章《陈三立山居期间的人事交游》介绍陈三立的晚辈诗友曹纕蘅，说："曹纕蘅在北平、南京、山东、庐山等地居止不定。其在庐山的住所，起初在芦林，陈三立以两家相距太远，屡次催促曹纕蘅搬到牯岭。后来曹纕蘅果然迁居，写《新居距散原翁甚近喜赋》一诗，并绘《移居图》纪念此事。陈三立写了《纕蘅至匡山携移居图卷为破戒缀一绝纪之》一诗。"2007 年我在南京大学做访问学者时在该校图书馆看了不少民国旧期刊，其中有曹纕蘅主编的《国闻周报》，该报专辟发表旧体诗的专栏《采风录》。在这个专栏上发现连载唱和曹纕蘅《移居》的诗作不少（郑逸梅《艺林散叶荟萃》说多至 300 首），这才知道曹纕蘅这次"移居"不是在庐山移居而是 1929 年在北平移居。1932 年曹纕蘅请张大千绘《移居图》，1933 年曹纕蘅上庐山小住时请陈三立为《移居图》题诗助兴。如果陈三立这首诗的题目写成《纕蘅至匡山携北平移居图卷为破戒缀一绝纪之》，加上"北平"两个字，后人就不会产生这是曹纕蘅在庐山移居的错觉了。后来我购得曹纕蘅的《借槐庐诗集》，里面关于曹纕蘅的北平移居与庐山移居的资料俱在。根据此书，才把曹纕蘅北平移居、庐山移居的史实彻底分疏清楚。2. 第五章介绍陈三立的晚辈诗友夏敬观，提到 1933 年秋季，庐山发现了湮没两三百年之久的"尺五天"石刻。这个庐山文史、金石资料的发现，引起了夏敬观、散原老人的兴趣。夏敬观邀约陈三立、陈隆恪、陈登恪、许世英、曹纕蘅、程天放等九人往游。夏敬观为此写了一首长诗。后来才发现对"尺五天"石刻颇为关注、邀约陈三立等九人往游并写长诗记实的是陈三立另一个晚辈诗友程学恂（伯藏）。出现这个错误的原因是 1946 年吴宗慈编印的《庐山续志稿》选录了夏敬观庐山诗作数十首，紧接着夏敬观之后又选录了程学恂庐山诗作十余首。1992 年庐山方志办重印《庐山续志稿》，但校对不精，漏刻了程学恂的名字，遂使程学恂的这十余首诗作顺延为夏敬观的诗作。后来我拥有了一套吴宗慈《庐山续志稿》原本，才发现庐山方志办重印的《庐山续志稿》这个失误。由程学恂这首诗引申出的夏敬观曾上庐山与陈三立交往之事全部落空。庐山方志办校对不精，“失之毫厘，差之千里”，我们引用二手材料，不得不慎重。

二、自 2004 年再版这本书后，又搜集获得了不少新材料，亟需补充进去。

三、2004 年再版时，做了一个错误决定，自以为是地将书名改为《义宁陈氏与庐山》。本书初版《陈三立一家与庐山》，我曾送 100 册上庐山，委托庐山新华书店代售，三年之内全部售罄。而《义宁陈氏与庐山》同样委托庐山新华书店售 100 册，结果五六年内才售出二十多册。书店的工作人员说我书名改坏了，原书名《陈三立一家与庐山》更好，因为陈三立名气大，知名度高，所以销得很好。而“义宁陈氏”太生僻，失去了卖点。书店工作人员的话点醒了我，这才明白书名是不能随意改动的。现重新恢复过来，算是将功补过吧。

此书为我的“少作”。在 1998 年到 2000 年之际，我准备了两个可以成书的写作题目：一个是义宁陈氏家族史，一个是陈三立一家与庐山，最后选择了后一个题目。当时考虑陈小从老还健在（她于 2017 年 5 月以 95 岁高龄辞世），她是陈家在庐山往事的见证人，拥有“三亲”（亲见、亲历、亲闻）的资格，而陈氏家族史可以以后再写。正如本书初版《后记》所言“没有她的鼓励和回忆，本书不可能成稿”。后来也思考这两个写作题目，按自己当时的水平、功力、经验，并没有达到写作专著的程度。盖著书立说，最好先围绕研究对象写作多篇单篇文章，待所有内容、问题都融通无碍后，再写专著就水到渠成、积健为雄了。凡是那种一上来就出书，出书之前、之后一篇够水准、有质量的单篇文章都没有的"书"，大抵都是抄撮、拉扯之作，因作者对这个专题并无切实长久的研究。我自己虽然在写作此书之前已在国内报刊发表过几篇相关内容的文章，但基础的夯实、铺垫还是远远不够的。后来转念一想如果当时没有攥住陈小从老那时身体健、精力旺、热情高的契机，一鼓作气将书面世，一旦时过境迁，更多的工作任务、研究目标重重叠叠压来，这个选题计划有可能会被冲掉。不如先把框架搭好，日后再增补、完善，就像修水方言说的"一年起屋，十年修整"那样。事后分析，觉得当时鼓起勇气把陈家与庐山的题目先做出来的抉择还是对的。

本书写作出版的初衷是推动庐山创建"陈三立故居纪念馆"，庐山也确实做了大量前期准备工作，并于 2000 年顺利地通过了江西省第四批省级文物保护单位的评审。但这个千呼万唤的纪念馆却"难产"，胎死腹中。这次增订，在第十章的第五节补写了几千字，论证庐山创建"陈三立故居纪念馆"的价值与意义。至于能起多大推动作用，只能等待祈盼（近闻庐山博物馆已着手对松门别墅进行布展，这是个好消息）。不过因为写这本书，却有意外收获。那几年为书稿事多次上庐山，某次穿行在庐山植物园的丛林幽篁中突然灵光一闪，为何不将陈寅恪骨灰安葬在植物园内？正是这个"点子"，破了多年困局，使大师得以入土为安。陈家在庐山上的两件大事终于解决了一件。庐山植物园功不可没，值得嘉许。

陈墓建成，前来谒墓凭吊者不绝于途，有人上庐山专为拜谒陈墓而来。陈墓落成三个月后，2003 年 8 月，江西学界耆宿刘世南先生上山谒墓，作诗言志：

此行端为拜公来，藉草贞珉万古开。好补梅花三百树，灵风香雪共徘徊。

一骨棱棱尚有公，应教心死万夫雄。灵山浩渺潮音远，片石长留节士风。

何限西江后学情，心光共仰义宁真。从今摆落皮毛论，永作神州独立人。

这应是我搜集文化学术界吟咏陈寅恪众多诗作中的上乘之作。

如果“陈三立故居纪念馆”能够创办成功，形成一馆一墓互相倚重的格局，名父名子联袂辉映，将成为庐山的文化地标、一张光彩夺目的名片。海内外文人学士还会纷至沓来，尊仰斗山。

路漫漫兮求索，目眇眇兮愁予。士魂钟聚于庐阜，父子同光兮永期。

附记：本书责编黄芬，心细如发，校勘功力水平颇高，特此申谢！学生孙漂，帮助搜索下载网上资料，并致谢忱。

刘经富

2024年6月写于南昌大学教职工宿舍

图书在版编目（CIP）数据

陈三立一家与庐山／刘经富著. -- 增订本.
上海 ： 上海古籍出版社，2024. 12. -- ISBN 978-7
-5732-1481-2

Ⅰ. K820.9

中国国家版本馆 CIP 数据核字第 2024AH7860 号

义宁陈氏文献史料丛书

陈三立一家与庐山(增订本)

刘经富　著

上海古籍出版社出版发行

（上海市闵行区号景路 159 弄 1－5 号 A 座 5F　邮政编码 201101）

（1）网址：www.guji.com.cn

（2）E-mail：guji1@guji.com.cn

（3）易文网网址：www.ewen.co

常熟市人民印刷有限公司印刷

开本 890×1240　1/32　印张 9.875　插页 7　字数 239,000

2024 年 12 月第 1 版　2024 年 12 月第 1 次印刷

ISBN 978－7－5732－1481－2

K·3787　定价：52.00 元

如有质量问题，请与承印公司联系